KB253139

기술의 민주화:
코드 없는 AI 혁신

기술의 민주화:
코드 없는 AI 혁신

초판 1쇄 인쇄 2026년 02월 05일
1쇄 발행 2026년 02월 10일

지은이 김준태

펴낸이 우세웅
책임편집 한 홍
북 디자인 박정호
홍보 제작 김세경

펴낸곳 슬로디미디어
출판등록 2017년 6월 13일 제25100-2017-000035호
주소 경기 고양시 덕양구 청초로 66, 덕은리버워크 A동 15층 18호
전화 02)493-7780 **팩스** 0303)3442-7780
홈페이지 slodymedia.modoo.at **이메일** wsw2525@gmail.com(사업 제휴)

ISBN 979-11-6785-298-4 (03320)

※ 슬로디미디어는 여러분의 소중한 원고를 기다리고 있습니다.
  wsw2525@gmail.com 메일로 개요와 취지, 연락처를 보내주세요.

기술의 민주화:
코드 없는 AI 혁신

권력과 혁신이
재분배되는
새로운 패러다임

김준태 지음

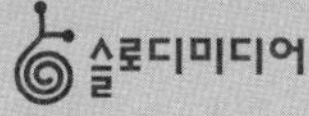

IT 기술의 흐름을 통찰력 있게 정리하며, AI가 촉발한 기술의 민주화를 정의하고 어떻게 그에 대비해야 하는지 제시하는 책입니다. 금융 IT 개발자로서 그동안 수많은 기술의 발전과 변화를 현장에서 준비하고 경험해왔지만, AI가 불러온 변화의 파도는 기술의 본질과 역할에 대해 어느 때보다 깊게 고민하게 합니다. 급격히 확장되는 기술 환경 속에서 앞으로의 방향성을 모색하는 모든 이들에게 큰 통찰을 제공할 것입니다. AI가 만든 새로운 시대를 준비하며 기술의 본질을 다시 생각해보고 싶은 분들께 진심으로 추천드립니다.

㈜다날 IT부문 핀테크개발실장 김태수

기술의 민주화가 빠르게 진행되면서 플랫폼 리더는 새로운 경쟁 환경에 직면하고 있다. 노코드와 AI의 확산은 '속도의 경제'를 현실로 만들며, 기술력보다 문제 정의와 실행 속도가 제품 경쟁력의 핵심으로 부상하고 있다. 동시에 개방형 생태계에서는 '책임의 민주화'가 중요한 과제로 떠오르며, 윤리와 거버넌스의 역할이 더욱 커지고 있다. 이 책은 AI·노코드·오픈소스·클라우드로 이어지는 기술 전환이 제품 개발과 플랫폼 전략에 갖는 의미를 명확하게 설명하며, 그 중심에 있는 인간 중심의 가치와 창의성을 놓치지 않는다. 디지털 환경 속에서 지속가능한 혁신을 고민하는 리더에게 유용한 통찰을 제공하는 책이다.

㈜롯데쇼핑 e커머스사업부 서비스디자인부문장 이연주

이 책이 좋은 이유는 노코드와 AI 같은 기술을 설명하는 데서 끝나지 않고, 그 변화가 현장에서 일하는 사람들의 역할과 가능성을 어떻게 넓히는지를 깊이 있게 다루기 때문입니다. 기술이 쉬워질수록 무엇을 고민하고 어떤 결정을 내려야 하는지도 함께 진화합니다. 변화의 속도 앞에서 주도권을 잃지 않으려는 리더와 실무자에게 꼭 필요한 책입니다.

前) (주)무신사 Fulfillment Service 개발 실장 이광욱

역사를 보면 기술은 사회 환경을 바꿔왔습니다. 그러나 지금 우리가 맞이하는 변화는 단순한 도구의 진화가 아니라, 사회의 구조와 인간의 삶을 근본적으로 다시 쓰는 거대한 전환입니다. 이 책은 그 전환의 본질을 '기술의 민주화'라는 키워드로 풀어내며, 누구나 기술을 손에 쥐고 거대한 자본의 장벽을 허무는 시대가 어떻게 열리고 있는지 보여줍니다. 기술을 소개하는 데 그치지 않고, 그 변화가 인간에게 어떤 책임과 윤리를 요구하는지 치열하게 묻습니다. 그렇기에 기술을 통해 더 인간다운 삶을 살아가기 위한 철학적 성찰이기도 합니다. 인간이 기술을 통해 더 인간다워지는 미래, 그 길을 준비하는 모든 이들에게 이 책을 자신 있게 권합니다.

26-year E-commerce ICT veteran, 윤필섭

재무·회계·M&A 분야에서 15년간 현장을 경험해온 실무자로, 이 책은 기술이 조직과 경영 구조를 어떻게 재편하는지 놀라울 만큼 현실적으로 설명합니다. 기술의 민주화가 현장의 의사결정과 경쟁 방식을 어떻게 바꾸는지 명확히 보여주어 큰 울림이 있습니다. 변화의 속도를 직접 체감하는 사람으로서 책의 통찰이 실천 가능한 방향성을 제공합니다. 기술과 경영의 미래를 고민하는 모든 리더에게 자신 있게 추천합니다.

University of Florida 경영학 박사과정, 이우람

지금 우리는 인터넷의 등장을 능가하는 거대한 기술 변화의 한가운데에 서 있습니다. 이 책은 생성형 AI와 노코드·로코드, 기술의 민주화가 만들어낼 권력과 혁신의 재분배를 날카롭게 짚어내며, 그 지점에서 우리가 어떤 선택과 행동을 해야 하는지에 대한 실질적인 통찰을 제공합니다. MBA 동기로, 또 오랫동안 같은 질문을 품고 서로 토론해온 동료로서, 저자가 제시하는 진단과 제안이 단순한 유행어가 아니라 깊은 고민의 결과임을 자신 있게 말할 수 있습니다. 인터넷 이후 최대의 변곡점에서 나와 우리 조직의 방향을 고민하는 모든 분께 이 책을 강력히 추천합니다.

㈜섹타나인 스마트팩토리팀 프로 서명기

기술의 장벽이 사라진 시대, 질문이 곧 코드가 된다

오랫동안 기술은 '코드(Code)'라는 언어를 독점한 소수만의 성역이었다. 불과 몇 년 전만 해도 소프트웨어는 복잡한 프로그래밍 언어를 암호처럼 해독할 줄 아는 엔지니어들의 전유물이었다. 아무리 좋은 아이디어가 있어도 C++이나 파이선(Python) 같은 기계의 언어를 모르면 구현할 수 없었고, 혁신의 문턱은 높기만 했다. 기술은 복잡했고, 그래서 권력이었다.

하지만 기술은 끊임없이 인간의 언어를 배우는 방향으로 진화해왔다. 그리고 마침내 인류는 '코드 없는 혁신(Codeless Innovation)'의 시대를 맞이했다. 이제 복잡한 코딩은 AI가 대신한다. 인간은 그저 자연어로 질문하고, 명령하고, 상상하기만 하면 된다. "이런 웹사이트를 만들어줘", "이 데이터를 분석해서 시각화해줘"라는 말 한마디가 곧바로 프로그램이 되고, 서비스가 되는 세상이 열린 것이다.

오늘날 우리는 코드를 몰라도 앱을 배포하고, 데이터를 분석하며, 전문가 수준의 그림을 그린다. 노션(Notion), 챗GPT를 비롯한 다양한 노코드(No-code) 툴은 기획자, 마케터, 디자이너를 순식간에 '개발자처럼 일하는 혁신가'로 바꿔놓았다. 연구소의 울타리 안에 갇혀 있던 고성능 AI 모델들은 오픈소스로 개방되어 누구나 가져다 쓸 수 있는 공공재가 되었다.

이것이 바로 이 책이 주목하는 '기술의 민주화'다. 과거에는 막대한 자본과 수십 명의 개발자가 있어야 가능했던 일이 이제는 노트북 한 대와 아이디어만 있어도 개인에 의해 구현된다. 혁신의 진입 장벽이 무너진 것이다. 이제 중요한 것은 '기술(Code)을 얼마나 잘 짜느냐'가 아니라, '그 기술로 무엇(What)을 할 것이냐'다.

코드가 사라진 자리를 채우는 것은 인간의 '질문'과 '상상력'이다. 기술이 쉬워졌다는 것은 누구나 할 수 있다는 뜻이기에, 역설적으로 "왜 이것을 만드는가?"라는 철학적 물음과 "어떻게 다르게 만들 것인가?"라는 기획력이 그 어느 때보다 중요해졌다. 기계가 '어떻게(How)'를 해결해주는 동안, 인간은 혁신의 '방향'을 설정해야 한다.

이 책에서는 '코드 없는 AI 혁신'이 가져온 세상의 거대한 변화를 추적한다. 검색과 인터페이스의 진화에서 시작해, 산업의 재편과 배움의 전환을 거쳐, 마침내 개인이 거대 기업과 대등하게 경쟁하는 '빌더(Builder)의 시대'로 나아가는 여정을 담았다. 또한 그 과정에서 필연적으로 마주할 가짜 뉴스와 알고리즘 편향 같은 어두운 면을 직시하고, 우리가 지켜야 할 윤리적 책임에 대해서도 묻는다.

기술은 복잡함에서 단순함으로 진화했다. 그리고 그 단순함의 끝에서 우리는 '무한한 가능성을 쥔 개인'을 마주한다. 코드는 사라졌지만, 혁신은 이제부터다. 지금부터 그 새로운 시대의 이야기를 시작한다.

김준태

차례

PART 1 기술의 문턱이 낮아진 세상

PART 2 산업과 경쟁의 재편

PART 3 배움과 사회의 전환

PART 4 기술의 민주화, 그 빛과 그림자

PART 5 모두가 혁신가가 되는 시대

한때 기술은 선택받은 소수의 언어였다. 컴퓨터를 다루려면 코드를 외워야 했고, 인터넷을 검색하려면 불리언(Boolean) 연산이라는 낯선 문법을 알아야 했다. 디지털 도구는 효율적이었지만, 그만큼 복잡했다. 기술은 늘 전문가의 것이었고, 일반 사람들에게는 그저 결과물로만 다가왔다.

그러나 지난 20년은 그 벽이 무너진 시간이었다. 검색창에 명령어 대신 자연어를 입력하고, 손가락 터치만으로 복잡한 계산이 실행된다. 이제는 마우스 대신 말로, 키보드 대신 대화로 기술을 다루는 시대가 되었다. 기술이 인간의 언어를 배우고, 인간이 기술의 문법을 잊어가는 흐름 속에서 우리는 전문가만의 세계였던 기술을 모두의 것으로 되돌려 받고 있다.

'기술의 문턱이 낮아진 세상'이란 단순히 편리해졌다는 뜻이 아니라, 혁신의 권한이 확장된 사회를 의미한다. 노코드(No-code)와 로코드(Low-code) 플랫폼은 비개발자에게 개발의 힘을, 오픈소스 AI는 개인에게 연구소의 도구를, 클라우드는 스타트업에 대기업의 인프라를 제공한다. 기술의 접근성이 평등해질수록 혁신의 속도는 빨라지고 다양해진다. 누구나 만들고, 연결하고, 확장할 수 있는 환경이 조성된 것이다.

문턱이 낮아졌다는 건 동시에 모두가 기술의 책임을 나눠 져야 한다는 뜻이기도 하다. 기술이 쉬워질수록 그 기술을 사용하는 선택의 윤리가 더 중요해진다. 문제를 해결할 수도 있지만, 새로운 문제를 만들 수도 있기 때문이다. 기술의 민주화는 접근의 민주화뿐 아니라 이해와 성찰의 민주화이기도 하다.

이제는 기술의 언어를 배우는 시대에서 기술과 함께 생각하는 시대로 이동하고 있다. 첫 번째 장에서는 바로 그 변화를 살펴본다. 검색보다 쉬워진 기술의 진화, 코드 없는 개발과 프롬프트 없는 AI의 등장, 그리고 오픈소스·클라우드·인터페이스 리터러시로 이어지는 기술 민주화의 여정을 통해 기술이 어떻게 인간의 언어를 배우고 인간의 일상을 다시 쓰고 있는지 이야기한다.

PART 1

기술의 문턱이
낮아진 세상

01

검색보다 쉬운 기술의 시대

검색은 단순히 정보를 찾는 기능이 아니다. 그것은 세상을 이해하는 방식 자체를 바꾼 기술이다. 불리언 검색이 필요하던 시절에는 '정답을 아는 사람'만이 원하는 정보를 찾을 수 있었다. 그러나 오늘날의 검색은 정답보다 질문을 잘 던지는 사람에게 유리한 구조로 변했다. 기술은 여전히 복잡하지만, 그 복잡함은 표면 아래로 숨고 사용자는 그 위에서 기술을 미끄러지듯 다룬다. 기술은 더 똑똑해졌지만, 인간은 그만큼 기술을 의식하지 않아도 되는 시대가 된 것이다.

이것이 바로 기술의 민주화가 시작된 첫 순간이었다. 검색이 쉬워졌다는 것은 정보 접근을 위한 문해력의 문턱이 낮아졌다는 뜻이다. 예전에는 검색하는 법을 배워야 했지만, 이제는 '무엇을 묻는가?'가 더 중요하다. 이제는 기술을 사용하는 법을 배우는 대신, 기술과 함께 생각하는 법을 배우기 시작했다. 질문은 더 이상 입력값이 아니라 대화의 시작점이다.

AI 기반 검색은 이 흐름을 완성했다. 챗GPT나 퍼플렉시티(Perplexity)[1]는 사용자의 질문을 단순 분석하지 않는다. 그 의도를 해석하고, 맥락을 추론하며, 새로운 정보를 종합한다. 정확한 키워드보다 '인간의 언어'가 더 힘을 갖는다. 정보의 중심이 알고리즘에서 인간의 생각으로 이동한 것이다. 검색이 쉬워진다는 말은 생각이 쉬워진다는 뜻이다. 복잡한 기술이 사람의 사고방식 속으로 들어와, 우리가 어떻게 배우고 결정하고 창조하는지를 바꾸고 있다.

기술의 민주화는 바로 이런 변화에서 시작된다. 명령 대신 대화로, 코드 대신 자연어로, 정답 대신 사고의 확장으로. 이제 기술은 인간이 쓰는 도구가 아니라, 인간의 사고를 함께 진화시키는 파트너가 되었다. 검색보다 쉬운 기술의 시대란, 기술이 인간의 언어를 배우는 시대이자 인간이 기술을 통해 다시 '질문하는 힘'을 되찾는 시대다.

1) 불리언 검색의 시대: 기술을 아는 자만의 언어

한국에서 '검색'이라는 개념이 처음 등장한 건 PC통신[1] 시절이었다. 하이텔, 천리안, 나우누리 같은 통신망이 전국적으로 퍼진 1990년대 초반, 사람들은 모뎀을 통해 전화를 걸어 통신망에 접속했다. 전화선이 "삐익, 따다닥" 소리를 내며 연결되는 동안, 사용자는 컴퓨터 앞에서 설레는 마음으로 로그인을 기다렸다.

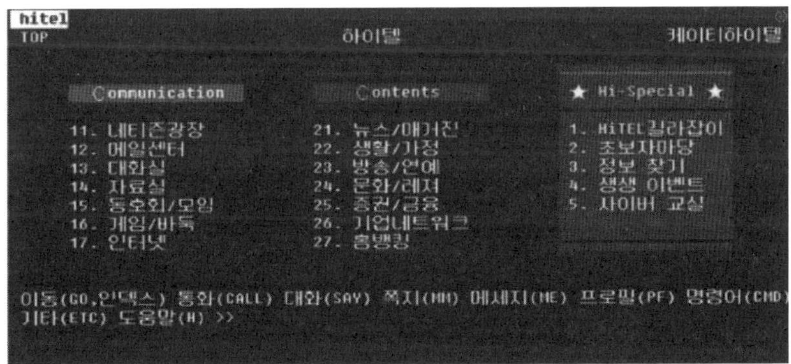

〈비디오텍스트(VT) 기반 PC통신 서비스로 운영되던 하이텔 메인화면. 출처: 나무위키〉

1　인터넷이 대중화되기 전, 전화선(PSTN)과 모뎀을 이용해 컴퓨터끼리 정보를 주고받던 통신 서비스. 1990년대 하이텔, 천리안, 나우누리 등이 대표적이었다. 텍스트 위주의 화면이 특징이다.

화면은 지금처럼 화려하지 않았다. 검은 바탕에 흰색이나 녹색 혹은 노란색 글자가 뜨는 단순한 텍스트 화면이 전부였다. 마우스도 없었고, 클릭 대신 키보드로 명령을 입력해야 했다. 영화 정보를 찾으려면 /go movie를, 음악 게시판으로 이동하려면 /go music을 입력해야 했다. 어떤 방에서는 /join 0000을 입력해야 입장할 수 있었고, 잘못 입력하면 '명령어 오류'라는 차가운 메시지가 돌아왔다.

검색조차 단순하지 않았다. 원하는 자료를 찾으려면 불리언(Boolean) 연산이나 특수문자를 조합해야 했다. 경제와 정책을 모두 포함한 글을 찾으려면 "economy AND policy"를, 마케팅은 포함하되 광고는 제외한 글을 찾으려면 "marketing NOT advertising"을 입력해야 했다. 한국의 통신망에서는 "+", "-", "/" 같은 기호로 대체되기도 했다. 띄어쓰기 하나만 틀려도 결과는 전혀 엉뚱한 방향으로 흘러갔다. PC통신의 검색창은 대화가 아닌 명령의 창이었고, 컴퓨터는 인간의 언어를 이해하지 못했다. 대신 인간이 컴퓨터의 언어를 익혀야 했다.

기술은 정보의 바다를 열었지만, 동시에 높은 문턱을 세웠다. 디지털 세상에 들어갈 수 있는 사람은 '기술을 아는 사람'뿐이었다. PC통신에서는 그런 사람들을 '고수'라 불렀다. 이들은 검색 문법을 완벽히 외워 각 게시판의 구조와 경로를 머릿속에 그리며 움직였다면, 초보자는 방 하나를 찾는 것도 버거웠다. 게시판 주소를 잘못 입력해 엉뚱한 곳으로 들어가거나, 탈퇴 명령어를 몰라 통신 요금을 계속 내야 했던 웃지 못할 일들도 많았다.

이 시기의 기술은 철저히 전문가의 언어 위에 세워져 있었다. 정보를 찾는 능력은 단순한 편의가 아니라 일종의 권력이었다. 회사에서 '검색 잘하는 사람'은 곧 '일 잘하는 사람'으로 여겨졌고, 대학생들은 리포트를 쓰기 위해 컴퓨터 학원에서 검색 문법을 배워야 했다. 정보는 모두에게 열려 있었지만, 그것을 다루는 언어는 소수만이 이해했다. 기술이 세상을 연결하는 대신, 인간을 구분하는 또 다른 기준이 된 셈이다.

그럼에도 불구하고 사람들은 그 세계에 열광했다. 천리안의 영화 동호회, 하이텔의 음악 게시판[2] 등은 당시 청춘들의 새로운 사회였다. 다만 그곳에 참여하기 위해서는 '입장 암호'를 알아야 했다. 기술은 문화를 열었지만, 동시에 언어를 아는 사람만 초대받는 비공개 모임이기도 했다. 인터넷이 열려 있었지만, 실질적으로는 닫힌 셈이다.

불리언 검색의 시대는 기술이 얼마나 인간과 멀리 떨어져 있었는지를 보여주는 상징적인 시기다. 기술은 효율적이었지만 인간적이지 않았다. 사람들은 기술의 세계에 들어가기 위해 새로운 언어를 배워야 했고, 그 과정에서 '기술의 문턱'이라는 개념이 생겨났다. 바로 이 시점이 기술의 민주화가 시작되기 전, 가장 비민주적인 기술의 시대였다.

2) 네이버·구글 검색의 시대: 정보 접근의 민주화

'기술을 아는 자만의 언어'로 굳게 닫혀 있던 성문은 2000년대 초반, 두 개의 거대한 흐름에 의해 활짝 열렸다. PC통신의 "삐익" 소리가 멈춘 자리에 초고속 인터넷이 깔렸고 검은 화면의 명령어는 화려한 그래픽 창으로 대체된 덕분이었다. 하나는 대한민국을 장악한 포털의 등장이었고, 다른 하나는 세상을 바꾼 검색 엔진의 혁신이다.

하이텔과 천리안이 사용자가 직접 찾아가야 하는 복잡한 미로였다면, 네이버와 다음으로 대표되는 포털은 세상을 먼저 보여주는 관문이었다. 사용자들은 더 이상 /go movie 같은 경로를 외울 필요가 없었다. 그저 인터넷 브라우저를 켜면, '녹색 창'이나 '파란 창'이 실시간 뉴스, 쇼핑, 이메일, 카페 등 세상의 모든 정보를 첫 화면에 펼쳐놓았다. 기술이 사용자에게 베푼 첫 번째 배려이자, 정보 접근의 문턱을 극적으로 낮춘 1차 민주화였다.[3]

같은 시기, 스탠퍼드대학의 차고에서 태어난 구글은 포털과는 정반대의 철학을 들고나왔다. 네이버가 온갖 정보로 가득 찬 백화점 1층이었다면, 구글의 첫 화면은 텅 비어 있었다. 그 텅 빈 화면 중앙의 검색창은, 포털처럼 '이것을 보세요'라고 제안하는 대신 "당신이 무엇을 찾는지 말해주세요"라고 묻는 철학의 상징이었다.

구글의 혁신은 페이지랭크(PageRank)라는 알고리즘에 있었다. 어떤 정보가 중요한지를 소수의 편집자가 결정하는 대신, 전 세계 웹페이지들이 서로 얼마나 많이 링크하는지를 기준으로 순위를 매겼다. 정보의 가치를 다수의 집단 지성인 민주적인 투표로 결정하겠다는 발상이었다.

이 두 거인의 등장은 정보 권력을 소수의 고수에게서 평범한 대중의 손으로 옮겨 오는 결정적 계기가 되었다. 더 이상 컴퓨터 학원에서 "marketing NOT advertising" 같은 검색 문법을 배울 필요가 없어졌다. "경제 정책"이라는 일상적인 두 단어만으로도 원하는 답을 찾을 수 있게 된 것이다.

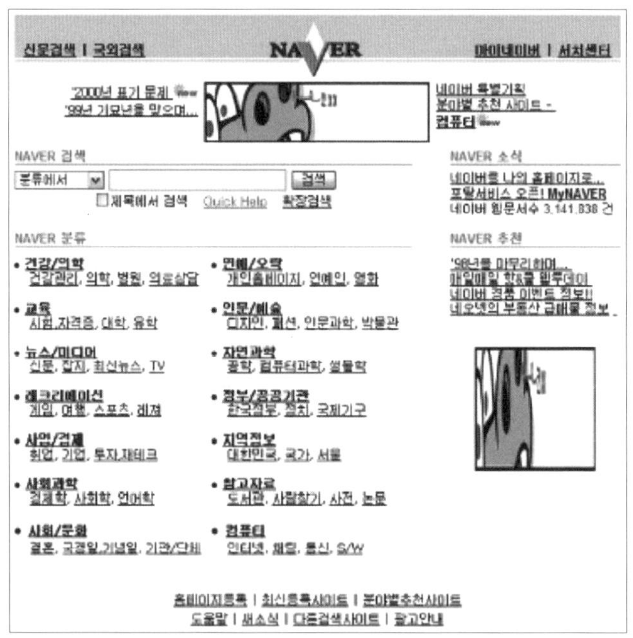

〈우리가 몰랐던 스토리(네이버의 과거). 출처: https://blog.naver.com/eric0127eric〉

물론 1차 민주화는 완벽하지 않았다. 포털 첫 화면에 오르기 위한 경쟁이 치열해지며 '녹색 창의 폭정'이라 불리는 새로운 권력이 탄생하기도 했고, 사용자에게는 여전히 '정확한 키워드'를 고민해야 하는 숙제가 있었다. 하지만 분명한 것은, 기술이 드디어 인간의 언어에 한발 다가왔다는 사실이다. 명령어를 아는 사람만 초대받던 비공개 모임은 끝났다. 기술이 세운 첫 번째 문턱이 마침내 무너진 것이다.

3) 자연어 대화의 시대: 기술이 인간의 언어를 배우다

네이버와 구글이 연 '정보 접근의 민주화'는 혁신적이었지만, 거기엔 여전히 보이지 않는 문턱이 있었다. 기술은 인간의 키워드를 이해했을 뿐, 인간 언어가 가진 복잡한 맥락이나 의도를 온전히 파악하지는 못했다. 그래서 여전히 기계가 알아들을 수 있는 언어로 말을 '가공'해야 했다. "서울 날씨"라는 식의 효율적인 단어 조합을 떠올려야 했지, "주말에 서울 가는데 옷을 어떻게 입어야 할까?"라는 일상적인 질문을 검색창에 던질 엄두는 내지 못했다.

우리는 검색창에 말을 걸 수는 없었고, 그저 가장 효율적인 단어들을 입력할 뿐이었다. 여전히 인간이 기계의 작동 방식(알고리즘)을 어렴풋이 추측하며 언어를 '검열'하고 '가공'해야 하는 반쪽짜리 민주화였다.

2022년 말 등장한 챗GPT(ChatGPT)는 이 마지막 문턱마저 무너뜨렸다. 이 거대 언어 모델(Large Language Model, LLM)[2]이 촉발한 세 번째 혁명의 핵심은, 기술이 드디어 인간의 언어를 이해하는 것을 넘어 구사하기 시작했다는 데 있다.

챗GPT로 대표되는 생성형 AI는 과거의 기술과는 근본적으로 달랐다. 과거

---

2 방대한 양의 텍스트 데이터를 학습하여 인간처럼 자연스러운 문장을 이해하고 생성할 수 있는 인공지능 모델. 챗GPT, 라마 등이 이에 해당한다.

의 AI가 정해진 임무만 수행하는 챗봇에 머물렀다면, 생성형 AI는 새로운 글을 창작하고, 복잡한 문서를 요약하며, 인간과 실제로 '대화'를 이어나가기까지 한다. 사용자가 "이 개념을 10살 아이가 이해할 수 있게 설명해줘"라고 말하면, 정말 그 톤에 맞춰 새로운 글을 생성해낸다. 정해진 답을 찾아 보여주던 검색 엔진과는 근본적으로 다른 차원의 소통이었다.

이 모든 변화의 중심에는 자연어 처리(NLP) 기술의 근본적인 진화가 있다. 과거의 기술이 넘지 못했던 가장 거대한 벽은 인간 언어가 본질적으로 가진 모호성이었다. 예를 들어, 기계는 "오늘 저녁에 먹을 사과 좀 사 와"라는 문장과 "새로 나온 사과 폰 어때?"라는 문장에서 '사과'가 전혀 다른 의미임을 구분하지 못했다.

하지만 트랜스포머(Transformer)와 같은 새로운 AI 아키텍처는 수십억, 수조 개의 문장을 통째로 학습하며 단어와 단어 사이의 관계와 문맥을 통계적으로 파악한다. 기술이 드디어 기계의 언어와 인간의 언어 사이의 격차를 메우고, 인간의 모호한 표현에 담긴 진짜 의도를 추론하기 시작한 것이다.

이것이 바로 자연어 대화의 시대다. 불리언 연산이라는 명령어를 외워야 했던 1세대, 키워드를 고민해야 했던 2세대를 지나, 마침내 우리는 기술에 인간의 말로 직접 질문하고 대답을 얻는 3세대에 도달했다. '검색어를 잘 쓰는 사람'이 아니라 '좋은 질문을 하는 사람'이 기술의 힘을 온전히 누리는 시대다. 기술이 인간의 언어를 완벽히 배움으로써, 정보에 접근할 때 발생하던 사실상의 모든 문턱이 사라진 것이다.

02

코드를 모르는 개발자, 프롬프트를 모르는 사용자

기술이 인간의 언어를 배우며 정보 접근의 문턱을 허물었다면, 이제는 인간의 의도를 읽으며 창조의 문턱을 허물 차례다. 디지털 시대의 가장 견고한 권력은 단연 '개발'이었다. 아이디어를 현실로 만드는 힘은 코드를 아는 소수의 개발자에게 독점되어 있었다. 불리언 검색어가 '고수'의 언어였다면, 파이선(Python)과 자바(Java)는 아무나 넘볼 수 없는 '개발자'라는 사제 집단의 언어였다. 코드를 모르는 대다수에게 아이디어는 그저 기획서나 종이 위의 스케치에 불과했다.

하지만 이 견고한 성벽이 무너지고 있다. 노코드와 로코드 플랫폼은 과거 수개월, 수년이 걸리던 개발의 시계를 주 단위 혹은 일 단위로 압축했다. 아이디어가 시장의 검증을 받기까지 걸리던 막대한 시간이 사라지면서, 이제 혁신의 속도 자체가 가장 강력한 경쟁력이 되는 시대가 열렸다.

기술의 문턱이 낮아지자, 코드는 모르지만 현업의 문제를 가장 잘 아는 사람들이 전면에 나섰다. 기획자, 마케터, 디자이너가 직접 앱을 만들고 데이터를 분석하며 문제를 해결하는 '시민 개발자(Citizen Developer)'로 변신하고 있다. 창조의 권력이 '기술을 아는 자'에서 '문제를 아는 자'로 이동하고 있는 것이다.

더 나아가 프롬프트라는 새로운 언어에 익숙해지기도 전에 그 문턱마저 사라지는 경험을 하고 있다. AI가 사용자의 복잡한 명령 없이도 의도를 먼저 파악하고 작업을 수행하는 'AI 에이전트' 시대가 도래했기 때문이다. 기술이 인간의 지시를 기다리는 도구를 넘어, 의도를 먼저 읽는 파트너로 진화하고 있다. 코드를 모르는 개발자와 프롬프트를 모르는 사용자, 이 두 흐름은 창조의 권력을 전문가의 손에서 아이디어를 가진 모두에게로 재분배하고 있다.

1) 노코드·로코드가 바꾼 혁신의 속도

창조의 영역은 오랫동안 견고한 성벽으로 둘러싸여 있었다. 불리언 검색이 정보에 접근하는 첫 번째 문턱이었다면, 코드는 창조로 나아가는 마지막 문턱이었다. 아이디어는 기획서라는 '종이 감옥'에 갇혔다. 아무리 빛나는 기획도 개발팀의 굳게 닫힌 문 앞에서 '우선순위'라는 냉정한 재판을 통과해야만 세상 밖으로 나올 수 있었다.

이 '기다림'은 그저 시간 지연을 의미하지 않는다. 그것은 기회비용의 막대한 손실이자, 시장의 속도를 따라잡지 못하는 기업의 도태를 의미했다. 고객의 니즈는 초 단위로 변하는데, 서비스 개선은 분기별 혹은 연간 계획이라는 느린 속도로만 움직였다. 개발자와 기획자 사이에는 코드라는, 좀처럼 완벽하게 번역되지 않는 언어의 장벽이 존재했다. 이 기나긴 소통의 마찰 속에서 아이디어의 본질은 왜곡되거나 축소되었고, 그렇게 수많은 혁신의 불씨가 '리소스 부족'이라는 한마디에 꺼져갔다.

노코드와 로코드 플랫폼은 수십 년간 이어진 견고한 패러다임을 근본부터 뒤흔들었다. 이 새로운 개발 방식의 핵심은, 복잡한 프로그래밍 언어의 문법을 암기하고 수천 줄의 텍스트를 타이핑하는 대신, 누구나 직관적으로 이해할 수 있는 '시각적 인터페이스'를 통해 아이디어를 구현하게 한 것이다. 개발이라는 행위의 본질을 '타이핑'에서 '조립'으로 바꾼 혁명이었다. 서비스나우(ServiceNow)

나 앱마스터(AppMaster) 같은 플랫폼은 데이터베이스, 사용자 인증, 결제 모듈 등 가장 복잡하고 시간이 많이 걸리는 기능을 미리 만들어진 구성 요소로 제공한다. 사용자는 이 표준화된 블록들을 레고처럼 마우스로 끌어다 놓는 드래그 앤드 드롭(Drag-and-drop) 방식으로 자신만의 로직을 설계한다. 이는 타이핑이 아닌 '시각적 프로그래밍'의 시대가 열렸음을 의미한다.

이 변화가 가져온 폭발적인 선물은 속도였다. 과거 수개월, 수년이 걸릴 것으로 예상되던 엔터프라이즈급 애플리케이션 개발이 단 며칠, 몇 주 만에 완성되는 개발의 가속화가 현실이 되었다. 하지만 속도는 단순히 빨리 만들기만을 의미하지 않는다. 그것은 실패의 비용을 제로에 가깝게 낮췄다는 뜻이기도 하다. 과거에는 서비스 하나를 출시하기 위해 막대한 자본과 시간을 투입해야 했기에, 실패는 곧 조직의 존폐를 위협하는 거대한 리스크였다.

그러나 이제는 아이디어가 떠오른 그날 오후, 곧바로 프로토타입을 만들어 실제 고객을 대상으로 테스트하는 것이 가능해졌다. 에릭 리스(Eric Ries)가 설파했던 '만들기-측정-학습'의 린 스타트업(Lean Startup) 방식이, 이제 코드를 아는 소수의 스타트업이 아닌 코드를 모르는 평범한 개인들에게도 가능한 현실이 된 것이다.

그저 효율이 좋아진 게 아니다. 속도의 경제가 본격적으로 시작됐다는 신호이자, 마침내 소프트웨어 개발의 민주화가 시작되었음을 알리는 선언이다.[4] 혁신은 더 이상 거대한 조직의 느린 의사결정이나 한정된 개발 자원에 발목 잡히지 않는다. 기술의 속박에서 풀려난 혁신은 이제 그 혁신의 주체를 바꾸기 시작했다.

2) 기획자·마케터·디자이너의 개발자로의 변신

노코드와 로코드가 가져온 '속도의 혁명'은 필연적으로 다음 단계인 '주체의 혁명'으로 이어진다. 개발의 속도가 빨라졌다는 것은 표면적인 현상일 뿐, 더 근본적으로는 그 속도를 누리는 사람이 바뀌는 변화가 일어난다. 기술의 장벽이 무너지자, 성벽 바깥에 머물러 있던 새로운 창조자들이 무대 위로 올라오기 시작했다.

과거의 기획자, 마케터, 디자이너는 아이디어를 가진 사람이었지만 실행할 힘이 없는 사람이기도 했다. 그들은 고객의 목소리를 가장 가까이에서 들었고, 비즈니스의 논리를 가장 날카롭게 꿰뚫었으며, 사용자 경험을 치열하게 고민했다. 하지만 그들의 빛나는 통찰은 개발팀의 리소스라는 단 하나의 관문 앞에서 좌절되곤 했다. 그들은 현업의 문제를 해결하기 위해 스스로 코드를 짤 수 없었다. 대신, 자신의 의도를 기획서라는 문서로 번역해 개발자에게 전달해야 하는 '번역가'의 역할에 머물러야 했다. 번역과 전달의 과정은 느렸고, 부정확했으며, 막대한 비용을 치렀다.

노코드 플랫폼은 바로 이 '번역'의 과정을 생략시켰다. 그리고 기술의 힘을 현업 전문가인 비즈니스 사용자의 손에 직접 쥐여주었다. 이 새로운 창조자들을 가리키는 용어가 바로 시민 개발자다. 이들은 전문 개발자는 아니지만, IT 부서의 도움 없이도 노코드 툴을 활용해 스스로 비즈니스 애플리케이션을 구축하고 자동화하는 현업 담당자들이다.

한 명의 마케터가 새로운 캠페인을 위해 2주간 개발팀을 기다리는 대신, 노코드 툴을 이용해 2시간 만에 고객 데이터를 연동한 랜딩 페이지를 직접 만들 수 있다. 재무팀 담당자가 매일 반복하던 엑셀 수작업을 자동화하는 대시보드를 구축하고, 인사팀 담당자가 신입사원 온보딩을 위한 간단한 앱을 배포한다. 이들은 더 이상 '요청하는 자'가 아니며, 스스로 '해결하는 자'로 변신했다.

이는 IT의 민주화가 단순한 구호를 넘어 현실이 되었음을 의미한다. 창조의 권력이 '기술을 아는 자'에서 '문제를 아는 자'로 이동하고 있기 때문이다. 노코드는 현업 담당자에게 속도뿐만 아니라 자신의 문제를 직접 정의하고 해결할 수 있는 자율성과 권한을 부여했다.

물론 이들이 전문 개발자의 복잡한 시스템 아키텍처 작업을 대체하는 것은 아니다. 하지만 비즈니스의 최전선에서 발생하는 수많은 병목 현상을 스스로 해결함으로써, 전문 개발자들은 더 중요하고 본질적인 문제에 집중할 수 있다. 기획자, 마케터, 디자이너의 개발자로의 변신은, 그렇게 기술의 문턱을 넘어 산업 전체의 혁신 속도를 다시 한번 끌어올리고 있다.

3) 프롬프트 없는 AI의 시대가 온다

2023년이 챗GPT로 인한 '자연어 대화'의 원년이었다면, 2024년은 역설적으로 프롬프트 엔지니어링(Prompt Engineering)[3]이라는 새로운 기술의 원년이기도 했다.

챗GPT는 분명 기술의 문턱을 극적으로 낮췄지만, 동시에 새로운 형태의 문턱을 만들어냈다. AI로부터 원하는 최상의 결과물을 얻어내기 위해, 우리는 질문하는 기술을 다시 배워야 한다. 어떤 단어를 선택하고, 어떤 톤으로 지시하며, 어떤 페르소나를 부여하는지에 따라 AI의 답변 품질은 천차만별로 달라졌다. 불리언 검색어를 외우던 시대에서 최적의 프롬프트를 연구하는 시대로 바뀌었을 뿐, 기술의 힘을 온전히 끌어내는 능력은 여전히 소수의 고수들의 몫이다. 프롬프트 엔지니어는 AI시대의 새로운 마법사가 되었고, 그들이 만들어낸 정교한 주문(spell)은 비싼 값에 거래되기 시작했다. '코드를 모르는 개발자'가 탄생한 순간, '프롬프트를 아는 사용자'라는 또 다른 권력이 탄생한 것이다.

하지만 이 문턱마저도 기술 스스로에 의해 허물어지고 있다. 기술의 민주화는 사용자가 새로운 언어를 배우는 속도보다 더 빠르게 진화하며, 이제는 그 프롬프트마저 필요 없는 시대로 나아가고 있다. 바로 AI 에이전트(AI Agent) 혹은

---

3 AI(특히 거대언어모델)로부터 원하는 최상의 결과를 얻기 위해 질문(프롬프트)을 정교하게 설계하고 최적화하는 기술.

에이전틱 AI(Agentic AI)라 불리는 흐름이다.[5]

과거의 챗봇이나 생성형 AI가 사용자의 지시를 받아 수동적으로 응답하는 도구였다면, AI 에이전트는 사용자의 목표나 의도를 파악하여 자율적으로 수행하는 주체다. 우리는 더 이상 "서울에서 부산 가는 KTX를 예매하기 위해, 12월 20일 오전 9시 이후 기차 편을 검색해줘. 그중 가장 빠른 표를 찾아서 링크를 줘"라고 구체적으로 프롬프트를 입력할 필요가 없다. 그저 "1월 20일 오전에 부산 출장 가야 해"라고 말하는 것만으로 충분하다.

AI 에이전트는 이 모호한 의도를 받아, 스스로 KTX, SRT, 항공편까지 자율적으로 검색하고 비교·분석한다. 그리고 사용자의 일정과 과거 선호도를 바탕으로 최적의 안을 2~3개 선별하여 최종 요약 보고를 올린다. "KTX 9:30(약 59,800원), SRT 9:45(약 52,000원)이 가장 좋습니다. 코레일 홈페이지로 바로 가시겠습니까?"

사용자가 "KTX로 진행해줘"라고 답하면, AI는 코레일 예약 홈페이지나 여행사 사이트로 바로 갈 수 있는 일반 링크를 제공한다. 사용자는 여전히 로그인, 날짜/시간 선택, 결제라는 실행을 직접 해야 하지만, 그전까지의 모든 복잡한 검색과 비교, 선별의 과정을 AI가 대신 수행해준다. AI가 사용자를 대신해 수십 번의 정교한 프롬프트를 백그라운드에서 실행해준 셈이다.

기술이 명령어의 시대를 지나, 키워드의 시대를 넘어, 대화(프롬프트)의 시대마저 뛰어넘고 있다. 이렇듯 기술이 사용자의 복잡한 지시가 아닌, 그 이면에 숨은 단순한 의도를 파악하는 직관의 영역으로 들어선 것이다.

'코드를 모르는 개발자'에 이어 '프롬프트를 모르는 사용자'의 등장은, 기술의 문턱이 완전히 사라진 미래를 예고한다. 창조의 권력이 코드를 아는 사람에서, 프롬프트를 잘 쓰는 사람을 거쳐, '좋은 아이디어(의도)를 가진 사람'에게로 온전히 이동하고 있다.

03

오픈소스 AI의 혁명

기술의 문턱이 검색과 개발의 영역에서 낮아졌다면, 이는 대중이 접근할 수 있는 도구가 많아졌다는 뜻이다. 우리는 앞에서 정보의 문과 창조의 문이 열린 것을 목격했다. 하지만 그 문을 통과해 만난 것은, 오픈AI(OpenAI)나 구글 같은 특정 기업이 설계한 성안의 정원이었다.

2023년 챗GPT가 연 AI시대의 첫 장은 '블랙박스'였다. 거대 테크 기업은 인류 역사상 가장 강력한 지능을 만들었지만, 그 엔진의 핵심 설계도는 철저히 비밀에 부쳐졌다. API(Application Programming Interface)[4]라는 임대 창구를 통해서만 그 힘을 빌려 쓸 수 있었다. 그 안에서 무슨 일이 일어나는지, 왜 그런 답을 하는지, 어떤 데이터로 편향되었는지 정확히 알 수 없었다.

이것은 진정한 민주화라기보다, 새로운 '기술 영주'에게 월세를 내는 '기술 소작농'의 시대에 접어든 것이었다. 기술의 권력이 '코드를 아는 자'에서 '거대 AI

4　운영체제나 프로그래밍 언어가 제공하는 기능을 제어할 수 있게 만든 인터페이스. 여기서는 AI 기업이 자사의 거대 언어 모델을 직접 제공하는 대신, 외부 개발자가 그 기능을 호출하여 사용할 수 있도록 열어둔 '연결 통로'를 의미한다.

모델을 소유한 자'에게로 이동했을 뿐, 여전히 권력은 독점적이었다.

여기서는 이 거대한 블랙박스가 어떻게 열리는지를 추적한다. 바로 오픈소스[5] AI라는 이름의 거대하고 급진적인 혁명이다.

첫째, 메타(Meta)의 라마(Llama)가 쏘아 올린 신호탄은, 미스트랄(Mistral)[6], 딥시크(DeepSeek) 같은 강력한 후발주자들로 이어지며 설계도 자체를 세상에 풀어놓았다. 거대 기업의 연구실 금고에 갇혀 있던 AI의 심장부를 꺼내어 광장에 공개한 것과 같은 사건이었다. 소수의 독점 기업이 주도하던 AI 개발 경쟁의 판도를 근본부터 뒤흔든 개방의 시작이다.

둘째, 이 개방이 낳은 진짜 혁신이다. 설계도가 공개되자, 전 세계의 개발자들이 자발적으로 모여들었다. 그들은 기술을 함께 개선하고(협업), 실험의 속도를 폭발적으로 높이며(속도), 특정 기업의 상업적·정치적 의도에 종속되지 않는 수만 가지의 새로운 AI를 탄생시켰다(다양성).

셋째, 이 흐름은 '오픈소스 AI의 경제학'이라는 새로운 시장 질서를 만들었다. 거대 모델을 임대하는 데 비싼 비용을 낼 수 없었던 수많은 스타트업이 무료로 풀린 엔진을 기반으로 더 빠르고 저렴하며 특화된 AI 서비스를 만들기 시작했다. 거대 독점 기업과 진정으로 경쟁할 수 있는 기술 민주화의 확산 과정이 본격화되었음을 의미한다.

하지만 판도라의 상자는 이미 열렸다. 급진적인 개방은 필연적으로 또 다른 숙제를 남겼다. 누구나 강력한 AI를 손에 넣을 수 있을 때, 기술의 오용과 편향성 통제 불가능한 위험을 어떻게 감당할 것인가? 오픈소스 AI의 혁명은 기술 민주화의 가장 급진적인 현장이자, 가장 위험한 시험대다. 따라서 기술의 심장부인 AI 모델이 어떻게 모두의 손에 쥐어지는지, 그리고 그 개방이 가져온 눈부신 기

---

5 소프트웨어의 설계도인 소스 코드를 무상으로 공개하여 누구나 자유롭게 수정, 배포, 사용할 수 있게 하는 방식. 리눅스(Linux)가 대표적인 예다.

회와 거대한 그림자를 함께 살펴본다.

1) 라마·미스트랄·딥시크: 기술의 설계도를 세상에 풀다

AI가 블랙박스 안에 갇혀 소수의 독점적 권력으로 작동하던 시대는, 2023년 7월 메타의 결정적 선언과 함께 균열이 가기 시작했다. 오픈AI의 챗 GPT가 유료 API라는 견고한 성벽 안에서 힘을 과시할 때, 메타는 그들의 거대 언어 모델인 라마2를 상업적 이용까지 포함하여 사실상 전면 공개한 것이다. 그리고 2024년, 라마3는 이 개방의 흐름을 되돌릴 수 없는 대세로 만들었다. 단순히 신제품을 출시한 게 아니라, AI시대의 게임의 룰을 바꾸겠다는 선언한 셈이다. 폐쇄적인 독점 모델이 지배하던 시장에, 누구나 가져다 쓰고, 뜯어보고, 고칠 수 있는 개방이라는 강력한 대항마가 등장한 것이다. 메타는 자사의 AI 모델을 표준으로 만들어, 구글이나 오픈AI가 아닌 자신들의 생태계로 개발자들을 끌어들이는 대담한 전략을 선택했다. 불씨는 삽시간에 번져나갔다. 이 거대한 흐름에 올라탄 것은 메타뿐만이 아니었다.

프랑스 파리에서 등장한 스타트업 미스트랄 AI는 설립된 지 불과 몇 달 만에 라마를 능가하는 강력한 성능의 오픈소스 모델(예: Mistral 7B)을 공개하며 시장의 다크호스로 떠올랐다. 이들은 소수의 빅테크가 아니더라도 작고 빠른 조직이 얼마든지 최고 수준의 AI를 만들어 개방할 수 있음을 증명했다.

2024년 6월, 중국의 딥시크는 한발 더 나아가, 코딩에 특화된 DeepSeek Coder V2 모델을 오픈소스로 공개했다. 범용 AI를 넘어, 코딩이라는 특정 전문 영역에서도 독점 기업의 모델(예: GPT-4)과 대등하거나 그 이상으로 경쟁할 수 있는 강력한 설계도가 광장에 풀렸음을 의미했다.

라마, 미스트랄, 딥시크는 AI의 심장부였던 거대 언어 모델의 설계도가 더 이상 연구실의 금고나 특정 기업의 서버실에 갇혀 있지 않음을 알리는 상징이다. 기술의 민주화는 이제 사용의 차원을 넘어, 기술의 엔진 자체를 모두가 공유하는 개방의 시대로 접어들었다.

＊ 라마, 독점의 성벽에 균열을 낸 '개방'의 신호탄

2023년 7월, 전 세계 AI 개발자 커뮤니티가 다시 한번 술렁였다. 불과 몇 달 전 오픈AI의 GPT-4가 쏘아 올린 충격파가 채 가시기도 전에, 이번에는 그들의 가장 강력한 경쟁자인 메타가 상상치 못한 카드를 꺼내 들었기 때문이다. 바로 라마였다.

라마란 간단히 말해 페이스북과 인스타그램을 운영하는 메타가 개발하여 오픈소스로 공개한 거대 언어 모델이다. 챗GPT를 움직이는 GPT-4와 직접적으로 경쟁하는 현존하는 최고 수준의 AI 엔진이자, 그 설계도 자체를 의미한다. 메타는 2023년 라마2에 이어 2024년 라마3까지, 심지어 상업적 이용까지 전면 허용하는 파격적인 조건으로 이 설계도를 세상에 공개했다. AI가 블랙박스에 갇혀 소수의 독점적 권력으로 작동하던 시대에, 이 선언은 거대한 균열을 의미했다.

이 개방은 단순히 기술적 선의가 아니었다. 그것은 AI 시장의 후발주자가 선두주자를 따라잡기 위해 내놓은 가장 대담하고 정교한 전략적 승부수였다.

당시 AI 시장은 오픈AI와 구글이 폐쇄형 모델의 유료 API 접속권(API Key)을 판매하며 막대한 수익을 올리는 방향으로 빠르게 재편되고 있었다. 기술 영주가 기술 소작농에게 비싼 값에 땅을 빌려주는 구도였던 것이다. 이 게임의 룰에 따르면, 이미 수백만 유료 사용자를 확보한 오픈AI를 따라잡기란 불가능에 가까웠다.

메타는 게임의 룰 자체를 바꾸지 않고는 승산이 없다고 판단했다. 그래서 그들은 AI 엔진을 유료로 판매하는 대신, 무료로 배포하는 길을 선택했다. 경쟁자들의 핵심 수익 모델(API 사용료)을 근본부터 위협하는 동시에, 전 세계 개발자들을 라마라는 새로운 표준 아래로 끌어모으려는 거대한 포석이었다.

이 전략은 역사적으로 이미 증명된 바 있다. 1990년대, 마이크로소프트의 윈도우가 유닉스(Unix)의 독점에 맞서 PC 운영체제의 표준을 장악했던 방식, 혹은 구글이 안드로이드를 무료로 공개하여 애플의 iOS가 독점하던 모바일 시장의 판도를 뒤집었던 방식과 정확히 일치한다. 역사는 반복되고 있었다. 메타는 라마를 AI 시대의 안드로이드로 만들고자 한 것이다.

라마의 설계도가 광장에 풀리자, 그 파급력은 폭발적이었다. 전 세계 수만 명의 개발자와 자금력이 부족했던 스타트업이 강력한 공짜 엔진을 가져다 쓰기 시작했다. 그리고 이 설계도를 기반으로, 의료, 법률, 교육 등 자신들의 특정 목적에 맞게 미세조정(Fine-tuning)[6]한 수천, 수만 개의 변종 AI를 탄생시켰다.

라마의 등장은 기술 민주화의 역사에서 중대한 분기점이 되었다. AI의 심장부였던 거대 언어 모델의 설계도가 금고 밖으로 나와 광장에 풀렸다. 이 개방의 신호탄은 전 세계 개발자 커뮤니티에 불을 붙였고, 곧 프랑스와 중국에서 등장할 또 다른 혁신의 도화선이 되었다.

∗ 미스트랄: 다윗이 골리앗을 이길 수 있음을 증명하다

라마가 AI 독점의 성벽에 거대한 균열을 냈을 때조차, 시장의 통념은 여전히 "AI는 자본력"이라는 비관론에 머물러 있었다. 라마조차도 메타라는 거대 빅테크 기업이 막대한 자본과 수만 개의 GPU를 투입했기에 가능한 일이었다. AI의 심장부를 만드는 일은 여전히 수조 원이 투입되는 골리앗들의 전쟁터처럼 보였다. 오픈AI-마이크로소프트 연합과 구글, 메타까지, 이 미국 중심의 '빅3'가 모든 것을 독점하는 듯 보였다.

2023년, 프랑스 파리에서 등장한 미스트랄 AI는 이 통념을 정면으로 반박했다.

---

6 이미 학습된 거대 언어 모델(Pre-trained Model)에 특정한 목적이나 분야(예: 의료, 법률)의 데이터를 추가로 학습시켜, 해당 분야에 더 적합하게 성능을 최적화하는 기술.

미스트랄은 구글 딥마인드와 메타 출신의 핵심 엔지니어 3명이 모여 설립한 프랑스 스타트업이자, 그들이 오픈소스로 공개한 거대 언어 모델의 이름이다. 이들의 전략은 '규모'가 아닌 '밀도'에 있었다.

거대 기업들이 1조 개가 넘는 매개변수(Parameter)[7]를 가진 초거대 모델 경쟁에 집착할 때, 미스트랄은 정반대의 길을 걸었다. 그들은 작지만 강력함을 증명하기 위해, 훨씬 적은 비용과 자원으로도 거대 모델을 능가하는 고효율 아키텍처를 설계했다. AI의 성능이 무조건 자본 투입량에 비례하지 않으며 다윗도 골리앗을 이길 수 있음을 증명하려는 시도였다.

거대한 전함들이 막대한 화력과 장갑을 자랑하며 바다를 지배하던 시대에, 작고 빠른 어뢰정이 등장한 것과 같다. 어뢰정은 전함처럼 거대한 대포를 싣지는 못했지만, 압도적인 효율과 속도로 전함의 약점을 파고들어 전세를 뒤집었다. 미스트랄은 AI 시장에서 '규모의 전쟁'이 아닌 '효율의 전쟁'이라는 새로운 게임의 룰을 제시한 것이다.

그 증거는 명확했다. 미스트랄이 공개한 미스트랄 7B 모델은 매개변수가 불과 70억 개였음에도 불구하고, 130억 개의 매개변수를 지닌 라마2 모델을 여러 벤치마크에서 능가했다.[7]

효율성이 의미하는 바는 어마어마하다. 더 적은 비용으로도 고성능 AI를 만들 수 있다는 가성비의 승리이자, AI가 더 이상 거대 클라우드 서버에 갇혀 있지 않고 개인의 노트북이나 스마트폰에서도 작동할 수 있는 경량화(On-device AI)[8]의 가능성을 연 것이다. 인터넷 연결 없이도 AI를 사용할 수 있는, 진정한 기술 민주화의 다음 단계를 예고하는 사건이었다.

---

7   AI 모델이 학습 과정에서 얻은 정보(지식)를 저장하는 변수. 매개변수가 많을수록(모델이 클수록) 성능은 좋아지지만, 그만큼 막대한 비용과 컴퓨팅 자원이 필요하다.

8   클라우드 서버를 거치지 않고 스마트폰이나 PC 등 기기 자체에서 직접 구동되는 인공지능. 인터넷 연결 없이도 사용 가능하며 보안성이 높다.

미스트랄의 등장은 기술 민주화의 속도를 한 단계 더 끌어올린 역사적 사건이다. AI 혁신의 주체가 미국 실리콘밸리의 빅테크가 아니어도, 전 세계 어디에서든(프랑스 파리) 등장할 수 있음을 증명한 '지리적 민주화'다. 또한 막대한 자본의 규모의 경제가 아닌, 소수 엘리트의 '기술 집약적 혁신'으로도 승리할 수 있음을 증명한 '전략의 민주화'이기도 하다. 다윗이 골리앗을 이길 수 있는 새로운 규칙이 오픈소스 생태계에서 성립한 것이다.

*** 딥시크: '전문 영역'의 독점을 파괴하다**

라마가 개방의 문을 열고 미스트랄이 효율의 가능성을 증명했을 때, 시장의 마지막 통념이 남아 있었다. "모든 것을 잘하는 범용 AI(General AI)가 승리할 것이다." 챗GPT-4o를 앞세운 오픈AI와 구글, 메타는 인간처럼 모든 것을 잘하는 만능 AI를 지향했다. '만능'의 지향점은 때로 '어중간함'이라는 한계가 따랐다. 모든 것을 적당히 잘하지만, 한 분야의 최고 전문가는 아니라는 것이다. 2024년 6월, AI 시장의 패권이 미국 실리콘밸리에만 있지 않음을 증명하는 전 세계적인 이슈가 터졌다.

딥시크는 중국의 AI 스타트업 딥시크 AI가 개발하여 오픈소스로 공개한 거대 언어 모델이다. 이들의 전략은 범용이 아닌 '전문화'였다. 그들은 코딩이라는 디지털 시대의 가장 핵심적이고 수익성 높은 전문 영역 하나만 파고들었다. 딥시크는 오픈소스 모델이 특정 전문 영역에서 독점 모델을 완벽하게 능가할 수 있음을 보여주기 위한 '전문성 민주화'의 상징이다.

거대 기업이 만든 만능 스위스 아미 나이프와, 전문 장인이 만든 날카로운 수술용 메스의 대결인 셈이었다. 범용 AI는 모든 것을 할 수 있지만(만능 나이프), 코딩이라는 정밀한 수술(전문 영역)에 있어서는 전용 도구(수술용 메스)의 정교함과 효율성을 따라올 수 없다는 것을 딥시크가 증명한 것이다.

증거는 충격적이었다. DeepSeek Coder V2[8] 모델은 인간 개발자의 코딩 능력을 평가하는 HumanEval 벤치마크에서, 오픈AI의 가장 강력한 비공개 모델인 GPT-4o를 포함한 현존하는 모든 모델을 압도하며 1위를 차지했다.

이는 단순히 기술적 승리가 아니었다. 미국 실리콘밸리가 주도하던 AI 패권 경쟁에서, 중국의 오픈소스 모델이 코딩이라는 IT 산업의 심장부를 정확히 타격하며 승리를 거둔 지정학적 사건이었다. 더 나아가, IT 산업의 심장부와도 같은 전문 영역에서조차 독점과 폐쇄 모델의 성능이 개방과 전문화 모델에 패배했음을 의미했다.

거대 기업이 만든 만능 스위스 아미 나이프보다, 오픈소스 커뮤니티가 만든 날카로운 수술용 메스가 더 뛰어나다는 것이 증명되었다. 코딩뿐만 아니라 법률, 의료, 금융 등 모든 전문 영역에서 거대 독점 AI를 대체할 수많은 '수직적' AI의 등장을 예고하는 사건이었다.

라마, 미스트랄, 딥시크라는 세 흐름은 기술의 민주화가 AI의 엔진을 어떻게 공유하게 했는지 명확히 보여준다. 라마가 독점의 성벽을 허물었고, 미스트랄이 그 성벽을 오르는 사다리가 거대할 필요는 없음을 증명했으며, 딥시크는 그 성벽의 가장 견고한 특정 지점을 파괴할 정밀한 무기를 만인에게 쥐여주었다.

2) 기술의 개방이 만든 진짜 혁신: 협업, 속도, 다양성

라마, 미스트랄, 딥시크가 AI의 설계도를 광장에 풀어놓았을 때, 세상은 비로소 개방이 가진 진짜 힘을 목격했다. 이 힘은 설계도 그 자체가 아니라, 그 설계도를 손에 쥔 수백만 명의 '집단 지성'에서 터져 나왔다. 2023년 이전, AI의 혁신은 오픈AI나 구글 같은 거대 기업의 성채 안에서만 일어났다. 수천 명의 최고 엘리트들이 비밀리에 모델을 훈련시키고, 몇 달에 한 번씩 완성품을 세상에 공개하는 방식이었다. 혁신은 강력했지만, 그 방향은 철저히 통제되었고 속도는 기업의 일정에 종속되었다. 이것은 오랫동안 소프트웨어 공학에서 대성당(The Cathedral)[9] 방식이라 불린, 완벽하게 통제된 하향식 혁신이었다. 거대한 성당이 소수의 천재 건축가가 그린 완벽한 설계도에 따라 외부의 개입 없이 비밀스럽고 완벽하게 통제되며 지어지듯, 혁신 또한 그렇게 밀폐된 공간에서 이루어졌다.

그러나 오픈소스는 정반대의 길인 시장의 방식을 따른다. 수백, 수천 명의 상인과 장인들이 제각기 떠들썩하게 좌판을 깔고 물건을 외치는 시장처럼, 혼란스러워 보이지만 그 안에서 스스로 질서를 찾아가며 활기 넘치게 돌아가는 상향식 혁신이다.

AI의 설계도가 공개되자 시장이 열렸고, 그곳에서 경이로운 현상이 동시에 폭발했다. 바로 협업, 속도, 다양성이다.

* 협업(Collaboration): 집단 지성의 엔진

기술의 개방이 가져온 가장 근본적인 변화는 '무료'가 아니라 '참여'다. 오픈소스의 핵심은 누구나 엔진을 가져갈 수 있다는 것과, 누구나 그 엔진을 더 좋게 개선하는 데 기여할 수 있는 협업에 있다. 폐쇄형 모델의 혁신이 기업 내부라는 닫힌 실험실에서 일어난다면, 오픈소스의 혁신은 깃허브(GitHub)와 허깅페이스(Hugging Face)라는 개방된 광장에서 일어난다.[9] 인도의 한 대학생이 모델의 버그를 잡는 코드 조각(Pull Request)[10]을 올리면, 프랑스의 스타트업이 성능을 개선한 새로운 가중치를 공유하고, 브라질의 데이터 과학자가 편향성을 줄일 수 있는 새로운 학습 데이터에 기여한다. 이 거대한 자발적 협업은 1990년대 운영

---

9 리눅스 개발자 에릭 S. 레이먼드가 쓴 에세이이자 책 제목. 소수의 전문가가 비밀리에 개발하는 방식을 '대성당'에, 다수의 대중이 참여해 공개적으로 개발하는 오픈소스 방식을 '시장'에 비유하며 오픈소스의 우수성을 설파했다.

10 깃허브 등에서 오픈소스 프로젝트에 참여할 때, 자신이 수정한 코드를 원본 프로젝트에 반영해달라고 요청하는 기능. 협업의 핵심 도구다.

체제 전쟁을 완벽하게 재현한다. 당시 마이크로소프트는 수천 명의 엔지니어를 투입해 윈도우 NT라는 대성당 방식의 폐쇄형 OS를 만들었다. 하지만 핀란드의 대학생 리누스 토르발스(Linus Torvalds)는 리눅스라는 OS의 커널(핵심)을 만들어 오픈소스로 공개했다. MS가 윈도우의 다음 버전을 준비하는 2~3년 동안, 리눅스는 전 세계 수만 명의 개발자가 참여하는 협업을 통해 매일, 매시간 진화했다. 그 결과, 20년이 지난 지금 전 세계 슈퍼컴퓨터의 100%, 클라우드 서버의 90% 이상은 협업의 산물인 리눅스가 지배하고 있다. AI 혁명 역시 이 역사를 그대로 따라가고 있다. 폐쇄형 AI가 아무리 강력해도, 전 세계 수백만 개발자의 집단 지성이 만들어내는 거대한 협업의 파도를 이기기란 불가능에 가깝다.

* 속도(Speed): 24시간 진화하는 가속도

이 거대한 '협업'은 필연적으로 속도의 혁명으로 이어진다. 닫힌 실험실의 혁신은 직렬적(Serial)이다. A팀이 개발을 마치면, B팀이 테스트하고, C팀이 배포한다. 모든 과정은 중앙의 통제와 승인을 거쳐야 한다. 하지만 개방된 광장의 혁신은 병렬적(Parallel)이다. 전 세계 개발자들이 24시간 시차를 두고 서로의 작업을 이어받아 동시에 작업을 진행한다. 그 압도적인 속도의 증거는 명확하다. 2023년 메타의 라마가 처음 공개된 지 불과 며칠 만에, 스탠퍼드대학의 학생들은 단돈 600달러라는 믿을 수 없는 비용으로 라마를 미세조정하여 알파카(Alpaca)라는 고성능 챗봇을 만들어내는 데 성공했다. 알파카의 등장은 AI 산업 전체에 충격을 안겼다. 과거 수백, 수천억 원이 들던 거대 언어 모델 개발이, 이제는 대학 연구실 수준에서도, 그것도 단 며칠 만에 가능해졌음을 증명했기 때문이다. 거대 기업이 몇 년에 걸쳐 이룰 혁신을, 오픈소스 생태계는 단 몇 주 만에 따라잡을 수 있음을 보여준 상징적인 사건이었다. 기술의 개방은 AI 진화의 시계를 연 단위에서 일 단위로 압축했다.

＊ 다양성(Diversity): 획일화된 미래를 구하다

협업이 혁신의 엔진이고 속도가 가속장치라면, 다양성(Diversity)은 그 혁명의 눈부신 결과물이다. 오픈AI나 구글 같은 거대 기업이 만드는 폐쇄형 AI는 필연적으로 획일화의 함정에 빠진다. 그들은 전 세계 수십억 명의 사용자를 만족시키기 위해 보편적이고 평균적이며 안전한, 단 하나의 만능 AI를 만들 수밖에 없다. 그들의 AI는 특정 기업의 철학과 상업적, 정치적 의도(예: 검열)에 따라 통제된다. 하지만 라마라는 단 하나의 '조상' 모델은, 전 세계 개발자들의 협업을 통해 수만 가지의 '변종'으로 진화했다. 단 하나의 조상으로부터 진화한 수만 종의 생명체와 같다. 의학 논문만 전문적으로 학습한 메디컬-라마, 복잡한 법률 용어에 특화된 리걸-라마가 등장했다. 거대 기업의 윤리적 검열에서 벗어나 자유롭게 철학적 대화가 가능한 언센서드-라마(Uncensored-Llama)가 탄생했으며, 특정 국가의 언어와 문화에 최적화된 로컬-라마도 쏟아져 나왔다. 기술의 개방은 이처럼 하나의 AI가 세상을 지배하는 획일화된 디스토피아의 미래를 막고, 수만 개의 필요와 목적에 맞춘 맞춤형 AI의 시대를 열었다. 협업이 속도를 낳고, 속도가 다양성을 폭발시킨 것이다. 이것이 바로 기술의 개방이 만든 진짜 혁신의 본질이다.

3) 오픈소스 AI의 경제학

기술의 개방이 만든 혁신이 협업, 속도, 다양성이라는 세 개의 엔진으로 움직인다는 사실을 확인했다. 그렇다면 이 거대한 혁명은 필연적으로 근본적인 질문과 마주한다. "그래서, 어떻게 돈을 버는가?" 공짜로 풀린 기술이 어떻게 지속 가능한 수익을 창출하는가? 자본주의 시장에서 이 질문에 답하지 못하는 혁신은 단순한 이벤트로 끝날 뿐, 새로운 시대를 열지는 못한다.

과거 폐쇄형 독점 모델의 경제학은 단순했다. 오픈AI나 구글은 AI 모델을 상품으로 만들어 이용료를 받고 팔았다. 하지만 라마와 미스트랄은 상품 자체를 무료로 공개해버렸다. 그렇다면 AI 엔진이 공짜가 된 세상에서, 이 새로운 경제학은 어떻게 실현되는가? 정답은 "가치가 AI 모델 그 자체에서 모델을 활용하는 주변 서비스로 이동한다"는 것이다. 새로운 시장에는 크게 3가지 방식으로 수익을 내는 승자 그룹이 존재한다.

* AI 개발사: Pro 버전과 기술 지원을 판매한다(미스트랄 방식)

첫 번째 그룹은 미스트랄처럼 AI 모델을 직접 만드는 개발사다. 이들의 전략은 소프트웨어 업계의 고전적인 프리미엄(Freemium)[11] 방식과 같다. 먼저, 미스트랄 7B처럼 강력한 기본 모델을 오픈소스로 무료 배포한다. 전 세계 개발자 커뮤니티에 자신들의 기술력을 증명하고, 수많은 개발자가 이 모델을 사용하도록 만드는 일종의 미끼 상품이다. 이렇게 명성을 얻은 뒤, 이들은 진짜 수익을 낼 수 있는 2가지 상품을 기업(B2B)에 판매한다.

첫째는 프리미엄 모델이다. "무료 버전에 만족하지 못한다면, 저희의 더 강력한 Pro 버전을 유료로 쓰시죠"라고 제안하는 것이다.

둘째는 기술 지원 및 컨설팅이다. 기업 고객이 "공짜 모델을 우리 회사 시스템에 맞게 최적화해주세요"라고 요청하면, 전문적인 기술 지원과 맞춤형 솔루션을 제공하고 비용을 받는다. 리눅스라는 무료 OS를 기반으로 기업용 솔루션과 기술 지원을 판매해온 레드햇의 성공 방식과 정확히 일치한다.

* 플랫폼 대기업: '핵심 사업'을 강화하기 위해 AI를 무료로 푼다(메타 방식)

두 번째 그룹은 메타나 구글 같은 거대 플랫폼 기업이다. 이들은 AI 모델을 팔아서 직접 돈을 벌 생각이 없다. 오히려 AI를 무료로 풀어서, 자신들의 핵심

---

11 무료(Free)와 프리미엄(Premium)의 합성어. 기본적인 서비스는 무료로 제공하여 사용자를 모은 뒤, 고급 기능이나 추가 서비스는 유료로 판매하는 비즈니스 모델.

사업을 더 강력하게 만드는 촉매제로 사용한다. 메타가 라마를 공개한 이유는, AI 개발자들을 라마 생태계로 끌어들여 미래에 출시할 자사의 메타버스나 AR 글래스 같은 하드웨어 플랫폼의 경쟁력을 높이기 위해서다. 공짜 AI가 플랫폼의 사용자를 늘리기 위한 미끼인 셈이다. 구글이 안드로이드라는 모바일 OS를 무료로 공개한 이유와 같다. 구글은 안드로이드 OS로 돈을 벌지 않는 대신, 모든 스마트폰에 자사의 구글 검색과 플레이스토어를 심어 광고와 앱 수수료라는 진짜 수익을 극대화했다.

＊ 클라우드 기업: AI가 쓸 컴퓨터를 빌려준다(AWS, MS, 구글 방식)

마지막 그룹이 이 경제학의 최대 승자다. 바로 아마존(AWS), 마이크로소프트(Azure), 구글(GCP) 같은 클라우드 기업이다. 이들은 AI 모델 자체를 만들거나 팔지 않는다. 대신 AI를 실행하는 데 반드시 필요한 초고성능 컴퓨터(GPU)를 임대한다. 라마, 미스트랄 같은 고성능 무료 AI가 시장에 많이 풀릴수록, 수많은 스타트업과 개발자는 이 AI를 사용하기 위해 더 많은 컴퓨터 자원이 필요하다. 클라우드 기업들은 초고성능 컴퓨터 사용료를 시간 단위로 청구하며 막대한 수익을 거둔다. 그들은 어떤 AI가 승리하든 상관없이, 모든 AI가 달려야 하는 트랙을 유료로 빌려주기 때문에 안정적으로 돈을 번다.[10]

4) 기술의 민주화가 확산되는 과정

챗GPT나 구글의 제미나이(Gemini)는 똑똑하다. 하지만 그들은 태생적으로 '미국인'이다. 그들은 캘리포니아의 사고방식으로 생각하고, 영어권의 데이터로 학습했다. 그래서 한국의 '정(情)'이나 '눈치' 같은 미묘한 문화적 맥락을 완벽하게 이해하지 못한다. 아무리 번역기가 좋아져도, 외국인이 한국 시의 맛을 100% 살리지 못하는 것과 같다. 만약 세상에 AI가 챗GPT 하나뿐이라면, 우리는 평생 미국식 사고방식을 빌려 써야 했을 것이다. 이것은 진정한 민주화가 아니다.

오픈소스가 만든 진짜 확산은 바로 여기서 시작된다. 메타의 라마나 미스트랄처럼 가중치가 공개된 고성능 모델이 등장하자, 전 세계 개발자들은 이를 기반으로 각자의 언어와 환경에 맞는 파생 모델을 만들어내기 시작했다. 목적은 하나였다. "우리에게 맞는 AI를 만들자." 기술을 수입하는 것을 넘어 현지화(Localization)하는 것이다. 기본 모델은 공유하되, 그 안에 채워지는 지식은 각 나라의 언어·문화·전문 도메인 데이터로 다시 학습시키는 방식이다. 덕분에 우리는 실리콘밸리의 허락 없이도 한국어·한국 법률·한국 문화를 깊이 이해하는 한국형 AI를 만들 수 있다.[11]

이 과정은 과거 성경 번역의 역사와 아주 비슷하다. 옛날 유럽에서 성경은 오직 라틴어로만 되어 있었다. 일반 대중은 읽을 수도, 이해할 수도 없는 전문가의 언어였다. 하지만 인쇄술이 발명되고 성경이 독일어, 영어, 프랑스어 등 자국어로 번역되어 퍼져나가자, 비로소 평범한 사람들도 지식의 주인이 될 수 있었다. 지금의 오픈소스 AI가 바로 그 자국어 성경이다. 영어라는 거대한 장벽을 넘어, AI가 각 나라의 모국어로, 각 산업 현장의 전문 용어로 번역되어 퍼져나가는 것이다.

이 확산이 일어나는 현장이 바로 허깅페이스다. 이곳은 AI 모델들이 모이는 디지털 도서관이자 광장 같은 곳이다. 이곳에 가보면 놀라운 풍경이 펼쳐진다. 라마라는 하나의 뿌리에서 뻗어 나온 수만 개의 가지들이 보인다. 한국의 경우, 업스테이지(Upstage) 같은 스타트업이 라마를 기반으로 만든 솔라(Solar) 모델이 대표적이다. 이 모델은 영어 중심의 라마에 수십억 개의 한국어 문장과 문화를 주입하여, 한국의 법률 용어나 존댓말의 뉘앙스까지 정확하게 파악하는 한국형 AI로 재탄생했다.

확산은 언어를 넘어 전문성의 영역으로도 뻗어나갔다. 프랑스의 연구진은 미스트랄 모델에 방대한 의학 논문과 임상 데이터를 학습시켜 의사보다 더 정확하게 의학 질문에 답하는 바이오미스트랄(BioMistral)을 공개했다. 법률 분야에서는 판례 데이터를 학습한 리걸버트(Legal-BERT)가 변호사들의 업무를 돕고 있다.

기술의 민주화는 모두 챗GPT를 쓰는 것이 아니다. 그보다는 누구나 자신에게 딱 맞는 AI를 가질 수 있다는 뜻이다. 오픈소스는 거대 기업의 획일적인 표준을 거부하고, 전 세계의 다양한 문화와 필요를 담아내는 가장 확실한 방법으로 확산되고 있다.

5) 개방이 만든 또 다른 숙제

고대 신화에서도 판도라의 상자가 열렸을 때 그 안에서 희망만 나온 것이 아니었다. 온갖 재앙과 혼란도 함께 쏟아져 나왔다. 2023년, 메타와 미스트랄이 AI의 설계도(가중치)[12]를 세상에 공개한 순간, 디지털 시대의 판도라 상자를 연 것일지도 모른다. 혁신의 민주화는 환영할 일이지만, 그것은 필연적으로 '위험의 민주화'를 동반한다. 누구나 강력한 지능을 가질 수 있다는 말은, 악의를 가진 누군가도 통제받지 않는 무기를 손에 넣을 수 있다는 뜻이기 때문이다.

폐쇄형 AI(예: 챗GPT 등)와 오픈소스 AI의 결정적 차이는 안전장치의 통제권에 있다. 오픈AI나 구글은 자사의 AI에 엄격한 윤리적 입마개(Safety Filter)를 채워둔다. 폭탄 제조법을 물으면 거절하고, 혐오 발언은 차단한다. 사용자는 이 입마개를 풀 수 없다.

하지만 오픈소스 AI는 다르다. 개발자는 공개된 설계도를 가져와 입마개를 손쉽게 제거할 수 있다. 라마가 공개된 직후, 인터넷의 음지에서는 안전장치를 제거한 검열 없는 라마가 공유되기 시작했다. 이 AI들은 마약 제조법을 상세히 알려주거나, 차별적이고 선정적인 대화를 거침없이 쏟아낸다. 중앙의 통제가 사라진 자유는 순식간에 방종과 범죄의 도구로 변질될 위험을 안고 있다.

그 위험은 이미 현실이 되었다. 딥페이크(Deepfake) 범죄의 폭증이 대표적이

---

12 인공지능의 신경망에서 각 연결 강도를 나타내는 수치. AI가 학습을 통해 얻은 지식의 결정체로, 이 가중치를 공유한다는 것은 곧 학습된 AI 모델 자체를 공유한다는 뜻이다.

다.[12] 과거에는 정교한 가짜 영상을 만들기 위해 할리우드 수준의 장비와 기술이 필요했지만, 이제는 오픈소스 이미지 생성 AI(예: Stable Diffusion 등)를 이용해 누구나 안방에서 유명인의 얼굴을 합성한 음란물을 만들거나, 정치인의 가짜 연설 영상을 제작해 가짜 뉴스를 퍼뜨린다. 기술의 문턱이 낮아지자, 범죄의 문턱도 함께 사라져버린 것이다. 또한 해커들은 오픈소스 AI를 이용해 정교한 피싱 메일을 대량으로 작성하거나, 보안 시스템을 뚫는 악성 코드를 자동으로 생성하는 데 악용하고 있다. 코딩의 민주화가 해킹의 민주화로 이어진 셈이다.

여기에 최근 빈번하게 발생하는 대규모 개인정보 유출 사태가 기름을 붓는다면 상황은 더욱 심각해진다. 과거에는 유출된 정보가 스팸 문자 정도에 그쳤지만, 만약 개방된 AI 도구가 이 데이터를 학습해 "OOO 고객님, 어제 주문하신 새벽 배송 상품에 배송 지연 문제가 생겼습니다"라며 상담원의 억양까지 완벽하게 흉내 내는 맞춤형 피싱을 수행한다면 어떨까? 기업의 보안 실패가 단순한 정보 유출을 넘어, 누구나 사용할 수 있는 AI 범죄 도구에 최고급 연료를 주입하는 뇌관이 될 수 있다는 점을 경계해야 한다.

이는 다이너마이트의 역사와 닮았다. 알프레드 노벨은 광산 개발과 건설을 돕기 위해(혁신) 다이너마이트를 발명했지만, 곧 전쟁터에서 사람을 죽이는 무기(재앙)로 쓰였다. 기술 자체는 가치 중립적이지만, 그것이 누구나 쓸 수 있는 상태가 되었을 때 발생하는 파급력은 통제 불가능하다.

개방은 혁신의 속도를 높였지만, 동시에 우리 사회에 거대한 숙제를 던졌다. 통제되지 않은 AI가 범죄의 도구가 될 때, 기술적으로 무엇을 막을 수 있는가? 물론 이것은 시작일 뿐이다. 편향된 데이터가 만드는 차별, 알고리즘이 흔드는 민주주의 같은 더 깊고 복잡한 윤리적 딜레마들이 우리를 기다리고 있다. 기술의 문턱이 사라진 세상에서, 이제 기술적 방어막이 아닌 사회적 합의와 윤리라는 인간의 방어막을 다시 세워야 하는 시점에 도달했다. (이 거대한 윤리적 논쟁에 대해서는 PART 4에서 더 깊이 다루기로 한다.)

04

클라우드의 평등화

앞에서 오픈소스가 어떻게 AI라는 거대한 두뇌(Software)를 민주화했는지 목격했다. 하지만 두뇌만으로는 아무것도 할 수 없다. 그 두뇌가 생각하고 움직일 수 있는 강력한 신체(Hardware)가 필요하다.

디지털 혁신의 역사에서 가장 넘기 힘든 마지막 단계는 언제나 물리적인 장벽이었다. 아무리 혁신적인 코드를 짜도, 그것을 전 세계 수백만 명에게 서비스하기 위해서는 축구장만 한 데이터 센터와 수천 대의 서버, 이를 24시간 냉각시킬 막대한 전력이 필요했다. "아이디어는 차고에서 시작할 수 있다"는 말은 반만 진실이었다. 그 아이디어를 규모 있게 키우려면 거대 자본이라는 입장료를 내야만 했기 때문이다.

여기서는 그 견고했던 물리적 장벽이 어떻게 무너지고 있는지 추적한다. 바로 클라우드(Cloud)라는 혁명을 통해서다. 아마존, 마이크로소프트, 구글은 자신들이 구축한 전 세계적인 슈퍼컴퓨터 인프라를 잘게 쪼개어 누구나 클릭 한 번으로 빌려 쓸 수 있게 개방했다. 이제 단칸방의 대학생도 신용카드 한 장만 있으면, 삼성전자나 넷플릭스가 사용하는 것과 똑같은 성능의 서버와 보안 시스템,

글로벌 네트워크를 소유할 수 있다.

이것은 기술 임대일 뿐 아니라 규모의 평등(Equality of Scale)이기도 하다. 기술은 더 이상 기업이 소유해야 하는 무거운 자산이 아니라, 필요할 때 수도꼭지처럼 틀어 쓰는 가벼운 서비스가 되었다. 자본이 없어도 아이디어만 있다면 누구나 대기업의 덩치로 싸울 수 있게 된 세상에, 클라우드는 기술 민주화가 딛고 서 있는 가장 단단하고 평평한 대지다.

1) 클라우드가 만든 '규모의 평등'

2000년대 초반, 닷컴 버블 시절의 창업자들에게 가장 무서운 악몽은 역설적이게도 사용자가 너무 많이 몰리는 것이었다. 이것은 행복한 비명이 아니라, 물리적인 재앙이었다. 준비된 서버 용량을 초과하는 트래픽은 곧 서비스의 다운을 의미했고, 이를 해결하려면 당장 수천만 원짜리 서버 장비를 사 들여 엔지니어가 밤새 선을 연결하고 운영체제를 설치해야 했다. 당시 혁신의 입장료는 비쌌다. 전 세계를 상대로 안정적인 서비스를 하려면 항온항습 장치가 돌아가는 축구장만 한 데이터 센터가 필요했고, 24시간 보안 요원과 시스템 관리자가 필요했다. 아이디어는 평등할지 몰라도, 그 아이디어를 담을 그릇(인프라)은 결코 평등하지 않았다. 이것은 자본을 가진 거대 기업만이 넘을 수 있는 규모의 장벽이었다.

클라우드는 이 물리적인 장벽을 클릭 몇 번으로 증발시켰다. 클라우드의 혁신적 본질은 기술이 아니라 '소유권의 종말'에 있다. 과거의 기업이 인프라를 소유해야 했다면, 클라우드 시대의 기업은 인프라를 '구독'한다. 기업들은 더 이상 미래의 트래픽을 예측해 미리 서버를 사두는 과잉 투자의 리스크를 질 필요가 없어졌다. 사용자가 늘어나면 서버를 늘리고, 줄어들면 줄이는 유연성이 보장되기 때문이다.

이 변화가 만들어낸 것이 바로 규모의 평등이다. 이제 갓 창업한 대학생의 단칸방 스타트업도, 삼성전자나 넷플릭스가 사용하는 것과 똑같은 성능의 슈퍼

컴퓨터, 보안 수준, 글로벌 전송망(Content Delivery Network, CDN)[13]을 바로 사용할 수 있다. 자본금의 차이가 기술 인프라의 차이로 직결되던 공식이 깨진 것이다.

이는 전기의 역사와 같다. 19세기 말, 공장을 돌리려면 각자 자가 발전기를 돌려야 했다. 자본이 없는 공장은 전기를 쓸 수 없었다. 하지만 전력망이 깔리면서, 발전소를 짓는 대신 벽에 플러그를 꽂고 쓴 만큼 요금을 낸다. 클라우드는 컴퓨팅 파워를 전기와 같은 유틸리티로 만들어버린 것이다.

넷플릭스가 이 평등을 가장 잘 활용한 사례다.[13] 그들은 전 세계 2억 명이 넘는 가입자에게 고화질 영상을 송출하지만, 자체적인 데이터 센터는 거의 보유하지 않는다. 그들은 경쟁사인 아마존의 클라우드 위에서 움직인다. 만약 넷플릭스가 과거의 방식대로 전 세계 190개국에 직접 서버실을 짓고 관리해야 했다면, 지금처럼 빠른 글로벌 확장은 불가능했을 것이다.

스타트업들이 대기업처럼 운영될 수 있는 이유도 여기에 있다. 인프라 구축에 들여야 할 막대한 초기 자본을 아껴, 오직 서비스 개발과 고객 확보에만 쏟아부을 수 있게 되었기 때문이다. 클라우드는 기술이 자산이 아니라 서비스가 되는 세상을 열며, 혁신의 출발선을 평평하게 다져놓았다.

2) AWS·애저·GCP: 누구나 글로벌 인프라를 쓴다

한때 한국의 작은 스타트업이 미국 시장에 서비스를 출시하려면 일종의 원정대를 꾸려야 했다. 직원이 비행기를 타고 캘리포니아로 날아가, 현지 데이터 센터(IDC)를 계약하고, 서버 장비를 구매해 설치한 뒤, 한국과 미국을 잇는 전용선을 깔아야 했던 것이다. 이 물리적 확장의 과정은 최소 6개월 이상의 시간과

---

13 전 세계 곳곳에 분산된 서버 네트워크. 사용자가 웹사이트에 접속할 때 물리적으로 가장 가까운 서버에서 콘텐츠(이미지, 영상 등)를 전송받게 하여 속도를 높이는 기술.

수억 원의 자금을 집어삼키는 거대한 장벽이었다. 그래서 글로벌 비즈니스는 오직 대기업에만 허락된 영토였다.

오늘날, 이 풍경은 완전히 달라졌다. 서울의 공유 오피스, 심지어 작은 골방에 앉아 있는 개발자라도 단 몇 번의 마우스 클릭만으로 자신의 서비스를 뉴욕, 런던, 도쿄, 상파울루에 동시에 띄울 수 있다. 물리적인 이동도, 배송도, 설치도 필요 없다. 대시보드에서 지역(Region)을 선택하는 순간, 서비스는 빛의 속도로 국경을 넘는다.

이 마법 같은 변화를 가능하게 한 주인공들이 바로 클라우드 빅3라 불리는 아마존웹서비스(AWS), 마이크로소프트의 애저(Azure), 구글 클라우드 플랫폼(GCP)이다. 이들은 단순한 IT 기업이 아니다. 21세기의 디지털 부동산 재벌이자 고속도로 건설자다. 이들은 지난 십수 년간 수백조 원을 쏟아부어 전 세계 방방곡곡에 거대한 데이터 센터를 짓고, 태평양과 대서양 바닥에 해저 광케이블을 깔아 지구 전체를 하나의 거대한 컴퓨터로 연결해놓았다. 그리고 그 거대한 인프라의 사용권을 누구에게나 공평하게 개방했다.

각 기업은 저마다의 강력한 무기를 바탕으로 이 인프라 평등화 경쟁을 이끌고 있다. 클라우드 시장을 개척한 선구자 AWS는 가장 방대한 서비스 종류와 압도적인 점유율을 바탕으로 스타트업부터 대기업까지 아우르는 글로벌 표준이 되었다. 후발주자인 애저는 전 세계 기업들이 사용하는 윈도우와 오피스 환경을 무기로, 보수적인 기업 시장(B2B)의 클라우드 전환을 가속화하고 있다. 그리고 GCP는 구글이 가진 압도적인 AI 기술과 데이터 분석 역량을 클라우드에 심어, 단순한 저장소를 넘어 지능형 인프라를 제공하며 차별화에 나섰다.[14]

이들의 경쟁이 치열해질수록, 기술의 문턱은 더 낮아진다. 이제 창업자들은 어떻게 전 세계에 서버를 깔지 고민할 필요가 없다. 그 고민은 빅3가 대신한다. 창업자는 오직 무엇을 만들까에만 집중하면 된다.

이것은 지리적 제약의 종말이자 기회의 평등이다. 나이키나 코카콜라 같은 글로벌 기업만이 가질 수 있었던 전 세계 유통망을, 이제는 누구나 몇만 원짜리 구독료만 주면 손에 쥘 수 있다. 클라우드 빅3가 깔아놓은 고속도로 위에서, 모든 기업은 동등한 속도로 전 세계를 향해 질주할 수 있다.

* AWS: 클라우드의 표준을 만든 개척자

"인터넷 서점이 어떻게 전 세계 IT 인프라를 지배하게 되었는가?" 이 질문은 클라우드 역사의 첫 페이지이자, 기술 민주화의 가장 드라마틱한 시작점이다. 2006년, 아마존이 세상에 내놓은 AWS는 그저 신사업이 아니었다. 아마존이 10년 넘게 폭발적으로 성장하며 겪었던 그 끔찍한 인프라의 혼돈을 스스로 해결해낸 내부 시스템의 제품화라는 결과물이었다.

아마존은 자신들이 겪은 문제를 전 세계 모든 개발자도 겪고 있음을 간파했다. 서버를 주문하고 배송받아 설치하는 데만 몇 주가 걸리는 비효율, 블랙프라이데이 같은 트래픽 폭주에 대한 공포가 그것이다. 아마존은 이 문제를 해결하기 위해 자신들이 구축한 거대한 서버 자원을 외부 사람들도 전기처럼 쓰고 요금을 낼 수 있게 개방했다. 현대적 의미의 클라우드 컴퓨팅, IaaS(Infrastructure as a Service)[14]가 탄생한 것이다.[15]

AWS의 가장 큰 공헌은 스타트업의 방정식을 바꿨다는 데 있다. AWS 등장 이전의 스타트업은 투자금의 절반 이상을 서버 장비를 사는 데 써야 했다. 하지만 AWS 이후, 넷플릭스, 에어비앤비, 우버 같은 기업들은 초기 인프라 투자 비용을 0에 가깝게 줄이고 시작할 수 있었다. 그들은 서버를 사는 대신, AWS라는 거인의 어깨 위에 올라타 아이디어 하나만으로 전 세계 시장을 뒤흔들었다. 기술의 민주화가 새로운 유니콘 기업들을 탄생시킨 산파 역할을 한 것이다.

---

14 서버, 스토리지, 네트워크 등 IT 인프라 자원을 인터넷을 통해 빌려주는 클라우드 서비스 모델. 사용자는 물리적 장비 없이 가상의 인프라를 구축하고 운영할 수 있다.

현재 AWS는 클라우드 시장의 압도적인 표준이다. 가장 오래된 역사만큼이나 가장 방대한 서비스(컴퓨팅, 저장소, 데이터베이스, AI 등)를 갖춘 디지털 만물상과도 같다. 특히 개발자 생태계에서는 "클라우드를 쓴다"는 말이 "AWS를 쓴다"는 의미로 오랫동안 사용되곤 했다.

AWS는 기술을 소유의 대상에서 접속의 대상으로 바꾸며, 자본이 없는 개인도 글로벌 기업과 동등한 인프라 위에서 경쟁할 수 있는 기회의 평등을 가장 먼저, 가장 거대하게 실현했다.

＊ 애저: 기업을 위한 가장 현실적인 클라우드

AWS가 실리콘밸리의 스타트업들에 기회의 땅을 열어주었다면, 마이크로소프트의 애저는 보수적인 전통 기업들에 클라우드로 건너갈 수 있는 다리를 놓

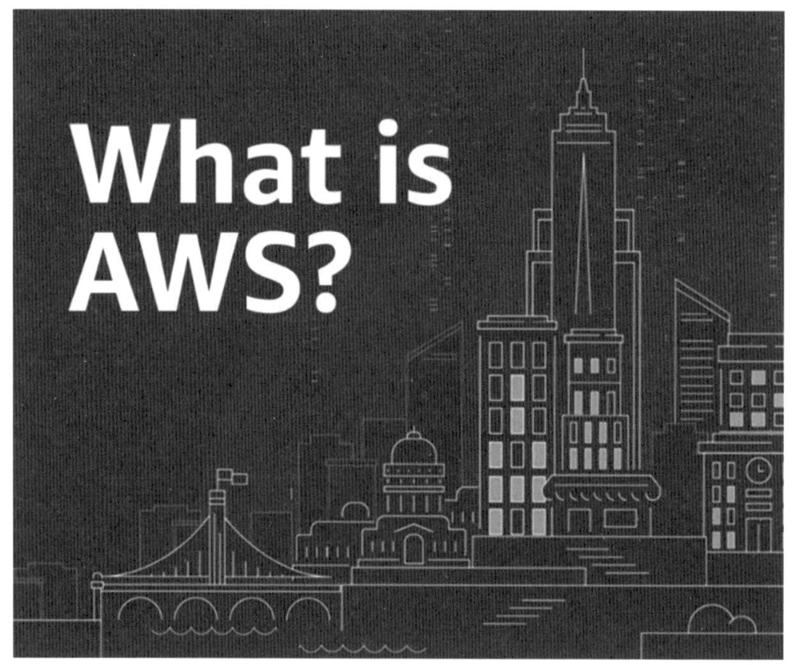

〈출처: AWS〉

아주었다. 2010년대 초반, 클라우드 혁명이 시작되었을 때 수많은 대기업과 공공기관, 금융사는 이 흐름에서 소외되어 있었다. 그들은 갓 태어난 스타트업처럼 가볍지 않았다. 수십 년간 쌓아온 방대한 데이터와 레거시 시스템, 엄격한 보안 규정 때문에 감히 데이터를 외부 서버로 옮길 엄두를 내지 못했다. 그들에게 클라우드는 그림의 떡이거나, 너무 위험한 도박이었다.

후발주자였던 마이크로소프트는 이 두려움을 정확히 파고들었다. 그들의 무기는 전 세계 기업의 사무실을 이미 점령하고 있는 윈도우와 오피스 생태계였다. 애저의 전략은 하이브리드였다. "전산실을 없애지 마십시오. 대신 애저와 연결하십시오." 마이크로소프트는 기업이 기존에 쓰던 윈도우 서버 환경을 그대로 유지하면서, 필요한 부분만 클라우드로 확장할 수 있는 가장 현실적이고 안전한 길을 제시했다. 덕분에 엑셀로 업무를 보고 윈도우로 서버를 돌리던 전 세계 95%의 기업들은, 별도의 새로운 기술을 배우거나 시스템을 갈아엎지 않고도 자연스럽게 클라우드의 세계로 진입할 수 있었다. 기술적 단절 없는 가장 부드러운 형태의 전환이었다.

애저의 등장은 기술 민주화의 대상을 새로운 기업(스타트업)에서 오래된 기업으로 확장했다는 데 의미가 있다. 제조업, 금융, 유통 등 변화에 느릴 수밖에 없었던 거대 산업군조차 애저라는 다리를 통해 클라우드의 슈퍼컴퓨팅 파워를 도입했기 때문이다. 애저는 가장 익숙한 도구(윈도우)를 통해 가장 낯선 혁신(클라우드)을 대중화시킨 사례다.

✽ GCP: AI와 데이터가 흐르는 지능형 클라우드

AWS가 가장 먼저 길을 닦았고 애저가 가장 넓게 기업들을 포용했다면, GCP는 가장 똑똑한 인프라를 지향하며 등장했다.

구글은 태생부터 남달랐다. 그들은 전 세계 정보를 정리하는 검색 엔진과 매일 수십억 개의 영상이 올라오는 유튜브를 운영하기 위해, 지구상에서 가장 거대하고 정교한 데이터 처리 시스템을 내부적으로 구축해왔다. GCP는 바로 구글의 내부 엔진을 외부로 개방한 것이다.

GCP의 핵심 전략은 기술의 낙수 효과다. 구글은 자신들이 내부적으로 쓰던 핵심 기술들, 예를 들어 컨테이너 관리 도구인 쿠버네티스(Kubernetes)나 AI 프레임워크인 텐서플로(TensorFlow)를 모두 오픈소스로 공개해버렸다. 그리고 이 기술들이 가장 잘 돌아가는 환경을 자사의 클라우드에 구축했다. 개발자들에게 "구글 엔지니어처럼 일하고 싶다면 GCP를 써라"라는 강력한 유혹이었다. 특히 AI와 빅데이터 분석 영역에서 GCP는 독보적이다. 많은 기업이 단순한 데이터 저장이나 서버 운영은 AWS나 애저에 맡기더라도, 복잡한 AI 모델을 학습시키거나 대규모 데이터를 분석할 때만큼은 GCP를 찾는다. 구글이 가진 압도적인 AI 기술력과 데이터 분석 도구(예: BigQuery 등)를 빌려 쓸 수 있는 유일한 창구이기 때문이다.

GCP의 등장은 클라우드 경쟁의 차원을 공간 임대(IaaS)에서 지능의 임대(AIaaS)[15]로 격상시켰다. 이제 갓 창업한 스타트업도 GCP를 통해 구글의 알파고를 만든 딥마인드 팀과 유사한 수준의 AI 인프라를 활용할 수 있다. 이는 자본의 평등을 넘어 지능의 평등을 실현하는 기술 민주화의 가장 최전선이다.[16]

3) SaaS·PaaS·XaaS: 모든 기술이 서비스가 된다

2000년대 초반까지만 해도, 기업이 소프트웨어를 도입한다는 것은 일종의 거대한 공사였다. 수백만 원짜리 소프트웨어 패키지(CD-ROM)를 구매하고, 엔지니어가 사무실을 방문해 PC마다 일일이 설치하고, 라이선스 키를 입력해야 했다. 업데이트라도 하려면 또다시 비용을 지불하고 패키지를 새로 사야 했다.

---

15 인공지능을 서비스 형태로 제공하는 것. 고가의 AI 개발 장비나 전문 인력 없이도, 클라우드를 통해 AI 기능을 API 형태로 빌려와 자사 서비스에 쉽게 적용할 수 있다.

기술은 무겁고, 비싸며, 소유해야만 하는 제품이었다. 클라우드는 이 무거운 제품을 가벼운 서비스로 바꿔버렸다.

가장 먼저 우리 삶을 바꾼 것은 SaaS(Software as a Service)다. 이제 마이크로소프트 오피스나 포토샵을 구매하지 않고 구독한다. 기업들은 수억 원짜리 고객관리(CRM) 시스템을 구축하는 대신, 월 몇만 원을 내고 세일즈포스(Salesforce)에 접속한다. 설치도, 관리도 필요 없다. 인터넷만 연결되면 언제, 어디서나 최신 기능을 쓸 수 있다. 고가 소프트웨어의 진입 장벽을 낮춰, 중소기업도 대기업과 똑같은 업무 도구를 쓸 수 있게 한 소프트웨어의 평등이었다.

혁신은 여기서 멈추지 않았다. 개발자들을 위한 PaaS(Platform as a Service)[16]가 뒤를 이었다. 과거 개발자들은 코드를 짜기 전에 개발 환경(OS, 데이터베이스, 미들웨어)을 구축하느라 며칠을 허비해야 했다. 하지만 PaaS는 이 모든 개발의 터전을 클라우드상에 미리 지어놓고 빌려준다. 개발자는 인프라 고민 없이 코드 작성에만 집중하면 된다. 그리고 지금 XaaS(Everything as a Service)[17]의 시대로 진입했다. 말 그대로 모든 것(X)이 서비스가 된다는 뜻이다.[17]

- AIaaS(AI as a Service): AI 연구소가 없어도, 챗GPT 같은 초거대 AI 기능을 API로 빌려다 쓴다.
- SECaaS(Security as a Service): 보안 전문가를 채용하지 않아도, 클라우드 보안 서비스를 구독해 해킹을 막는다.
- RaaS(Robot as a Service): 공장에 로봇을 구매해 설치하는 대신, 로봇의 노동력을 시간 단위로 구독한다.

---

16 소프트웨어를 개발하고 실행하는 데 필요한 플랫폼(환경)을 서비스로 제공하는 것. 개발자가 인프라를 신경 쓰지 않고 코드 개발에만 집중할 수 있게 돕는다.

17 '서비스형 모든 것'을 의미하며, IT 자원뿐만 아니라 물리적 로봇, 보안 등 모든 기능을 소유하지 않고 서비스 형태로 이용하는 트렌드를 말한다.

XaaS 혁명은 기술의 민주화를 완성하는 마지막 퍼즐이다. 이제 기업과 개인은 기술을 소유하기 위해 막대한 초기 자본을 투입할 필요가 없다. 필요한 기술이 있다면 무엇이든 구독하면 된다.

이것은 스타트업이 대기업처럼 운영될 수 있는 결정적인 이유다. 아이디어만 있다면, 전 세계에 깔린 인프라(IaaS), 개발 환경(PaaS), 최첨단 AI와 보안 기술(XaaS)까지 모두 빌려 와 순식간에 거대한 비즈니스를 조립할 수 있다. 기술의 문턱은 사라졌고, 이제 남은 것은 오직 "무엇을 만들 것인가?"라는 질문뿐이다.

4) 스타트업이 대기업처럼 운영될 수 있는 이유

과거의 비즈니스 세계에는 "큰 물고기가 작은 물고기를 먹는다"는 '체급의 법칙'이 존재했다. 대기업은 막대한 자본으로 거대한 인프라를 구축했고, 이 '규모' 자체가 스타트업이 넘볼 수 없는 진입 장벽이었다. 스타트업이 아무리 혁신적인 아이디어를 가져도, 수백만 명의 트래픽을 감당할 서버를 살 돈이 없어 고사하는 일이 비일비재했다.

하지만 오늘날, 10명 남짓한 스타트업이 수천억 원의 가치를 가진 유니콘으로 성장하고, 대기업의 시장을 잠식하는 다윗의 반란을 일상적으로 목격한다. 이역전의 드라마는 어떻게 가능해졌을까? 그 비밀은 클라우드가 가져온 비용 구조의 혁명에 있다. 과거에는 기업을 시작하려면 막대한 초기 고정 투자비(CapEx)가 필요했다. 그 결과, 서버를 사고 전산실을 짓는 데 투자금의 대부분을 써야 했다. 하지만 클라우드는 이를 쓴 만큼만 내는 운영비(OpEx)[18]로 전환시켰다.[18)

덕분에 스타트업은 서버 구매라는 무거운 짐을 내려놓고, 한정된 자원을 제품 개발과 인재 영입이라는 본질적인 가치에만 집중적으로 투하할 수 있게 되었

---

18 CapEx는 설비 투자 등 초기에 들어가는 목돈(자본 지출)을, OpEx는 매달 나가는 운영 비용(운영 지출)을 뜻한다.

다. 대기업이 거대한 인프라를 유지 보수하느라 느려질 때, 스타트업은 클라우드의 유연성을 무기로 시장의 변화에 대응하며 속도로 규모를 압도하기 시작한 것이다. 이는 풀옵션 공유 오피스와 같다. 과거에는 창업하려면 건물을 짓거나 사무실을 사서 책상, 의자, 인터넷 선까지 직접 구비해야 했다(대기업 방식). 하지만 지금은 노트북 하나만 들고 공유 오피스(클라우드)에 입주하면 된다. 회의실, 보안, 청소, 커피 머신까지 모든 것이 갖춰져 있다. 스타트업은 건물 관리에 신경 쓸 필요 없이 일만 하면 된다. 이 효율성의 차이가 승패를 가른다.

당근마켓이나 토스 같은 국내 유니콘 기업은 초기에 자체 데이터 센터를 짓는 대신, 클라우드를 활용해 폭발적인 트래픽 증가에 유연하게 대처했다. 사용자가 급증하면 클라우드 설정을 통해 서버를 늘리고, 밤에는 줄이는 방식으로 비용을 최적화했다. 만약 이들이 전통적인 방식대로 하드웨어 인프라에 집착했다면, 지금과 같은 속도로 국민 앱의 반열에 오르기 어려웠을 것이다. 클라우드는 스타트업에 대기업의 근육(인프라)을 빌려줌으로써, 오직 두뇌(아이디어)로 승부할 수 있는 경기장을 만들어주었다.

5) 기술의 민주화는 곧 인프라의 민주화다

흔히 기술의 민주화를 이야기할 때, 눈에 보이는 화려한 변화들에만 주목하곤 한다. 코딩을 몰라도 앱을 만드는 노코드나, 사람처럼 말하고 그림을 그리는 생성형 AI 같은 것들이다. 하지만 이 모든 혁신이 가능할 수 있었던 가장 근본적인 토대는 눈에 보이지 않는 땅 밑에 있다. 바로 인프라다.

아주 쉬운 예를 들어보자. 오픈소스 AI나 노코드 도구가 최고급 스포츠카인 페라리라면, 클라우드 인프라는 그 차가 달릴 수 있는 고속도로다. 아무리 멋진 페라리를 공짜로 얻었다 한들, 달릴 도로가 없고 비포장 자갈밭뿐이라면 그 차는 고철 덩어리에 불과하다.

과거의 비즈니스 세계가 바로 그랬다. 자본을 가진 대기업은 자신들만을 위한 전용 고속도로(전용 데이터 센터)를 깔고 쌩쌩 달렸지만, 자본이 없는 스타트업이나 개인은 아무리 좋은 아이디어(페라리)를 가지고 있어도 울퉁불퉁한 비포장 도로(열악한 서버 환경)에서 속도를 내지 못하고 주저앉기 일쑤였다. 이것은 단순한 성능 차이가 아니었다. 자본의 유무가 기회의 유무를 결정하는 물리적 계급 사회였다. 클라우드는 이 불공평한 도로를 갈아엎고, 전 세계 어디서나 연결되는 디지털 아우토반을 깔아버린 셈이다.

이제 대학 기숙사의 창업자도, 시골의 작은 중소기업도, 구글이나 넷플릭스가 달리는 것과 똑같이 잘 닦인 8차선 고속도로 위를 달릴 수 있다. 통행료(구독료)는 쓴 만큼만 내면 된다. 도로를 까는 막대한 공사비는 아마존이나 마이크로소프트 같은 거인들이 이미 다 지불했기 때문이다.

기술의 민주화는 곧 인프라의 민주화다. 이것은 단순히 컴퓨터를 쉽게 빌려 쓰는 차원의 이야기가 아니다. 비즈니스를 시작하고 성장시키는 데 필요한 가장 기초적이고 필수적인 자산이 공원이나 도서관처럼 누구나 접근 가능한 사회적 공공재에 가깝게 보편화되고 있음을 의미한다.[19]

만약 오픈소스가 기술을 만들 수 있는 창조의 자유를 주었다면, 클라우드는 그 창조물을 전 세계 80억 명에게 전달할 수 있는 실행의 자유를 주었다. 가장 밑바닥의 물리적 불평등이 해소되었을 때, 비로소 가장 높은 곳의 혁신이 만개할 수 있다.

이제 승부는 "누가 더 넓은 도로를 가졌느냐(자본)"가 아니라, "누가 더 운전을 잘하느냐(아이디어)"로 결정된다. 클라우드는 그 공정한 경쟁이 펼쳐지는 단단하고 평평한 대지가 되어, 기술의 문턱이 낮아진 세상을 묵묵히 떠받치고 있다.

05

기술 문해력의
재정의

이제까지 기술이 얼마나 쉬워졌는지, 얼마나 인간에게 친절하게 변했는지를 확인했다. 코딩을 몰라도 개발을 하고, 복잡한 툴을 배우지 않아도 디자인을 하며, 마우스조차 잡을 필요 없이 말 한마디로 기계를 부리는 세상이 되었다. 바야흐로 기술의 민주화 시대다. 하지만 여기서 아주 중요한 질문을 던져야 한다. "기술이 쉬워졌다면, 인간은 더 이상 배울 것이 없는가?"

결론부터 말하자면, 정반대다. 도구가 강력해질수록 그 도구를 쥔 사람의 역량 차이는 더 극명하게 드러난다. 누구나 스마트폰 카메라로 사진을 찍을 수 있지만 모두가 사진작가가 되는 것은 아니듯, 누구나 AI를 쓸 수 있다고 해서 모두가 혁신가가 되는 것은 아니다. 과거의 격차가 기술을 가진 자와 못 가진 자의 싸움이었다면, 이제는 기술을 제대로 부리는 자와 기술에 끌려다니는 자의 싸움으로 변하고 있다.

여기에서는 바로 그 차이를 만드는 핵심, 기술 문해력(Literacy)에 대해 이야기하려 한다. 과거에 우리가 알던 문해력이 단순히 소프트웨어 기능을 익히고 매뉴얼을 암기하는 '기능적 숙련도'였다면, AI 시대의 문해력은 완전히 다르다.

그것은 질문하는 능력이고, 데이터를 의심하는 능력이며, 기계가 내놓은 결과물에서 가치를 발견해내는 안목이다. 기술의 문턱이 낮아진 지금이야말로, 도구의 사용법(How)이 아니라 도구의 목적(Why)을 아는 진짜 실력이 필요한 시점이다.

1) 디지털 리터러시에서 AI 리터러시로

지금까지 디지털 문해력(Digital Literacy)을 기계를 잘 다루는 기술적 능력, 즉 기능(Skill)으로 정의했다. 엑셀의 복잡한 함수를 줄줄 꿰고, 파워포인트 단축키를 자유자재로 쓰며, 구글 검색 연산자를 조합해 남들보다 빨리 정보를 캐내는 사람이 유능한 인재 대접을 받았다. 과거의 문해력은 철저히 도구의 사용법을 얼마나 숙련되게 암기했느냐의 싸움이었다.

하지만 AI시대가 도래하면서 이 공식은 완전히 깨졌다. 이제는 엑셀 함수를 몰라도 된다. 데이터 파일을 던져주고 "지난달 매출이 떨어진 원인을 분석해서 그래프로 그려줘"라고 말하면 AI가 수식 계산부터 시각화까지 순식간에 처리해준다. 코딩 문법을 몰라도 웹사이트를 만들고, 포토샵 툴을 다룰 줄 몰라도 전문가급 이미지를 생성할 수 있다. 도구의 구체적인 사용법은 이제 AI가 인간보다 훨씬 더 잘 알고 있다. 매뉴얼을 외우고 기계를 조작하는 능력으로는 더 이상 인간이 경쟁 대상이 될 수 없다.

이제 필요한 것은 AI 문해력이다.[20] 이는 '어떻게' 할지가 아니라 '무엇'을 시킬지 아는 능력이다. AI는 거울과 같아서, 사용자가 모호하고 멍청한 질문을 던지면 딱 그 수준의 멍청한 대답밖에 내놓지 않지만, 맥락과 의도를 명확히 담아 "마케팅 전문가의 관점에서, 20대 사회 초년생을 타깃으로, 위로와 공감을 주는 어조로 작성해줘"라고 구체적으로 지시하는 사람은 AI로부터 천재적인 결과물을 얻어낸다.

과거의 디지털 리터러시가 기계의 부품처럼 일하는 기능공을 기르는 것이었다면, 새로운 AI 리터러시는 전체를 조율하는 지휘자를 기르는 것이다. 아무리 유능한 비서(AI)가 옆에 있어도, 일을 시키는 주인이 방향을 잡지 못하면 그 비서는 무용지물이다. 새로운 시대의 진짜 실력은 정답을 검색하는 능력이 아니라, 문제의 본질을 꿰뚫는 좋은 질문을 던지는 능력으로 재정의되고 있다.

[사례] 엑셀 장인 김 과장 vs 프롬프트 설계자 이 대리

이 변화를 가장 극명하게 보여주는 것이 바로 사무실 풍경이다. 여기 1만 줄이 넘는 매출 데이터가 담긴 엑셀 파일이 있다고 가정해보자.

과거의 인재상, '엑셀 장인' 김 과장은 디지털 리터러시가 뛰어난 사람이다. 그는 복잡한 데이터를 정리하기 위해 VLOOKUP 함수와 피벗 테이블을 현란하게 다룬다. 단축키를 사용하여 순식간에 셀을 병합하고, 알록달록한 차트를 만들어낸다. 김 과장의 능력은 기능의 숙련도에 있다. 하지만 그가 함수 오류를 잡느라 3시간을 끙끙대는 동안, 정작 그 데이터가 무엇을 의미하는지 깊이 고민할 시간은 부족하다.

미래의 인재상인 '프롬프트 설계자' 이 대리는 엑셀 함수에 대한 이해도가 낮아 활용할 줄 모른다. 대신 그는 AI 리터러시가 높다. 그는 엑셀 파일을 AI에 업로드하며 이렇게 입력한다. "이 데이터를 분석해서 지난달 매출 하락의 원인이 계절적 요인인지, 아니면 경쟁사의 가격 인하 때문인지 파악해줘. 그리고 경영진 보고용으로 쓸 수 있게 핵심 원인 3가지를 요약해서 차트와 함께 보여줘."

이 대리의 능력은 함수를 외우는 것이 아니라, '가설을 세우고 질문하는 능력'이다. AI는 10초 만에 분석 결과를 내놓는다. 이 대리는 남은 시간 동안 AI가 내놓은 분석이 타당한지 검토하고, 이를 바탕으로 마케팅 전략을 짜는 데 집중한다.

결과적으로 김 과장은 데이터를 정리했고, 이 대리는 인사이트를 도출했다. 과거에는 김 과장이 일을 잘한다고 칭찬받았겠지만, 앞으로는 이 대리가 리더가 된다. 도구를 다루는 손기술보다, 도구에 방향을 제시하는 머리 기술이 훨씬 더 높은 부가가치를 만들기 때문이다.

2) 알고리즘을 이해하는 시민의 필요성

우리는 스스로 자유의지를 가지고 정보를 선택한다고 믿는다. 아침에 일어나 뉴스를 보고, 점심시간에 쇼핑몰을 검색하고, 잠들기 전 유튜브 영상을 고르는 모든 행위가 나의 선택이라고 생각한다. 하지만 착각이다. 엄밀히 말하면 우리가 선택한 것이 아니라, 알고리즘이 내 눈앞에 가져다 놓은 것을 선택했을 뿐이다.

현대 사회에서 알고리즘은 보이지 않는 편집장이다. 유튜브는 내가 좋아할 만한 영상만 골라서 보여주고, 검색 엔진은 내 성향에 맞는 뉴스만 상단에 띄워주며, 쇼핑몰은 내가 살 법한 물건만 귀신같이 추천한다. 문제는 이 알고리즘의 목표가 진실이나 균형이 아니라는 점이다. 이들의 지상 과제는 오로지 사용자를 화면 앞에 1분이라도 더 붙잡아두는 것이다. 그렇기에 알고리즘은 자극적이고, 내 입맛에 딱 맞으며, 내가 듣고 싶은 이야기만 끊임없이 공급한다.

여기서 필터 버블(Filter Bubble)[19] 위험이 발생한다. 알고리즘이 걸러준 정보에 갇히면, 세상의 반쪽만 보게 된다. 정치 영상을 하나 클릭하면 계속해서 더 편파적인 영상이 추천되고, 특정 제품을 검색하면 경쟁 제품의 장점은 가려진 채 그 제품의 찬양 리뷰만 노출된다. 사용자는 점점 더 편협한 사고에 갇히고, 나와 다른 의견을 가진 사람을 이해하지 못하는 확증 편향의 늪에 빠진다. 기술을 모르면 내 생각이 조종당하는 줄도 모르고 조종당하는 것이다.

AI시대의 필수 교양은 코딩을 배우는 것이 아니라, 이 정보가 왜 나에게 떴는지 의심하는 능력이다. "내가 보수적인 뉴스를 많이 봐서 이 기사가 떴구나",

---

19 19 인터넷 정보 제공자가 맞춤형 정보를 제공하는 과정에서, 이용자가 이미 좋아하거나 동의하는 정보만 접하게 되어 생각의 폭이 좁아지는 현상.

"내가 어제 운동화를 검색해서 오늘 이 광고가 나오는구나"라고 알고리즘의 작동 원리를 꿰뚫어 볼 수 있어야 한다. 그래야만 알고리즘이 떠먹여주는 대로 받아먹는 수동적인 소비자에서 벗어나, 주체적으로 정보를 걸러내고 판단하는 깨어 있는 시민이 될 수 있다. 기술의 원리를 이해하는 것은 이제 공학적 지식이 아니라, 민주주의 사회를 살아가기 위한 생존 지식이다.

[사례 1] 같은 집에 사는 아버지와 아들의 '서로 다른 세상'

한집에 사는 60대 아버지와 20대 아들이 있다. 두 사람은 거실 소파에 나란히 앉아 각자의 스마트폰으로 유튜브를 즐긴다. 하지만 두 사람이 보는 세상은 완전히 다르다.

정치 유튜브 채널을 즐겨 보는 아버지의 화면에는 'A정당의 충격적인 실체', '나라가 망하고 있다' 같은 자극적이고 분노를 유발하는 영상이 가득하다. 아버지는 이 영상들을 보며 "세상 사람 모두가 이렇게 생각하는데, 왜 뉴스에서는 보도하지 않는가?"라고 의심하며 점점 더 자신의 정치적 신념에 갇힌다.

한편 게임과 예능을 좋아하는 아들의 화면에는 최신 게임 공략법과 아이돌 직캠 영상만 뜬다. 아들에게 세상은 즐겁고 가벼운 곳이다. 아들은 아버지가 왜 저렇게 화가 나 있는지 도무지 이해할 수 없다.

알고리즘 문해력이 없다면 두 사람은 서로를 말이 안 통하는 사람으로 치부하고 대화를 단절한다. 갈등의 원인이 성격 차이가 아니라, 알고리즘이 제공한 편향된 정보의 감옥 때문이라는 사실을 깨닫지 못하기 때문이다.

[사례 2] 우울증을 증폭시키는 공감의 함정

알고리즘은 때로 사용자의 감정까지 파고든다. 실연을 당해 우울한 마음으로 SNS를 켠 한 사람이 있다면, 무심코 '슬픈 이별 노래'나 '헤어진 연인을 잊는 법' 같은 게시물을 클릭할 것이다.

인스타그램이나 틱톡의 알고리즘은 이 사용자가 지금 우울한 콘텐츠에 오래 머무른다고 판단하고, 피드를 온통 우울한 글귀, 슬픈 영상, 자존감을 깎아내리는 타인의 화려한 삶으로 도배해버린다. 사용자가 화면에 더 오래 머물게 하기 위해서다. 사용자는 자신만 불행하다는 착각으로 더 깊은 우울감의 늪에 빠진다. 알고리즘이 슬픔을 위로하는 척하며 사실은 슬픔을 팔아 광고 수익을 올리고 있다는 사실을 모른다면, 그는 자신의 감정이 기계에 의해 조작되고 증폭되었다는 사실조차 인지하지 못할 것이다.

3) 데이터 읽기, 비판적 사고, 프롬프트 감각

AI 리터러시를 구성하는 구체적인 실체는 무엇일까? 단순히 'AI를 잘 쓴다'는 말은 너무 모호하다. 이를 쪼개보면 크게 3가지 핵심 근육으로 요약할 수 있다. 바로 데이터 리터러시, 비판적 사고, 프롬프트 감각이다. 이는 AI시대에 인간이 기계의 부품으로 전락하지 않기 위한 최소한의 안전장치이자 무기다.

첫째, 데이터 읽기(Data Literacy)는 숫자의 이면을 보는 눈이다. 과거에는 데이터를 많이 수집하고 엑셀로 정리하는 능력이 중요했지만, AI가 1초 만에 차트를 그려주는 지금은 데이터의 홍수 속에서 진짜 정보와 가짜 소음을 구별해내는 능력이 중요하다. 예를 들어, AI가 "경쟁사 웹사이트 트래픽이 지난달 대비 300% 폭등했습니다"라는 리포트를 던져줬다고 치자. 데이터 문해력이 낮은 사람은 큰일났다고 생각해서 당장 무리한 할인 이벤트를 기획할 것이다. 하지만 문해력이 높은 사람은 숫자에 압도당하지 않는다. 그는 "갑자기 3배나 뛸 리가 없어. 원인이 뭐지?"라고 되물으며 데이터를 파고든다. 그리고 경쟁사가 지난달에 '100원 딜'이라는 출혈 마케팅을 했다는 사실을 찾아낸 뒤, 거품이라 곧 빠질 수치니 우리는 내실을 다지자고 냉철하게 판단한다. AI는 현상을 보여줄 뿐, 그것이 위기인지 기회인지 판단하지는 않는다. 그 해석은 온전히 인간의 몫이다.

둘째, 비판적 사고는 AI시대를 살아가는 필수적인 검증 능력이다. 생성형 AI

는 태생적으로 그럴듯한 거짓말을 지어내는 환각 현상을 가지고 있다. 자신감 넘치지만 가끔 엉뚱한 소리를 하는 신입 사원과 같다. 만약 "2030년 한국의 인구 변화 추이"를 물었을 때, AI가 유창한 문장으로 표까지 만들어 보여준다면 대부분의 사람은 맹신하기 쉽다. 하지만 비판적 사고를 가진 사람은 의심한다. 이 데이터의 출처가 어딘지, 통계청 최신 자료와 같은지, 끊임없이 팩트를 크로스체크한다. 그는 AI를 전지전능한 신이 아니라, 언제든 틀릴 수 있는 도구라고 대한다. 최종적인 책임은 데스크(편집장)인 인간이 져야 하며, 이 검증 능력이 없다면 AI가 퍼뜨리는 그럴듯한 오류에 속수무책으로 당하게 된다.

셋째, 프롬프트 감각은 기계와 소통하는 새로운 언어 지능이다. 이것은 타자를 치는 기술을 넘어서, 모호한 생각을 논리적인 언어로 변환하는 설계 능력이다. AI는 거울과 같아서, 질문의 수준이 곧 대답의 수준을 결정한다. 디자이너가 AI에 "카페 로고 하나 멋있게 그려줘"라고 뭉뚱그리면, AI는 그저 흔해 빠진 커피잔 그림이나 내놓을 것이다. 반면 "성수동에 있는 힙한 카페야. 타깃은 20대 여성이고, 인테리어는 노출 콘크리트와 식물이 어우러져 있어. 로고는 심플한 라인 아트 스타일로 하되, 고양이와 커피콩을 자연스럽게 결합해서 딥그린 컬러로 그려줘"라고 구체적으로 지시하는 사람은 차원이 다른 결과물을 얻는다. 코딩을 몰라도 된다. 하지만 자신의 의도를 명확한 논리 구조로 풀어서 전달하는 능력만큼은 그 어느 때보다 중요해졌다.

이 3가지 능력은 하나의 결론으로 이어진다. AI 기술이 아무리 발전해도, 질문을 던지고(데이터) 답을 검증하며(비판적 사고) 방향을 지시하는(프롬프트) 주체는 여전히 인간이어야 한다는 것이다.

4) 기술 문해력의 격차가 만드는 사회 불평등

과거의 디지털 격차는 단순했다. 집에 컴퓨터가 있는지, 인터넷이 깔려 있는지 등, '접근성'의 불평등이었다. 정부가 컴퓨터를 보급하고 통신망을 깔아주면 어느 정도 해소되는 문제였다. 하지만 AI시대의 격차는 차원이 다르다. 모두가 똑같이 최신 스마트폰을 들고 있어도, 그 안에서 벌어지는 생산성의 차이는 하늘과 땅 차이다. 이제 문제는 접근성이 아니라 '활용'이다.

기술 문해력을 가진 사람은 AI를 자신의 능력을 10배, 100배로 증폭시키는 레버리지(지렛대)로 쓴다. 이들은 혼자서 10명분의 일을 처리한다. 마케팅 문구를 짜고, 이미지를 생성하고, 시장 조사를 하는 과정을 AI와 함께 순식간에 끝내지만, 문해력이 낮은 사람은 여전히 맨몸으로 일한다. 엑셀 칸을 하나하나 채우고, 문장을 다듬느라 밤을 새운다. 과거에는 이 둘의 차이가 손이 빠르고 느린 정도였지만, 이제는 능력의 차원이 달라졌다.

이 격차가 무서운 이유는 그것이 곧바로 경제적 불평등으로 직결되기 때문이다. 기술을 부리는 소수의 슈퍼 개인은 기업에 막대한 이익을 안겨주며 연봉 협상의 우위를 점하거나 스스로 창업하여 자본을 축적하지만, 기술을 배우지 못한 다수는 AI가 대체하기 가장 쉬운 단순 반복 업무에 머물 수밖에 없다. 사회는 AI를 지휘하는 명령권자 계급과, AI 시스템의 보조를 맞추거나 AI에 지시를 받는 단순 노동자 계급으로 양극화될 위험이 크다.

더 잔인한 것은 이 불평등이 눈에 잘 보이지 않는다는 점이다. 겉으로 보기엔 다들 스마트폰을 보고 있으니 평등해 보인다. 하지만 누군가는 그 기기로 주식 시장의 흐름을 분석하고 새로운 사업 기회를 찾지만, 누군가는 알고리즘이 던져주는 자극적인 숏폼 영상에 시간을 뺏기며 소비자로만 남는다. 정보의 질적 격차는 부의 격차를 낳고, 다시 기회의 격차로 이어진다.

지금 논의해야 할 불평등은 소득 분배 이전에 지식 분배의 문제다. 기술 문해력 교육이 특정 계층의 전유물이 되거나 사교육 시장에만 맡겨진다면, 미래 사회의 계급 사다리는 완전히 끊어질지도 모른다. AI를 다루는 능력이 곧 생존 능력이 된 시대에, 이 격차를 줄이지 못하면 기술의 민주화는커녕 역사상 가장 기술 독재적인 사회를 맞이할 수도 있다.

5) 기술의 민주화는 결국 인식의 민주화다

흔히 기술의 민주화를 기술이 저렴해지고 사용법이 쉬워져서 누구나 쓸 수 있는 상태라고 정의한다. 물론 틀린 말은 아니다. 하지만 이것은 절반의 진실에 불과하다. 아무리 성능 좋은 AI가 무료로 풀리고 초등학생도 쓸 수 있을 만큼 사용법이 간단해져도, 사람들이 그것을 나와는 상관없는, 골치 아픈 전문가들의 영역이라고 인식하는 한 민주화는 결코 일어나지 않는다.

지금 진짜 장벽은 소프트웨어의 난이도가 아니다. 바로 심리적 장벽이다. "나는 문과라서 못해", "나이가 많아서 새로운 건 무리야", "그건 개발자들이나 하는 거지"라며 스스로 만든 한계가 기술 접근을 막는 가장 큰 적이다. 기술적 장벽은 기업과 엔지니어가 무너뜨렸지만, 이 마음의 장벽은 오직 사용자 자신만이 무너뜨릴 수 있다.

진정한 기술의 민주화는 하드웨어나 소프트웨어의 보급이 아니라, 마인드셋의 보급에서 완성된다. 기술을 단순히 넷플릭스나 유튜브처럼 시간 때우기용 소비의 대상으로만 볼 것인가, 아니면 내 삶의 문제를 해결하고 가치를 만들어내는 창조의 도구로 볼 것인가? 이런 인식의 전환이 없다면, 기술 발전은 사람들을 더 수동적인 소비자로 만들 뿐이다.

기술의 민주화가 지향하는 최종 목적지는 기술적 효능감의 회복이다. "나도 기술을 이용해 무언가를 만들 수 있다", "나도 이 도구의 주인이 될 수 있다"라는 자신감이 사회 전반에 퍼질 때, 비로소 기술은 특권층의 무기가 아닌 보통 사람들의 지렛대가 된다. 도구는 준비되었다. 이제 필요한 것은 그 도구를 쥐고 무엇이든 할 수 있다고 믿는 시민들의 깨어 있는 의식, 인식의 민주화다.

[사례 1] 넷플릭스 보는 사장님 vs AI와 회의하는 사장님

동네에서 작은 빵집을 운영하는 50대 사장 A와 B가 있다. 두 사람 모두 가게가 한가한 오후 3시, 똑같이 최신형 스마트폰을 들고 있다. 하지만 그들의 마인드셋이 그들의 1년 뒤 미래를 가른다. 두 사람의 하드웨어(스마트폰)는 똑같다. 하지만 사장 B가 가진 "나도 할 수 있다"는 믿음이 그를 동네 빵집 주인에서 로컬 브랜드 대표로 성장시킨다.

소비자 마인드 (사장 A): 그는 스마트폰을 '시간 때우기용'으로 쓴다. 손님이 없는 불안함을 잊기 위해 넷플릭스를 켜거나, 연예 기사를 보며 시간을 흘려보낸다. 그에게 기술은 현실의 도피처일 뿐이다. "마케팅? 그런 건 돈 많은 대기업이나 하는 거지. 나 같은 컴맹이 뭘 하겠어." 그는 스스로 한계를 긋고 기술의 문을 닫아버린다.

생산자 마인드 (사장 B): 그는 스마트폰을 '직원'으로 쓴다. 그는 챗GPT 앱을 켜고 이렇게 묻는다. "우리 동네 30대 엄마들이 좋아할 만한 신메뉴 이름 5개만 추천해줘. 유기농 밀가루를 쓴다는 점을 강조해줘." 그리고 미드저니(Midjourney)를 이용해 신메뉴 포스터를 1분 만에 만든다. 그에게 기술은 돈 안 드는 유능한 비서다.

[사례 2] 엑셀 감옥에 갇힌 김 과장 vs 코딩하는 김 과장

회사원 김 과장은 매일 아침 각 지점에서 올라오는 엑셀 파일 50개를 하나로 합치는 단순 반복 업무를 한다.

[수동적 마인드] "이놈의 회사는 왜 시스템을 안 만들어주는 거야?" 그는 매일 1시간씩 복사·붙여넣기를 하며 회사를 욕한다. 그에게 컴퓨터는 시키는 일을 처리하는 족쇄이자 전자 타자기에 불과하다. 그는 기술을 어렵게만 생각하며, 개발팀에 요청할 날만 기다린다.

[창조적 마인드] 어느 날, 김 과장은 생각을 바꾼다. 이걸 1분 만에 끝낼 방법이 없을까? 그는 코딩을 배운 적이 없지만, AI에 묻는다. "엑셀 파일 50개를

한 폴더에 넣으면 자동으로 합쳐주는 파이선 코드를 짜줘." AI가 짜준 코드를 실행하자 1시간 걸리던 일이 3초 만에 끝났다.

김 과장은 퇴근길에 엄청난 해방감을 느낀다. 단순히 일을 빨리 끝내서가 아니다. 기술을 통제했다는 성취감을 맛보았기 때문이다. 이 순간부터 김 과장에게 기술은 두려움의 대상이 아니라, 내 칼퇴근을 돕고 내 가치를 높여주는 무기가 된다.

PART 1에서 기술의 민주화가 어떻게 평범한 개인을 슈퍼 개인으로 진화시켰는지 살펴봤다. 이제는 개인의 방에서 기업들이 치열하게 싸우는 비즈니스 정글로 시선을 옮겨보자. 이곳에서도 똑같은 혁명이 일어나고 있다. 그것도 훨씬 더 거대하고 파괴적인 규모로 말이다.

지난 세기, 산업계를 지배했던 불문율은 명확했다. 덩치가 곧 권력이었다. 거대한 자본, 수천 명의 인력, 막대한 인프라를 가진 대기업은 그 존재만으로 난공불락의 요새였다. 스타트업이나 중소기업이 감히 이 요새를 넘보는 건 불가능했다. 생산 라인을 깔고 유통망을 확보하는 데 드는 천문학적인 비용 때문에 진입 장벽이 너무나 높았던 것이다. 그래서 시장은 늘 큰 물고기가 작은 물고기를 잡아먹는 구조로 유지되었다.

하지만 클라우드와 AI, 기술의 민주화는 이 높던 성벽을 단숨에 허물어버렸다. 이제 창업가는 직접 서버를 짓는 대신 클라우드 서버를 클릭 몇 번으로 임대하고, 수십 명의 마케터를 고용하는 대신 AI에 카피를 맡기며, 복잡한 물류망 대신 풀필먼트 서비스를 이용한다. 대기업만이 독점했던 최신식 무기가 이제는 월 구독료 몇만 원짜리 서비스가 되어 시장 바닥에 쫙 깔렸다. 다윗이 골리앗과 똑같은, 혹은 더 최신식 총을 들고 싸울 수 있게 된 것이다.

이로 인해 경쟁의 규칙은 완전히 다시 쓰이고 있다. 이제 중요한 것은 얼마나 큰지가 아니라, 얼마나 빠른지, 그리고 얼마나 유연한지다. 덩치가 커서 움직임이 둔한 공룡 기업은 멸종 위기에 처했고, 기술로 무장하고 빠르게 치고 빠지는 날렵한 기업들이 시장의 새로운 포식자로 떠오르고 있다.

PART 2에서는 기술의 평준화가 불러온 이 지각 변동 속에서, 기업들이 살아남기 위해 어떻게 일하는 방식을 바꾸고, 어떻게 경쟁하며, 어떻게 서로의 경계를 허물고 있는지 그 치열한 현장을 들여다본다.

PART 2

산업과
경쟁의 재편

01

경쟁의 규칙이
다시 쓰인다

비즈니스 세계에는 '경제적 해자'라는 개념이 있다. 워런 버핏이 강조한 이 용어는, 성 주변에 깊은 물웅덩이를 파서 적들이 넘어오지 못하게 막는 것처럼 기업이 독점적인 기술이나 거대한 자본을 통해 경쟁자의 진입을 차단하는 능력을 뜻한다. 지난 수십 년간 기업들의 지상 과제는 이 해자를 깊고 넓게 파서 자신만의 안전지대를 만드는 것이었다.

하지만 기술의 민주화는 이 해자를 메워버렸다. 과거에는 수천억 원이 있어야 구축할 수 있었던 IT 인프라, 고도의 AI 기술, 글로벌 유통망이 이제는 월 구독료만 내면 누구나 쓸 수 있는 공공재가 되었다. 기술이라는 무기가 평준화되자, 높았던 진입 장벽은 허무하게 무너져 내렸다. 이제는 명문대 출신의 개발자 군단이 없어도, 거대한 자본금이 없어도, 아이디어 하나만 있으면 누구나 성벽을 넘어 기존 강자들을 위협할 수 있는 시대가 되었다.

방어막이 사라진 벌판에서 경쟁의 규칙은 잔인할 정도로 단순해졌다. 누가 더 많이 가졌는지는 더 이상 승패를 가르는 기준이 아니다. 오직 누가 더 빨리 적응해서 기존의 방식을 파괴하는가만이 생존을 결정한다. 기술의 평준화가 가져온 무한 경쟁의 현장, 그 속에서 승리의 방정식은 이미 새롭게 쓰이고 있다.

1) 기술 접근성 평준화, '속도의 경제'가 열린다

지난 100년간 비즈니스 세계를 지배해온 절대 법칙은 규모의 경제였다. 더 큰 공장을 짓고, 더 많은 직원을 고용하고, 더 많은 자본을 쏟아부을 수 있는 대기업이 무조건 이기는 게임이었다. 덩치가 클수록 생산 단가는 낮아지고 효율은 높아졌기 때문이다. 이 시절의 경쟁력은 오직 얼마나 크게 시작할 수 있는가에 달려 있었다.

하지만 클라우드와 AI가 등장하면서 이 불패의 법칙은 무너졌다. 이제는 기술 접근성이 완벽하게 평준화되었다. 대학생 창업 팀도 아마존이나 마이크로소프트의 클라우드를 통해 삼성전자와 똑같은 성능의 슈퍼컴퓨터를 빌려 쓴다. 1인 기업도 구글의 AI를 통해 대기업 마케팅팀이라도 일주일은 걸려야 만들 카피와 이미지를 1분 만에 뽑아낸다. 기술적 무기의 차이가 사라진 것이다. 다윗과 골리앗이 똑같은 총을 들고 싸우게 된 셈이다.

이제 시장의 지배자 자리는 큰 기업이 아니라 빠른 기업에 돌아간다. 바야흐로 속도의 경제가 열린 것이다. 여기서 말하는 속도란 단순히 업무 처리가 빠른 것을 의미하지 않는다. 고객의 피드백을 받아 제품을 수정하고, 시장에 내놓고, 다시 반응을 살펴 개선하는 실행과 수정의 주기가 얼마나 짧은가의 싸움이다.

과거 대기업이 신사업 하나를 론칭하려면 시장 조사부터 시스템 구축까지 1년이 걸렸다. 하지만 지금의 스타트업은 AI와 노코드 툴을 이용해 단 3일 만에 시제품(Minimum Viable Product, MVP)[1]을 만들고 시장 반응을 테스트한다. 대기업이 회의실에서 엑셀을 두드리고 있을 때, 빠른 기업은 이미 실패를 경험하고 정답을 찾아 다음 단계로 달려간다. 덩치가 크면 오히려 느려진다. 이제 비즈니

---

1   최소 기능 제품. 고객에게 가치를 제공할 수 있는 최소한의 기능만 갖춘 초기 버전의 제품.

스의 핵심 질문은 "얼마나 많은 자본을 가졌는가?"에서 "얼마나 빨리 시도하고 배울 수 있는가?"로 바뀌었다.

[사례] 1년 걸리던 대기업 vs 1주 걸린 스타트업

반려견 산책 매칭 서비스를 만든다고 가정해보자. 대기업의 방식은 규모의 경제를 이루려는 것이 일반적이다. 기획팀에서 시장 조사를 하고, 개발팀에서 붙어 앱을 만들고, 서버실을 구축하고 디자인을 외주로 맡긴다. 그 과정에서 수많은 보고와 결재 라인을 거치느라 1년이 지나서야 앱을 출시하지만, 막상 출시해보니 고객들은 산책 매칭보다 펫시터 기능이 더 필요하다며 외면한다. 이미 10억 원을 썼는데 돌이킬 수가 없다. 큰 실패다.

현재 스타트업은 속도의 경제다. 기획자 1명이 챗GPT와 함께 아이디어를 다듬고, 노코드 툴(예: Bubble 등)로 하루 만에 웹사이트를 만든 다음, 인스타그램 광고를 돌려 고객 반응을 본다. '펫시터 기능이 필요하다'는 댓글을 보고 기능을 수정한다. 이 모든 과정에 단 1주일이 걸렸다. 결과적으로 비용은 거의 들지 않았고, 고객이 진짜 원하는 기능을 찾아 빠르게 성장한다. 작은 실패를 통해 빠른 성공을 만든 것이다.

2) AI와 클라우드가 만든 산업의 수평화

비즈니스 생태계는 오랫동안 수직적인 피라미드 구조였다. 자본과 기술을 독점한 대기업이 꼭대기에 있고, 그 밑에 하청 업체와 중소기업들이 층층이 자리 잡는 형태였다. 이 구조를 유지하는 핵심은 인프라의 격차였다. 고성능 서버, 거대한 데이터 센터, 글로벌 유통망, 고액 연봉의 전문가 집단은 오직 대기업만이 소유할 수 있는 특권이었다. 중소기업이 아무리 좋은 아이디어가 있어도, 거대한 인프라 없이는 실행조차 불가능했다.

하지만 클라우드와 AI의 등장은 이 견고한 피라미드를 무너뜨렸다. 이것은 단순한 기술 도입이 아니라 인프라의 공산화에 가깝다. 이제 갓 창업한 스타트업도 아마존이나 구글의 클라우드를 통해 넷플릭스나 삼성전자와 똑같은 성능의 슈퍼컴퓨터를 빌려 쓴다. 과거 수백억 원이 필요했던 전산실이 월 몇만 원짜리 구독 서비스로 바뀐 것이다. 하드웨어의 격차가 사라졌다.

여기에 AI는 소프트웨어(지능)의 격차마저 없애고 있다. 예전에는 법률 검토, 회계 분석, 마케팅 디자인, 다국어 번역을 위해 각 분야의 비싼 전문가들을 고용해야 했다. 이것이 곧 진입 장벽이었다. 하지만 지금은 AI가 그 역할을 대신한다. 직원 5명짜리 회사도 AI를 이용해 24시간 고객을 응대하고, 글로벌 계약서를 검토하며, 전문가급의 코드를 짠다. 대기업의 전유물이었던 고급 역량이 이제 누구나 쓸 수 있는 범용 도구가 된 것이다.

결과적으로 산업은 수직적 하청 구조에서 수평적 경쟁 구조로 재편되고 있다. 소비자는 이제 이 서비스가 1,000명짜리 대기업이 만든 것인지, 3명짜리 팀이 만든 것인지, 굳이 따지지 않는다. 오직 결과물의 퀄리티로만 판단한다. 거대한 조직도, 화려한 사옥도, 더 이상 승리를 보장하는 계급장이 되지 못한다. 이제 모든 기업은 체급을 떼고, 오직 본질적인 가치 하나만 놓고 링 위에서 동등하게 맞붙는다.

[사례] 100명 규모의 디자인 에이전시 vs AI로 무장한 1인 기업

신제품 광고 포스터를 만들어야 하는 클라이언트가 있다고 하자. 대형 디자인 에이전시는 기획자, 카피라이터, 아트 디렉터, 사진작가 등 10명의 전문가가 팀을 꾸린다. 스튜디오를 대여하고 모델을 섭외해 촬영하느라 꼬박 2주가 걸린다. 인건비와 진행비를 포함해 2,000만 원을 청구한다. 퀄리티는 훌륭하지만, 절차가 복잡하고 비싸며 느리다는 특징이 있다. 하지만 AI를 쓰는 1인 기업은 디자이너 혼자 일한다. 그는 미드저니로 초현실적인 이미지를 생성하고, 챗GPT로 카피를 3개 국어로 뽑는다. 모델 섭외도, 스튜디오 촬영도 필요 없다. 비용은

100만 원 정도이고, 결과물은 단 하루 만에 나왔다. 가장 중요한 것은 퀄리티 또한 대형 에이전시에 뒤지지 않을 만큼 세련됐다는 점이다.

그렇다면 클라이언트는 어느 기업을 선택할까? 대부분 AI 무장 1인 기업을 선택할 것이다. 대형 에이전시가 가진 규모(100명의 직원)는 이제 경쟁력이 아니라, 유지 비용만 많이 드는 약점이 되어버렸다. AI라는 도구가 1명의 개인을 100명의 조직과 대등한 위치에 올려놓은 것이다.

3) 속도의 경제에서 살아남는 기업의 조건

과거의 기업 경영에서 최고의 미덕은 완벽함이었다. 제품을 출시하기 전까지 수십 번의 회의를 거쳐 오류를 0%로 만들고, 돌다리도 두드려보고 건너는 신중함이 칭송받았다. 실패는 곧 무능이었기 때문이다. 하지만 속도의 경제가 지배하는 지금, 완벽주의는 곧 도태를 의미한다. 시장은 매일 바뀌는데, 완벽한 계획을 짜느라 1년을 허비하면 이미 버스는 떠난 뒤다.

이제 살아남는 기업의 조건은 완벽한 계획이 아니라 빠른 실행과 수정이다. 이를 경영학 용어로는 애자일(Agile)이라고 한다. 일단 60% 정도만 완성된 제품(MVP)을 시장에 빠르게 던져본다. 그리고 고객이 불편하다고 불평하면, 그것을 수정해서 다시 내놓는다. 이 과정을 미친 듯한 속도로 반복하며 완성도를 높여가는 것으로, 실패를 피하는 것이 아니라 싸고 빠르게 실패하는 것이 핵심 전략이 된다.

또한 피벗(Pivot) 능력이 필수적이다. 피벗이란 농구 선수가 한 발을 축으로 방향을 바꾸듯이, 사업의 방향을 유연하게 트는 것을 말한다. 어제까지 A를 팔려고 했어도, 오늘 데이터에 B가 뜬다고 말하면 주저 없이 방향을 틀 수 있어야 한다. 과거에는 이를 줏대 없다고 비판했지만, 지금은 이를 시장 적응력이 뛰어나다고 평가한다. 고집스러운 장인 정신보다 유연한 장사꾼 기질이 더 필요한 시대다.

이 시대의 안정성은 멈춰 있는 바위가 아니라, 끊임없이 페달을 밟아야 쓰러지지 않는 자전거와 같다. 변화하지 않는 것이 가장 위험하며, 끊임없이 변화하는 것만이 유일한 생존 방식이다.

[사례] 완벽주의자 A사 vs 실험주의자 B사

다이어트 도시락 사업을 준비하는 두 회사가 있다. 완벽주의자 A사는 최고의 셰프를 영입하고 완벽한 영양 성분을 분석하고 고급 패키지 디자인을 만드느라 6개월이나 걸렸고, 대량 생산을 위해 공장까지 계약한다. 야심 차게 출시했지만, 고객들은 너무 비싸고 맛이 없다며 외면한다. 이미 공장까지 돌려놓은 상태라 재고는 쌓이고, 회사는 막대한 손실을 입는다.

한편, 실험주의자 B사는 셰프도, 공장도 없다. 편의점 도시락을 조합해 메뉴를 만들고, 인스타그램에 사진만 올려 예약 주문을 받아본다. 준비 기간은 단 3일이다. 고객들이 샐러드보다 현미밥이 좋다는 피드백을 주자, 다음 날 바로 메뉴를 바꾼다. 이런 식으로 메뉴를 10번 이상 고치며 고정 고객을 확보한다. 그 과정을 거쳐 확실한 데이터가 쌓였을 때 공장을 계약한다. B사는 재고 부담 없이 이미 확보된 고객에게 물건을 팔며 승승장구한다.

A사는 예측하려다 망했고, B사는 실험을 통해 성공했다. 이것이 속도의 경제에서 승패가 갈리는 방식이다.

4) 대기업과 스타트업의 역전

오랫동안 비즈니스 생태계의 먹이사슬은 명확했다. 대기업은 포식자였고, 스타트업은 그들이 흘린 부스러기를 줍거나 언젠가 잡아먹힐 운명인 피식자였다. 대기업은 풍부한 자금과 인재를 독점했고, 실패해도 버틸 수 있는 맷집이 있었다. 하지만 스타트업은 자금이 마르면 바로 사망하는 시한부 인생이었다. 그래서 혁신은 대기업의 몫이라는 것이 상식이었다.

하지만 기술의 민주화는 이 먹이사슬을 역전시키고 있다. 대기업이 가진 거대한 자산이 이제는 혁신을 방해하는 거추장스러운 짐이 되어버렸기 때문이다. 대기업은 이미 깔아놓은 설비, 복잡한 의사결정 체계, 기존 수익 모델을 지키려는 보수성 때문에 새로운 기술을 과감하게 도입하지 못한다. 이른바 혁신가의 딜레마(Innovator's Dilemma)[2] 에 빠진 것이다. 타이타닉호가 빙산을 보고도 거대한 덩치 때문에 방향을 틀지 못해 침몰한 것과 같다.

한편 스타트업은 잃을 게 없다. 지켜야 할 과거가 없기에, 가장 최신의 AI 기술과 클라우드 인프라를 이용해 기존 시장의 가장 아픈 곳을 찌르고 들어간다. 이들은 대기업이 시장 규모가 작다며 무시했던 틈새시장을 공략해 점유율을 빼앗고, 메인 시장까지 집어삼킨다.

이제는 대기업이 만든 100가지 기능이 들어간 무거운 앱보다, 스타트업이 만든 단 하나의 킬러 기능이 있는 단순한 앱을 선호한다. 덩치 큰 공룡이 멸종하고, 날렵한 포유류가 지구를 지배하기 시작한 백악기 말기처럼, 비즈니스 생태계의 주도권은 '가진 자'에서 '가벼운 자'로 넘어가고 있다.

[사례] 시중 은행 vs 핀테크 스타트업

가장 대표적인 역전의 현장은 금융업이다. 전통 시중 은행은 전국에 수천 개의 오프라인 지점과 수만 명의 직원이 있다. 이 거대한 조직을 유지하려면 막대한 비용이 든다. 금융앱은 수십 년 된 낡은 전산망 위에 기능을 덧붙이다 보니 앱이 무겁고 느리다. 송금 한번 하려면 공인인증서 비밀번호를 치고 보안 카드를 찾느라 3분이 걸린다. 고객은 답답해하지만, 은행은 시스템을 다 뜯어고치기엔 너무 덩치가 커서 엄두를 못 낸다.

---

2   선도 기업이 기존 성공 모델에 안주하다가 새로운 기술 혁신에 뒤처지는 현상을 가리키는 클레이튼 크리스텐슨 교수의 이론.

반대로 토스, 카카오뱅크 등 핀테크 은행은 지점이 하나도 없다. 직원도 소수 정예 개발자 중심이다. 유지비가 거의 안 든다. 이들이 만든 앱은 처음부터 모바일 환경에 맞춰 최신 기술로 짰다. 송금? 지문 인식 한 번이면 5초 만에 끝난다. 대출? 은행 창구에 갈 필요 없이 앱에서 AI가 신용도를 분석해 1분 만에 입금해준다.

100년 역사의 은행들이 5년 된 스타트업의 앱 사용성을 따라가지 못해 쩔쩔맨다. 고객들은 은행 앱은 월급 통장용일 뿐, 실제 돈 관리는 핀테크 앱으로 한다. 다윗이 골리앗의 점심 도시락을 뺏어 먹은 격이다.

5) 글로벌 평준화의 시대

지금까지 비즈니스에서 국경은 물리적인 장벽이자 심리적인 한계선이었다. 한국에서 태어난 기업은 한국 사람에게 물건을 팔고, 한국인 직원을 뽑는 것이 당연했다. 해외로 진출한다는 것은 삼성이나 현대차 같은 대기업만이 할 수 있는 거창한 도전이었다. 언어의 장벽, 복잡한 통관 절차, 현지 법인 설립 등 넘어야 할 산이 너무 많았기 때문이다. 지리적 위치가 곧 비즈니스의 운명을 결정했다.

하지만 기술의 민주화는 이 국경선을 지워버렸다. 이제는 '본 투 글로벌(Born to Global)'의 시대다. 서울의 작은 오피스텔에 있는 1인 개발자가 만든 앱을 전 세계 200개국 사람들이 동시에 다운로드한다. 부산의 공방에서 만든 수공예품이 글로벌 이커머스 플랫폼(예: Etsy, Shopee)을 타고 뉴욕과 파리의 가정으로 배송된다. 가장 큰 장벽이었던 언어 문제는 AI 번역기가 실시간으로 해결해준다. 이제 한국어만 할 줄 알아도 전 세계 바이어와 채팅으로 협상하고 계약을 맺는 데 아무런 문제가 없다.

이것은 기회이자 동시에 위기다. 시장이 넓어졌다는 건 내 물건을 사줄 사람이 5,000만 명에서 80억 명으로 늘어났다는 뜻이지만, 동시에 나의 경쟁자 또한 동네를 넘어서 전 세계의 천재라는 의미다. 이제 한국의 디자이너는 베트남의 가성비 좋은 디자이너와 경쟁하고, 미국의 개발자는 인도의 유능한 개발자와 일자리를 놓고 다퉈야 한다.

글로벌 평준화란, 지구가 하나의 거대한 장터가 되었다는 의미다. 어디에 사는지, 어느 나라 사람인지는 중요하지 않다. 오직 "당신이 만든 것이 세계에 통할 만큼 매력적인가?"라는 질문만이 남는다. 바야흐로 진정한 무한 경쟁, 무한 기회의 시대가 열린 것이다.

[사례] 내수용 쇼핑몰 사장 vs 글로벌 셀러

한국산 유아용품을 파는 2명의 사업가가 있다고 하자. 내수용 사업가는 한국은 저출산이라 유아용품이 안 팔린다며 좁아지는 국내 시장 탓만 하고 폐업을 고민한다. 그의 경쟁 상대는 옆집 가게와 쿠팡의 최저가 판매자다. 해외 판매를 고려해보지만, 언어 문제와 배송비 걱정 때문에 이내 포기한다. 한편 글로벌 셀러는 한국 제품이 안전하다고 소문나서 동남아와 미국에서 잘 팔린다는 걸 알고 쇼피(Shopee)와 아마존에 입점한다. 상세 페이지는 AI 번역기를 돌려 1초만에 영어, 태국어, 베트남어로 번역해서 올린다. 고객 문의(CS)가 영어로 들어오면 챗GPT가 알아서 공손한 비즈니스 영어로 답변을 써준다. 배송은 현지 물류센터가 알아서 해준다. 한국에서는 레드오션이었던 아이템이 해외에서는 없어서 못 파는 K-프리미엄 제품이 되어 매출이 10배로 뛴다.

기술을 활용해 국경을 넘은 자에게 시장 포화란 없다. 좁은 우물 안에서 싸울 것인가, 바다로 나갈 것인가? 기술은 이미 바다로 가는 배를 띄워놓았다.

02

일의 재정의:
AI와 함께 일하는 시대

AI가 처음 등장했을 때, 미디어는 "이제 인간의 일자리는 끝났다"며 공포 분위기를 조장했다. 사무직은 사라지고, 모두가 기계에 밀려날 것이라는 로봇 아포칼립스 시나리오가 만연했다. 하지만 막상 뚜껑을 열어보니 현장의 풍경은 전혀 다르게 흘러갔다. AI는 인간을 책상에서 쫓아내는 대신, 인간의 의자 바로 옆에 앉아 가장 귀찮고 지루한 일을 도맡아 처리하기 시작했다.

지금 벌어지고 있는 변화는 대체(Replacement)가 아니라 증강(Augmentation)이다. 아이언맨이 슈트를 입는다고 해서 사람이 아닌 것이 아니듯, 인간은 AI라는 강력한 슈트를 입고 슈퍼 직장인으로 진화하고 있다. 이제 일의 정의는 "얼마나 땀 흘려 고생하는가?"에서 "얼마나 도구를 잘 활용해 가치를 만드는가?"로 바뀌었다. 여기에서는 AI를 경쟁자가 아닌 동료로 받아들인 현장의 모습과, 그로 인해 바뀐 일의 본질을 탐구한다.

1) 코파일럿·챗GPT·자동화의 현장: 사람과 함께 일하는 AI

마이크로소프트는 자신들의 AI 서비스에 코파일럿(Copilot, 부조종사)이라는 이름을 붙였다. 이 작명은 AI의 현재 위치를 상징적으로 보여준다. 비행기의 조종간을 잡고 항로를 결정하는 기장(Pilot)은 여전히 인간이다. AI는 옆에서 복잡한 계기판을 체크하고, 바람의 방향을 계산하고, 항로 이탈을 경고하는 유능한 부조종사 역할을 수행한다. 업무의 흐름에 들어와 인간이 놓칠 수 있는 실수를 막아주고 효율을 높여주는 보조자의 역할을 하는 것이다.[22]

여기에 챗GPT와 같은 생성형 AI는 또 다른 차원의 혁신을 더한다. 코파일럿이 옆에서 돕는 조수라면, 챗GPT는 마주 보고 앉아 아이디어를 쏟아내는 천재적인 창작 파트너다. 직장인들이 가장 두려워하는 순간은 빈 화면을 마주할 때다. 보고서의 첫 문장을 어떻게 시작할지, 기획안의 목차를 어떻게 잡을지 고민하느라 수많은 시간을 허비한다. 이때 챗GPT는 인간의 막연한 지시를 구체적인 텍스트, 코드, 이미지로 순식간에 실체화해준다. "신규 프로젝트 제안서 목차 잡아줘", "정중하지만 단호한 거절 메일 써줘"라고 말하면 10초 만에 그럴듯한 초안을 내놓는 것이다.

이 2가지 강력한 도구(보조자와 창작자)가 결합되면서, 인간의 역할은 근본적으로 바뀌었다. 이제 인간은 백지에서 무언가를 만들어내는 작성자가 아니라, AI가 내놓은 결과물을 검토하고 조율하는 편집자이자 지휘자로 바뀌었다. 0에서 1을 만드는 고통스러운 초기 작업은 AI에 맡기고, 인간은 그 결과물이 사실인지 검증하고 회사의 톤앤매너에 맞게 다듬으며 최종적인 의사결정을 내리는 데 집중한다. 덕분에 인간은 단순 반복 업무와 창작의 고통에서 해방되어, 진짜 중요한 전략과 기획에 몰입할 수 있는 시간을 벌게 되었다.

AI는 내 밥그릇을 뺏는 적이 아니라, 나를 위해 야근해주는 충실한 인턴이다. 이 인턴을 잘 부리는 사람은 혼자서 10명분의 일을 해내고도 칼퇴근을 하지만, 이 인턴을 무시하고 혼자 끙끙대는 사람은 여전히 야근을 피할 수 없다.

2) 제미나이·퍼플렉시티·뤼튼·젠스파크: 생각을 확장하는 AI

앞서 살펴본 AI들이 업무를 대신 처리해주는 '유능한 손발'이었다면, 지금 소개할 도구들은 인간의 뇌를 연결하고 지식을 넓혀주는 '확장된 두뇌'에 가깝다. 우리는 업무를 하거나 결정을 내릴 때 끊임없이 정보를 찾는다. 이 과정에서 기억력 부족, 정보 과부하, 언어 장벽 등의 인간의 한계를 보완해주는 것이 바로 검색 특화형 AI와 플랫폼 AI다.

먼저 퍼플렉시티와 젠스파크(Genspark)는 우리가 알던 검색의 개념을 '답변'으로 바꿨다. 구글에 검색어를 입력하고 파란색 링크 10개를 일일이 클릭해서 읽고 요약하던 고통스러운 과정은 끝났다. 이들은 수십 개의 웹페이지를 실시간으로 읽고 분석하여, 출처가 명시된 완벽한 보고서를 단 몇 초 만에 써준다. 특히 AI의 고질병인 거짓말(환각)을 막기 위해 모든 문장 뒤에 근거 자료를 각주로 달아주기 때문에, 사용자는 팩트를 검증하며 안심하고 지식을 습득할 수 있다.[23]

구글의 제미나이는 정보의 형태를 확장한다. 텍스트뿐만 아니라 이미지, 비디오, 음성까지 이해하는 멀티모달(Multi-modal)[3] 능력을 지니고 있어서, 유튜브 영상을 던져주고 영상의 핵심 내용을 요약해달라거나, 복잡한 그래프 이미지를 주고 데이터를 엑셀로 변환해달라고 시킬 수 있다. 또한 구글 드라이브나 이메일과 연동되어 "지난달 김 부장이 보낸 메일에서 프로젝트 일정만 찾아 캘린더에 넣어줘"라는 식의 개인 비서 역할까지 수행한다.[24]

한국의 뤼튼(Wrtn)은 포털 사이트가 했던 역할을 AI시대에 맞게 재해석했다. GPT-4, 클로드(Claude), HyperCLOVA X 등 전 세계의 내로라하는 최신 AI 모델들을 한곳에 모아놓고 무료로 쓸 수 있게 해준다. 특히 한국어의 뉘앙스와 국내 트렌드에 최적화되어 있어, 한국 직장인들이 가장 쉽고 빠르게 아이디

---

3 텍스트뿐만 아니라 이미지, 음성, 비디오 등 다양한 형태(Modality)의 데이터를 동시에 이해하고 처리할 수 있는 AI 기술.

어를 얻을 수 있는 AI 포털로 자리 잡았다.

이 도구들의 공통점은 질문의 꼬리를 물게끔 한다는 점이다. AI가 답변을 내놓으면서 "이런 정보도 궁금하지 않으세요?"라며 연관 질문을 추천해준다. 사용자는 이 추천을 따라가며 당초 생각했던 것보다 훨씬 더 깊고 넓게 지식의 세계를 탐험한다. AI가 정답만 주는 것이 아니라, 사용자의 생각을 자극하고 확장시키는 훌륭한 토론 파트너가 되는 것이다.

[사례] 시장 조사를 하는 김 팀장의 1시간 vs 5분

새로운 비건 화장품 기획을 위해 시장 조사를 해야 하는 김 팀장은 과거에는 구글링+엑셀 정리를 기본으로 했다. 구글에 '2026 비건 화장품 트렌드'를 검색한 후, 뉴스 기사, 블로그, 논문 PDF를 20개쯤 띄워놓고 읽은 후, 이 중 광고성 블로그를 걸러내야 해서 피로도가 높았다. 중요한 내용을 메모장에 복사·붙여넣기 해서 다시 정리하는 데 소요되는 시간은 1시간 정도였다. 하지만 지금은 퍼플렉시티, 젠스파크 등을 활용한다. 이들 AI에 "2026년 글로벌 비건 화장품 시장 규모와 주요 트렌드 3가지를 분석하고 신뢰할 만한 출처를 달아줘"라고 하면, AI가 최신 기사와 보고서를 실시간으로 분석해 30초 만에 요약 리포트를 써준다. 각 문장마다 [1], [2] 같은 각주가 달려 있어 클릭하면 원문으로 이동한다. 그리고 AI가 추천 질문을 던진다. "주요 타깃인 Z세대의 비건 화장품 선호 브랜드도 알려드릴까요?" 김 팀장은 이 제안을 받아들여 더 깊은 인사이트를 얻는다. 소요 시간은 5분 남짓이다.

결과적으로 김 팀장은 정보 수집 노동에서 해방되었다. AI가 차려준 밥상을 먹고 소화하여 인사이트를 도출하는 데에만 집중할 수 있는 것이다.

3) 재스퍼·캔바·런웨이·소라: 창작의 민주화 현장

과거에 창작은 선택받은 소수 전문가들의 성역이었다. 카피라이팅을 하려면 수년의 글쓰기 훈련이 필요했고, 디자인을 하려면 복잡한 포토샵 툴을 능숙하게 다뤄야 했으며, 영상을 만들려면 고가의 촬영 장비와 편집 기술이 있어야 했다. 아이디어가 아무리 좋아도 손기술이 없으면 구현할 수 없는, 진입 장벽이 높은 세계였다.

하지만 생성형 AI는 이 견고했던 손기술의 장벽을 완전히 허물어뜨렸다. 이제 글쓰기, 그림 그리기, 영상 만들기의 기술적인 어려움은 AI가 해결해준다. 인간에게 필요한 것은 어떻게 만들까가 아니라 무엇을 만들까를 고민하는 기획력뿐이다. 바야흐로 상상력만 있다면 누구나 프로 수준의 결과물을 낼 수 있는 창작의 민주화 시대가 열린 것이다. 그 변화를 이끄는 대표적인 도구들을 통해, 텍스트, 이미지, 영상 창작의 패러다임이 어떻게 바뀌고 있는지 살펴본다.

* 재스퍼(Jasper): 마케팅 뇌를 장착한 글쓰기 파트너

재스퍼는 단순히 문장을 생성하는 챗봇이 아니다. 철저하게 비즈니스와 수익 창출을 위해 설계된 마케팅 전문 AI다. 일반적인 생성형 AI가 범용적인 글쓰기를 수행한다면, 재스퍼는 소비자의 지갑을 열게 만드는 설득의 공식인 방대한 마케팅 텍스트를 학습하여 자연스럽게 AIDA나 PAS[4] 같은 고전적인 카피라이팅 패턴을 익혔다. 문법적으로 옳은 문장을 넘어, 마케팅 문법에 부합하는 '팔리는 글'의 구조를 자연스럽게 재현해낼 수 있다.[25]

이 도구가 필요한 이유는 명확하다. 아무리 좋은 제품을 만들어도 매력적인 언어로 포장하지 못하면 팔리지 않기 때문이다. 하지만 전문 카피라이터의 고용 비용은 비싸고, 창업자가 직접 쓰기에는 설득의 기술이 부족한 경우가 태반이다. 재스퍼는 이 간극을 메워준다. 마케팅 지식이 전무한 사람이라도 재스퍼를

---

4   마케팅에서 고객을 설득하는 고전적인 글쓰기 공식. AIDA는 Attention(주목), Interest(흥미), Desire(욕구), Action(행동)의 단계를, PAS는 Problem(문제 제기), Agitation(고통 강조), Solution(해결책 제시)의 단계를 뜻한다.

통하면 노련한 마케터처럼 소비자의 심리를 꿰뚫고 구매 버튼을 누르게 만드는 정교한 세일즈 카피를 단숨에 확보할 수 있다.

기능성 베개를 판매하는 1인 쇼핑몰 사장 이 대표의 사례를 생각해보자. 그는 제품력에는 자신이 있었지만, 고객의 마음을 움직일 상세페이지 문구가 떠오르지 않아 며칠을 끙끙댔다. 지푸라기라도 잡는 심정으로 재스퍼에 "이 베개는 목 디스크 환자를 위한 메모리폼 소재야. 30대 직장인을 타깃으로 그들의 고통을 자극하고 해결책을 주는 PAS 기법으로 써줘"라고 입력했다. 그러자 재스퍼는 10초 만에 "아침마다 뒷목이 뻐근해 하루를 망치고 계신가요? 이를 단순 피로로 여겨 방치하면 수술대에 오를 수도 있습니다. 여기, 현직 의사가 설계한 베개가 당신의 밤을 지켜드립니다"라는 문구를 쏟아냈다. 이 대표는 이 카피를 그대로 사용해 매출을 3배나 올렸다. 커피 한 잔 값으로 전문 카피라이터를 고용한 셈이다.

✷ 캔바(Canva): 디자인의 민주화를 실현한 사무실의 구세주

캔바는 "디자인은 포토샵을 다룰 줄 아는 전문가의 영역"이라는 고정관념을 깨뜨린 플랫폼이다. 복잡한 레이어나 툴을 배울 필요 없이 직관적인 드래그 앤드 드롭 방식을 채택했으며, 최근에는 매직 스튜디오라는 AI 기능을 통해 텍스트만 입력하면 디자인 시안을 통째로 만들어주는 수준으로 진화했다. 이제는 사용자의 머릿속에 있는 이미지를 텍스트로 설명하기만 하면, AI가 색감과 구도를 잡아 시각화해준다.

이 변화는 전문 디자이너를 채용할 여력이 없는 중소기업이나 1인 기업에는 혁명과도 같다. 마케팅 자료나 사내 공지 포스터 하나를 만들기 위해 매번 외주를 맡기거나, 촌스러운 파워포인트 클립아트를 뒤적일 필요가 없어졌기 때문이다. 캔바는 디자인 감각이 전혀 없는 실무자도 단 몇 분 만에 전문가 수준의 결과물을 만들어낼 수 있게 함으로써 비즈니스의 속도와 퀄리티를 동시에 높여준다.

디자인이라곤 해본 적 없는 총무팀 최 사원이 사내 체육대회 포스터를 만들어야 했던 상황을 예로 들어보자. 예전 같으면 난감해하며 며칠을 보냈겠지만, 그는 캔바를 켜고 "활기차고 역동적인 분위기의 봄 체육대회 포스터를 만들어줘. 우리 회사 로고 색상인 파란색을 메인으로 써줘"라고 입력했다. AI는 세련된 포스터 시안 4개를 제안했고, 최 사원은 그중 하나를 골라 텍스트만 수정한 뒤 10분 만에 완성했다. 심지어 버튼 하나로 인스타그램용 사이즈로 변환해 사내 SNS에도 올렸다. AI가 손기술의 장벽을 없애주자, 평범한 직원도 디자이너의 역할을 해낼 수 있는 것이다.

✳ 런웨이(Runway): 촬영장 없이 만드는 블록버스터

런웨이는 영상 편집과 생성의 패러다임을 바꾼 혁신적인 도구다. 텍스트를 입력해 새로운 영상을 만들어내는(Text to Video) 것은 물론, 기존 영상의 스타일을 애니메이션이나 영화처럼 바꾸는(Video to Video) 기능, 그리고 영상 속 불필요한 요소를 지우거나 배경을 통째로 교체하는 인페인팅(Inpainting) 기술을 제공한다. 과거에는 수백만 원짜리 장비와 고도의 CG 기술이 있어야 가능했던 작업들이 이제는 웹사이트상에서 클릭 몇 번으로 이루어진다.

이것은 영상 제작의 민주화를 의미한다. 스타트업이나 크리에이터가 가장 좌절하는 지점은 바로 제작비와 촬영의 제약이다. 드론으로 도시 야경을 찍거나 해외 로케이션 촬영을 하는 것은 꿈도 꾸기 어렵다. 하지만 런웨이를 사용하면 물리적인 촬영 없이도 머릿속에 있는 장면을 고화질 영상으로 구현할 수 있다. 아이디어만 있다면 자본의 제약을 뛰어넘어 블록버스터급 연출이 가능해진 것이다.

예산이 부족한 스타트업 홍보팀의 사례를 보자. 그들은 미래 지향적인 브랜드 이미지를 보여주기 위해 사이버펑크풍의 도시 야경 영상이 필요했다. 촬영은 불가능했고, 유료 영상 소스도 마음에 드는 것이 없었다. 담당자는 런웨이에 접속해 "사이버펑크 스타일의 미래 서울 야경, 드론이 빌딩 사이를 빠르게 비행하는 샷, 네온사인이 빗물에 반사됨"이라고 프롬프트를 입력했다. 1분 뒤, 할리우드 SF 영화에서나 볼 법한 고화질 영상이 생성되었다. 그들은 촬영 팀도, 드론도 없이 오직 상상력과 텍스트만으로 수천만 원의 가치가 있는 브랜드 필름을 완성했다.

＊ 소라(Sora): 현실과 가상의 경계를 지우는 물리 엔진

오픈AI가 공개한 소라는 영상 생성 AI의 정점을 보여주는 도구다. 기존의 영상 AI들이 짧고 부자연스러운 움직임을 보였다면, 소라는 현실 세계의 물리 법칙인 중력, 빛의 반사, 사물의 질감을 완벽하게 이해하고 계산하여 영상을 만들어낸다. 최대 1분 길이의 고화질 영상을 생성하면서도, 카메라의 움직임(워크)이나 피사체의 일관성이 실제 촬영본과 구별할 수 없을 만큼 정교하다.

소라의 등장이 시사하는 바는 로케이션의 종말이다. 비즈니스 현장에서는 날씨, 장소 섭외, 배우의 스케줄 등 수많은 변수 때문에 영상 제작 비용이 기하급수적으로 늘어난다. 하지만 소라는 이 모든 물리적 제약을 0으로 만든다. 비 오는 날을 기다릴 필요도, 해외로 비행기를 타고 갈 필요도 없다. 책상 앞에 앉아 프롬프트를 입력하는 것만으로 전 세계 어디든, 어떤 날씨든 완벽한 촬영 현장을 세팅할 수 있다.

화장품 광고를 위해 '비 오는 도쿄 거리'의 감성적인 컷이 필요한 상황을 가정해보자. 촬영하려면 모델 섭외, 항공료, 현지 코디네이터 비용 등 수천만 원이 깨진다. 하지만 소라를 활용하면 단 한 줄의 텍스트로 해결된다. "비 오는 도쿄 거리, 세련된 가죽 재킷을 입은 여성이 자신감 있게 걸어가고 있다. 젖은 바닥에 네온사인이 반사되고 카메라는 인물을 부드럽게 따라간다." 이 명령 하나로 AI는 완벽한 조명과 구도의 영상을 만들어낸다. 기업은 제작비를 획기적으로 아끼고, 크리에이티브 디렉터는 예산 걱정 없이 자신의 상상력을 100% 화면에 구현하는 시대가 된 것이다.

4) 깃허브 코파일럿·리플릿·탭나인: 개발의 민주화

지난 수십 년간 프로그래밍은 철저하게 개발자들만의 성역이었다. 복잡한 문법 규칙을 암기해야 하고, 쉼표 하나만 빠뜨려도 작동하지 않는 까다로운 코드를 다루는 일은 일반인에게 넘을 수 없는 거대한 장벽이었다. 아이디어가 아무리 좋아도 코딩을 모르면 구현할 수 없었기에, 소프트웨어 개발은 소수의 훈련된 공학자들만이 누릴 수 있는 특권과도 같았다. 하지만 생성형 AI는 이 견고했던 장벽을 허물고 있다.

이제 코딩은 문법을 외우는 기술에서 논리를 설계하는 기술로 진화했다. 복잡한 영어 명령어는 AI가 알아서 작성해주니, 인간은 "어떤 프로그램을 만들고 싶은가?"라는 기획 의도만 명확히 하면 된다. 이것이 바로 개발의 민주화다. 전공자에게는 단순노동을 줄여주는 강력한 무기가 되고, 비전공자에게는 아이디어를 현실로 만드는 마법 지팡이가 되는 대표적인 도구 3가지를 소개한다.

* 깃허브 코파일럿(GitHub Copilot): 개발자의 옆자리에 앉은 천재 파트너

깃허브 코파일럿은 마이크로소프트와 오픈AI가 협력하여 만든 AI 페어 프로그래머(Pair Programmer)다. 전 세계 개발자들의 성지인 깃허브(GitHub)에 저장된 수억 줄의 코드를 학습했기에, 오타를 교정해주는 수준을 넘어 개발자가 작성하려는 코드의 의도를 미리 파악하고 다음 줄에 올 코드를 통째로 제안한다.[26] 심지어 주석(Comment)에 "평균값을 구하는 함수를 짜줘"라고 적으면, 완벽하게 작동하는 실행 코드를 생성해낸다.

이 도구가 필요한 이유는 개발자들의 시간을 절약해주기 때문이다. 실제 개발 업무를 들여다보면, 창의적인 로직을 고민하는 시간보다 문법을 기억해내거나 구글링으로 남의 코드를 찾아 헤매는 시간이 절반 이상을 차지한다. 코파일럿은 이 비효율을 제거한다. 반복적이고 지루한 코딩은 AI가 전담하고, 개발자는 전체 구조를 설계하고 문제를 해결하는 엔지니어링에만 집중하게 해주는 핵심 도구다.

가상의 5년차 웹 개발자 박 과장의 사례를 보자. 그는 쇼핑몰 웹사이트에 '최근 본 상품' 기능을 급하게 추가해야 했다. 예전 같으면 구글에 검색해서 비슷한 코드를 찾고, 자기 회사 시스템에 맞게 수정하느라 1시간은 족히 걸렸을 일이다. 하지만 그는 에디터 창에 '// 사용자가 최근 본 상품 5개를 쿠키에 저장하고 불러오는 함수'라는 한 줄의 주석만 적었다. 그러자 코파일럿이 그 아래에 10줄짜리 완벽한 코드를 회색 텍스트로 제안했다. 박 과장은 Tab 키를 눌러 이를 승인했고, 단 1분 만에 기능을 구현했다. 그는 남은 시간에 서비스의 속도를 최적화하는 더 고차원적인 문제를 고민할 수 있었다.

＊ 리플릿(Replit): 아이디어를 즉시 앱으로 만드는 마법의 상자

리플릿은 복잡한 설치 과정 없이 웹 브라우저만 켜면 코딩부터 배포까지 한 번에 해결되는 클라우드 통합 개발 환경(Integrated Development Environment, IDE)[5]이다. 여기에 강력한 AI 에이전트가 결합되어 있다. 기존에는 내 컴퓨터에 개발 환경을 세팅하는 것부터가 초보자에게는 넘을 수 없는 벽이었다. 리플릿은 로그인만 하면 아이디어를 앱으로 만들어주는 디지털 공방과 같다. 심지어 고성능 컴퓨터 없이 스마트폰이나 태블릿으로도 코딩이 가능하다.

이 도구는 앱을 만들어보고 싶은 비전공자들에게 구세주와 같다. 리플릿에 자연어로 "간단한 할 일 목록 앱을 만들어줘"라고 말하면, AI가 코드를 짜고, 서버를 열고, 다른 사람들이 접속할 수 있는 웹사이트 링크까지 만들어준다. 코딩을 전혀 모르는 기획자나 마케터도 아이디어를 눈에 보이는 프로토타입(시제품)으로 구현해볼 수 있는 가장 강력한 도구다.

5　코드를 작성하는 편집기, 오류를 찾는 디버거, 프로그램을 실행하는 컴파일러 등 개발에 필요한 모든 도구를 하나로 묶은 소프트웨어.

코딩을 전혀 모르는 기획자 김 대리의 이야기를 들어보자. 그는 팀 회의 때마다 구현이 어렵다는 이유로 개발팀에 아이디어를 거절당해 답답했다. 그는 리플릿을 켜고 "우리 팀원들이 오늘 점심 메뉴를 투표할 수 있는 간단한 웹페이지를 만들어줘. 디자인은 노란색 톤으로 따뜻하게 해줘"라고 입력했다. AI는 코드를 작성하고 실행 버튼까지 눌러주었다. 김 대리는 10분 만에 생성된 웹사이트 링크를 회의 시간에 공유했다. 말로만 설명할 때는 시큰둥하던 개발자들도 실제 작동하는 앱을 보자 "아, 이런 기능을 원하신 거군요. 이걸 기반으로 다듬으면 되겠습니다"라며 동의했다. 김 대리는 코딩 없이도 자신의 아이디어를 증명해낸 것이다.

✱ 탭나인(Tabnine): 기업의 비밀을 지키는 AI 보안관

탭나인은 기업 환경에 특화된 보안 중심의 AI 코딩 어시스턴트다. 코파일럿과 유사하게 코드 자동 완성 기능을 제공하지만, 결정적인 차이점은 프라이버시다. 기업 내부의 소스 코드가 외부 서버로 유출되어 AI 학습에 쓰이는 것을 원천적으로 차단한다. 철저하게 사내 서버(On-premise)[6]나 격리된 환경에서만 작동하며, 전 세계의 코드가 아닌 우리 회사의 코딩 스타일과 문법만을 집중적으로 학습하여 맞춤형으로 제안한다.[27]

삼성전자나 애플 같은 대기업이 챗GPT 사용을 금지한 이유는 명확하다. 기밀 유출 우려 때문이다. 하지만 경쟁사들이 AI로 생산성을 높이는 동안 마냥 손 놓고 있을 수만은 없다. 이때 탭나인은 훌륭한 대안이 된다. 외부로 코드가 새어 나가지 않는다는 강력한 보안 원칙을 지키면서도, AI가 주는 효율성은 그대로 누릴 수 있기 때문이다. 보수적인 기업들이 안심하고 개발의 민주화에 탑승할

---

6 기업이 자체적으로 보유한 전산실 서버에 소프트웨어를 설치하고 운영하는 방식. 클라우드와 달리 외부와 차단되어 있어 보안성이 높다.

수 있게 해주는 안전벨트 역할을 한다.

금융 데이터 보안이 생명인 핀테크 기업의 사례를 보자. 그들은 개발자들의 생산성을 높이고 싶었지만, 클라우드 기반의 AI 도구를 도입하는 걸 주저했다. 고객의 금융 정보가 담긴 코드가 혹시라도 외부 AI 학습 데이터로 넘어갈까 두려웠기 때문이다. 고심 끝에 그들은 탭나인을 도입했다. 결과는 성공적이었다. AI는 기업 특유의 복잡한 보안 암호화 규칙을 학습하여, 신입 개발자가 들어와도 회사 스타일에 딱 맞는 코드를 자동으로 추천해주었다. 정보 유출 사고는 0건이었지만, 개발팀의 코딩 속도는 30%나 빨라졌다.

5) 기술이 노동을 대체하지 않고 '확장'하는 방식

많은 사람이 AI를 두려워하는 이유는 기술과 인간의 관계를 제로섬 게임으로 오해하기 때문이다. AI가 일을 잘하면 그만큼 일자리가 줄어들 것이라고 두려워한다. 하지만 역사적으로 기술은 노동을 단순 대체하기보다, 인간의 능력을 확장시키는 방향으로 발전해왔다. 증기기관이 인간의 빈약한 근육을 확장해주었듯, AI는 인간 지능의 한계를 확장해주는 도구다. 여기서 확장이란 인간이 혼자서는 도저히 할 수 없었던 규모와 속도로 일을 처리한다는 의미다. 과거의 유능한 직원이 성실하게 밤새워 일하는 사람이었다면, AI시대의 유능한 직원은 도구를 활용해 10분 만에 끝내고 남는 시간에 전략을 짜는 사람이다.

이러한 확장은 양, 질, 범위의 세 가지 차원에서 동시에 일어난다. 혼자서 10명분의 일을 처리하게 해주고(양), 초보자가 전문가 수준의 결과물을 내게 해주며(질), 인간의 인지 능력을 넘어서는 방대한 데이터를 다루게 해준다(범위).

로펌의 1년차 신입 변호사 김 씨의 사례를 보자. 그의 주 업무는 선배들이 배정받은 사건의 판례를 찾고 수백 페이지짜리 계약서를 검토해 독소 조항을 찾는 단순노동이었다. 밤을 새워 읽다 보면 피로 때문에 중요한 문구를 놓치기 일쑤였다. 하지만 법률 AI를 도입한 후, 그는 "이 계약서에서 우리 측에 불리한 조항 3가지만 찾아줘"라고 입력해 30초 만에 리스크를 분석해낸다. 단순 검토에서 해방된 그는 AI가 찾아낸 데이터를 바탕으로 의뢰인과 어떻게 협상할지 전략을 짜는 데 시간을 쓴다. 기술이 1년차 신입을 10년차 파트너 변호사 수준의 전략가로 확장시켜준 것이다.

의료 현장에서도 비슷한 일이 일어난다. 지방에서 작은 의원을 운영하는 박 원장은 쏟아지는 최신 의학 논문을 다 읽을 시간이 없어, 희귀질환 환자가 오면 대학 병원으로 보낼 수밖에 없었다. 하지만 진료 보조 AI를 도입한 뒤로는 달라졌다. 환자의 증상과 엑스레이 사진을 입력하면 AI가 전 세계 임상 데이터를 분석해 가능성 있는 질환 몇 가지를 추천해준다. 박 원장은 이 분석을 참고해 더 정확하게 진단을 내리고, 남는 시간에는 환자와 눈을 맞추며 생활 습관을 상담한다. 지식이 확장되자, 오히려 기술 덕분에 더 인간적인 명의가 된 셈이다.

체스 챔피언 가리 카스파로프는 AI에 패배한 후 흥미로운 실험을 했다. '인간 vs AI'가 아니라 '인간+AI 팀'과 슈퍼컴퓨터를 대결시킨 것이다. 결과는 '인간+AI 팀'의 승리였다. AI의 계산 능력에 인간의 직관이 더해질 때 가장 강력했다. 노동의 미래도 이와 같다. 그리스 신화 속 반인반마 켄타우로스처럼, 미래의 노동자는 인간의 상체(판단력, 창의성)와 AI의 하체(압도적인 연산 능력)가 결합한 형태가 될 것이다. 기술을 배척하는 인간은 도태되겠지만, 기술과 결합하여 자신의 한계를 확장한 인간은 그 어느 때보다 강력한 슈퍼 워커로 거듭날 것이다.

03

산업의 융합과 해체

경영학 교과서와 주식 시장에는 오랫동안 절대적인 기준이 있었다. 바로 표준산업분류(SIC)다. 기업은 제조, 유통, 금융, 건설, 미디어 등 명확하게 구획된 칸막이 속에서 정의되었다. 자동차 회사의 경쟁자는 다른 자동차 회사였고, 은행의 경쟁자는 길 건너편의 다른 은행이었다. "신발 장수는 신발만 팔아야 한다"라는 격언처럼, 자신의 전문 영역을 지키며 동종 업계 라이벌과 점유율 싸움을 하는 것이 지난 100년 비즈니스의 상식이었다.

하지만 기술의 민주화는 이 견고했던 산업의 성벽을 허물어버렸다. 미래학자 스탠 데이비스가 예견했던 빅블러(Big Blur)[7] 현상이 현실이 된 것이다. 빅블러란 생산자와 소비자, 작은 기업과 큰 기업, 산업과 산업 간의 경계가 흐릿해지면서 융합되는 현상을 말한다.[28]

이 거대한 융합의 진원지는 바로 손안에 있는 스마트폰이다. 고객은 이제 은

---

7   빠른 변화로 인해 기존에 존재하던 것들의 경계가 모호해지는 현상. 비즈니스에서는 산업 간 경계가 허물어지는 것을 뜻한다.

행 지점이나 백화점 건물을 직접 방문하지 않는다. 그저 화면 속의 앱 아이콘을 누를 뿐이다. 이 작은 화면 안에서는 금융 앱 옆에 배달 앱이 있고, 그 옆에 게임 앱이 있다. 고객의 시간과 손가락 터치를 차지하기 위해, 전혀 다른 업종의 앱이 한 무대에서 뒤엉켜 싸우는 형국이다.

이제 경쟁의 본질은 시장 점유율에서 시간 점유율로 바뀌었다. 나이키가 닌텐도를 경계하고, 넷플릭스가 포트나이트(게임)를 경쟁자로 지목하는 이유가 여기에 있다. 고객이 게임을 하느라 시간을 쓰면 운동을 안 하고, 영화를 안 보기 때문이다. 더 이상 안전지대는 존재하지 않는다. 유통 회사가 드라마를 만들고, 자동차 회사가 보험을 팔고, IT 기업이 은행업을 하는 무경계 전쟁터가 펼쳐졌을 뿐이다. 기업들은 지금 생존을 위해 지난 100년간 지켜온 스스로의 정의를 파괴하고, 낯선 영역과 치열하게 융합하며 새로운 생존 법칙을 써 내려가고 있다.

1) 기술이 산업의 경계를 허물다

과거에 산업의 경계가 뚜렷했던 이유는 각 산업에 필요한 핵심 기술과 인프라가 물리적으로 달랐기 때문이다. 은행업을 하려면 거대한 금고와 전국적인 지점망이 필요했고, 방송업을 하려면 전파 송출탑과 고가의 촬영 장비가 필요했다. 유통업은 물류 창고와 트럭이 필수였다. 이 거대한 물리적 자산들이 곧 진입 장벽이었기에, 자동차 회사가 갑자기 은행업을 하거나 유통 회사가 방송하는 것은 불가능에 가까웠다.

하지만 클라우드, AI, 모바일 플랫폼이라는 디지털 인프라가 보편화되면서 이야기가 달라졌다. 이제는 누구나 앱 하나만 있으면 금융도, 방송도, 유통도 할 수 있다. 방송 송출탑 대신 유튜브나 OTT 플랫폼을 쓰면 되고, 오프라인 지점 대신 핀테크 기술로 돈을 보내면 된다. 기술의 민주화가 산업 고유의 진입 장벽을 허물어버린 것이다.

이로 인해 벌어지는 가장 큰 변화는 경쟁의 본질이 지갑 점유율에서 시간 점유율로 이동했다는 점이다. 과거에는 누가 더 좋은 물건을 파는지를 두고 싸웠지만, 이제는 누가 고객을 자신의 앱 안에 더 오래 가둬두느냐(Lock-in)를 두고 싸운다. 그러다 보니 기업들은 본업과 상관없이 고객이 좋아할 만한 모든 기능을 끌어다 쓰기 시작했다. 유통 기업인 쿠팡이 뜬금없이 축구 경기를 중계하고 드라마를 만드는 이유가 여기에 있다. 쇼핑은 필요할 때만 하지만, 콘텐츠는 매일 소비하기 때문이다. 고객의 시간을 뺏어야 물건도 팔 수 있다는 새로운 생존 법칙이 적용된 것이다.

지금 크로스 인더스트리(Cross Industry)의 전장을 목격하고 있다. 나이키의 경쟁자는 아디다스가 아니라 닌텐도라는 말이 현실이 되었다. 고객이 닌텐도 게임을 하느라 집 안에 머물면 운동화를 사지 않기 때문이다. 이처럼 기술의 평준화는 모든 기업을 하나의 링 위로 불러 올렸다. 이제 제조업이라든가 금융업이라는 식의 안일한 정의는 통하지 않는다. 모든 기업이 테크 기업이고, 모든 기업이 콘텐츠 기업이며, 모든 기업이 플랫폼 기업이 되어야만 살아남는 무한 융합의 시대가 열린 것이다.

[사례] 물건 파는 방송국 vs 방송하는 상점

방송국이 된 유통사(쿠팡&쿠팡플레이)

쿠팡은 본래 기저귀와 생수 등 다양한 상품을 파는 이커머스 회사다. 하지만 쿠팡은 대규모 투자를 통해 쿠팡플레이라는 OTT 서비스를 만들고, 손흥민 선수의 축구 경기 독점 중계권을 따냈다. 쇼핑 앱은 물건을 살 때만 들어오지만, OTT 앱은 재미를 위해 매일 들어온다. 축구를 보러 들어온 고객은 자연스럽게 쿠팡 멤버십(와우)을 유지하고, 생필품도 쿠팡에서 산다. 유통사가 미디어의 힘을 빌려 고객을 묶어두는 전략이다.

유통사가 된 미디어 (무신사)

무신사는 옷을 파는 쇼핑몰이지만, 그들의 시작은 온라인 커뮤니티와 '패션 웹진'이었다. 무신사는 상품 진열보다 거리 패션 스냅, 스타일링 화보, 패션 뉴스 같은 콘텐츠 생산에 엄청난 공을 들인다. 고객들은 당장 옷을 살 계획이 없어도 요즘 유행을 알기 위해 잡지 보듯 무신사 앱을 켠다. 콘텐츠를 즐기다 보면 구매 전환을 유도하여 자연스럽게 결제 버튼을 누른다. 미디어가 가진 주목도를 활용해 유통의 매출을 올리는 방식이다.

2) 유통이 미디어가 되고, 은행이 플랫폼이 된다

전통적인 산업 분류에서 유통업의 본질은 거래였고, 금융업의 본질은 자산의 보관이었다. 하지만 이 정의에는 치명적인 약점이 있다. 고객은 물건을 사거나 돈을 보낼 때만 잠깐 앱에 접속한다는 점이다. 앱에 머무는 시간이 짧으면 데이터를 쌓을 수도, 다른 상품을 추천할 수도 없다. 이 한계를 극복하기 위해 기업들은 껍질을 깨고 나왔다. 유통사는 볼거리를 제공하는 미디어가 되기로 했고, 은행은 먹고 입고 즐기는 모든 생활 서비스를 제공하는 플랫폼이 되기로 결심한 것이다.

첫째, 유통은 재미를 파는 방송국으로 변모했다. 이제 쇼핑 앱은 최저가 상품을 나열하는 곳이 아니다. 라이브커머스의 등장은 쇼핑과 예능의 경계를 완전히 지워버렸다. 대표적인 사례인 네이버 쇼핑라이브를 보자. 이곳에서는 뷰티 유튜버나 개그맨이 나와서 시청자의 피부 고민을 상담해주고, 퀴즈를 풀며 수다를 떤다. 시청자들은 당장 물건을 살 생각이 없어도 예능 프로그램을 보듯 방송을 즐기다 홀린 듯이 구매 버튼을 누른다. 유통사가 콘텐츠 제작자가 되어 고객에게 물건이 아닌 재미를 팔기 시작하자, 쇼핑은 귀찮은 숙제가 아니라 즐거운 놀이 문화로 재정의되었다.

둘째, 금융은 생활을 파는 슈퍼앱으로 진화했다. 금융 앱은 스마트폰에서 가장 지루하고 딱딱한 공간이었지만, 이제는 무엇이든 가능한 슈퍼앱이다. 핀테크 기업 토스가 보여준 파격이 이를 증명한다. 사람들은 송금할 일이 없어도 10원을 받기 위해 만보기를 켜고, 행운 퀴즈를 풀기 위해 매일 토스 앱에 접속한다. 심지어 앱 안에서 공동 구매 쇼핑을 하고 알뜰폰 요금제에 가입하기도 한다. 은행이 금융이라는 높은 담장을 허물고 고객의 일상 깊숙이 파고든 것이다. 고객을 24시간 자신의 앱 안에 머물게 하는 것이 이제는 이자 장사보다 더 중요한 은행의 생존 전략이 되었기 때문이다.

3) 크로스 인더스트리 전략

"나이키의 경쟁자는 아디다스가 아니라 닌텐도다." 이 유명한 격언은 크로스 인더스트리 전략의 핵심을 가장 잘 보여준다. 과거 나이키는 더 좋은 운동화를 만드는 아디다스와 경쟁했다. 하지만 고객의 하루를 분석해보니, 고객이 운동을 하지 않는 가장 큰 이유는 집에서 닌텐도 게임을 하느라 시간을 쓰기 때문이었다. 고객의 시간을 뺏는 모든 것이 경쟁자가 되는 시대에 산업 간의 경계는 무의미해졌다. 기업들은 이제 자신의 업종을 넘어서, 고객이 있는 곳이라면 어디든 침투하여 새로운 수익 모델을 만들고 있다.

이 전략의 핵심 무기는 데이터다. 과거에는 전혀 상관없어 보였던 산업들이 데이터로 연결되면서 새로운 가치를 창출한다. 예를 들어, 스타벅스는 커피 회사지만 가만히 들여다보면 핀테크 기업적 성격을 가진 플랫폼이다. 전 세계 고객이 스타벅스 카드에 충전해둔 선불금은 일부 중소형 은행의 예치금 규모를 넘어설 정도다. 스타벅스는 이 거대한 무이자 선불금을 단기 유동성 자산으로 관리하며, 모바일 결제 시스템을 통해 고객의 소비 패턴과 행동 데이터를 분석한다. 커피 판매는 겉모습일 뿐, 본질은 금융 기능과 데이터를 결합한 플랫폼 비즈니스에 가깝다.

테슬라는 자동차 제조사이지만, 직접 테슬라 보험을 운영하는 보험사이기도 하다. 기존 보험사가 나이나 사고 이력 같은 과거 데이터를 기반으로 보험료를 계산했다면, 테슬라는 차량 센서를 통해 수집하는 급제동, 과속, 차간거리 등 실시간 주행 데이터를 활용한다. 이를 바탕으로 안전 운전자에게는 보험료를 낮추고, 위험 운전자에게는 높게 책정하는 동적 요율 모델을 적용한다. 제조업체가 데이터 기술을 활용해 보험이라는 금융 영역까지 확장한 대표적 사례다.

크로스 인더스트리 전략은 "우리가 가장 잘하는 것으로 남의 시장을 뺏는 것"이다. 유통사가 물류 데이터를 이용해 택배 사업을 하고, 통신사가 위치 데이터를 이용해 모빌리티 사업을 하는 식이다. 이제 ○○업을 하는 회사라는 정의는 스스로 한계를 긋는 족쇄일 뿐이다. 모든 기업은 데이터를 매개로 연결되어 있으며, 누가 먼저 경계를 넘어 고객의 삶을 장악하느냐에 따라 생존이 결정된다.

4) 기술의 민주화는 산업의 경계선을 지운다

앞서 유통과 미디어, 금융과 플랫폼, 제조와 데이터가 뒤섞이는 혼돈의 현장을 목격했다. 얼핏 보면 기업들의 무분별한 영토 확장이거나 생존을 위한 몸부림처럼 보이지만, 이 모든 현상을 관통하는 하나의 거대한 원인이 있다. 바로 기술의 민주화다.

과거에 산업의 경계선이 그토록 견고했던 이유는 각 산업에 진입하기 위해 필요한 기술과 자본의 문턱이 너무나 높았기 때문이다. 방송을 하려면 수백억 원의 송출 장비와 전파 라이선스가 필요했고, 은행을 하려면 수조 원의 자본금과 복잡한 전산망이 필요했다. 이 높은 문턱은 경쟁자의 진입을 막아주는 든든한 방어막이자, 동시에 그 산업을 다른 산업과 구분 짓는 국경선 역할을 했다. 그래서 신발 회사는 감히 은행을 꿈꿀 수 없었고, 유통 회사는 방송국을 흉내낼 수 없었다.

하지만 클라우드, AI, API 기술이 대중화되면서 이 높았던 국경선은 순식간에 의미를 잃었다. 기술이 민주화된다는 것은 곧 진입 비용이 없거나 낮다는 뜻이기 때문이다. 이제는 누구나 아마존의 서버를 빌려 넷플릭스 같은 방송국을 차릴 수 있고, 핀테크 기업이 제공하는 API 코드 몇 줄만 가져다 쓰면 내 쇼핑몰 앱에 결제와 송금 기능을 붙여 은행 흉내를 낼 수 있다. 과거에는 수년의 시간과 천문학적인 비용이 들었던 타 산업 진출이, 이제는 기획 회의 몇 번과 개발자 몇 명의 투입으로 가능한 기능 추가 수준의 문제가 된 것이다.

기술이 특권층의 전유물에서 누구나 쓸 수 있는 공공재가 되자, 산업 간의 경계선은 지우개로 지운 듯 사라졌다. 이제 기업을 정의하는 기준은 그들이 가진 설비나 라이선스가 아니다. 오직 고객의 문제를 해결할 수 있는지가 유일한 기준이다. 고객이 쇼핑 앱에서 재미를 원하면 유통사는 미디어 기술을 도입해 방송국이 되고, 고객이 메신저에서 송금을 원하면 통신사는 핀테크 기술을 도입해 은행이 된다. 기술적 제약이 사라진 자리에는 오직 고객의 욕망과 기업의 상상력만이 남는다.

기술의 민주화가 가져온 가장 근본적인 변화는, 기업들로 하여금 "우리는 무엇을 하는 회사인가?"라는 질문에 대해 스스로 한계를 짓지 않게 만들었다는 점이다. 이제 "우리는 제조 회사니까 서비스는 못 해", "우리는 금융 회사니까 유통은 몰라"라는 핑계는 통하지 않는다. 기술적으로는 이미 신발 가게가 은행을 하는 데 아무런 문제가 없는 세상이다. 앞으로의 비즈니스 지도에는 고정된 국경선이 없다. 기술이라는 강력한 무기를 손에 쥔 기업들이, 고객이 있는 곳이라면 어디든 자유롭게 넘나들며 새로운 영토를 개척하는 진정한 '무경계'의 시대가 도래한 것이다.

04

플랫폼 이후의 플랫폼

지난 10년간 플랫폼의 성공 공식은 단순하고 명확했다. 바로 "더 넓게, 더 많이"였다. 카카오톡, 네이버, 배달의민족 같은 거대 슈퍼앱들은 전 국민을 가입시키는 것을 지상 과제로 삼았다. 일단 사람을 많이 모아놓으면 그 안에서 무엇을 팔든 돈이 될 것이라는 규모의 믿음이 있었기 때문이다.

하지만 이제 그 거대한 광장의 소음에 지친 사람들이 떠나고 있다. 전 국민이 쓰는 앱은 너무 무거워졌고, 나의 세밀한 취향을 맞춰주기에는 지나치게 둔해졌다. 사람들은 시끄러운 광장보다는, 나의 관심사를 깊이 이해해주는 아늑한 동호회 방을 찾아 이동하기 시작했다. 낚시꾼들은 낚시 앱으로, 인테리어 덕후들은 집 꾸미기 앱으로, 직장인들은 그들만의 익명 커뮤니티로 흩어지고 있다. 바야흐로 플랫폼의 권력이 광활한 영토에서 깊은 관계로 이동하고 있는 것이다.

1) 네트워크의 힘: 이용자 수보다 '관계의 질'

플랫폼 비즈니스의 성경처럼 여겨지던 메트칼프의 법칙은 "네트워크의 가치는 사용자 수의 제곱에 비례한다"는 것이다. 하지만 이 법칙은 수정되어야 한다.

허수아비 같은 100만 명의 유령 회원보다, 매일 접속해서 떠들고 거래하는 1만 명의 진짜 팬이 훨씬 더 강력한 가치를 만들기 때문이다.

과거의 플랫폼은 거대한 백화점과 같았다. 모든 물건이 다 있지만, 정작 내가 진짜 좋아하는 희귀한 아이템은 찾기 힘들었다. 사용자들은 이곳에서 수동적으로 스크롤만 내릴 뿐이다. 반면, 지금 뜨는 플랫폼은 특정 취향을 파고드는 전문점이다. 이곳의 사용자들은 다르다. 그들은 구경만 하지 않는다. 노하우를 공유하고, 서로 질문하고 답하며, 중고 물품을 거래하고, 오프라인 모임까지 만든다. 이용자 수는 적을지 몰라도, 그들 사이의 관계의 밀도는 폭발적이다.

비즈니스 관점에서도 마찬가지다. 기업들은 이제 불특정 다수에게 뿌려지는 TV 광고 같은 마케팅에 지갑을 열지 않는다. 차라리 숫자는 적더라도 구매 전환율이 확실한 고관여 유저들이 모인 곳을 선호한다. 캠핑용품을 팔고 싶다면 5,000만 명이 쓰는 카카오톡 배너보다, 50만 명이 쓰는 캠핑 앱의 배너가 훨씬 비싸게 팔린다. 플랫폼의 미래는 '양'의 싸움에서 '질'의 싸움으로, 그리고 '접속(Access)' 경쟁에서 적극적인 '참여' 경쟁으로 넘어가고 있다.

이를 잘 보여주는 사례가 광장형 플랫폼인 페이스북과 클럽형 플랫폼인 당근의 차이다. 수십억 명이 쓰는 페이스북에서는 피드에 온갖 광고와 알 수 없는 알고리즘 영상이 뒤섞여 뜬다. 사용자들은 피로감을 느끼며 좋아요만 누르는 수동적 관객이 된다. 하지만 동네 이웃끼리 모인 당근에서는 슬리퍼를 신고 나가 직거래를 하며 말을 건네고, 동네 맛집 정보를 묻고 답한다. 사용자 수는 페이스북보다 적지만, 이들이 만드는 신뢰와 거래의 빈도는 압도적으로 높다. 이것이 바로 이용자 수라는 허상을 넘어선 관계의 질이 가진 힘이다.

✱ 페이스북의 무한한 광장 vs 당근의 닫힌 동네

"맥락이 붕괴된 시끄러운 광장" 페이스북의 목표는 더 넓은 연결이었다. 하지만 그 넓음이 독이 되었다. 사용자의 피드에는 고등학교 동창의 결혼식 사진,

직장 상사의 휴가 자랑, 정치 뉴스의 댓글 전쟁, 내가 어제 검색한 운동화 광고가 뒤섞여 뜬다. 이를 사회학에서는 맥락의 붕괴라고 부른다. 공적인 관계와 사적인 관계, 광고와 정보가 구분 없이 쏟아지는 곳에서 사용자는 피로감을 느낀다. 사용자는 입을 다문다. 내 진짜 속마음을 쓰기엔 보는 눈이 너무 많고, 남의 글에 댓글을 달기엔 관계가 너무 얕다. 페이스북은 거대한 도시의 광장과 같다. 사람은 넘쳐나지만, 정작 아는 사람은 없고 시끄러운 전단지(광고)만 날리는 곳. 그래서 사람들은 이곳을 소통의 공간이 아니라 눈팅의 공간으로 소비할 뿐이다. 관계의 넓이는 지구 끝까지 닿아있지만, 깊이는 종이 한 장보다 얇다.

당근은 동네 인증이라는 족쇄를 스스로 채웠다. 이 불편한 제약이 역설적으로 강력한 신뢰를 만들었다. 내 물건을 사러 올 사람이 어디에 사는 모르는 사람이 아니라 같은 동네 주민이라는 사실은 심리적 안전감을 준다. 이 안전감은 거래를 넘어선 커뮤니티를 만든다. 당근에는 "벌레 좀 잡아주세요", "잃어버린 강아지를 찾습니다", "맛있는 반찬 가게 추천해주세요" 같은 지극히 사적이고 구체적인 글들이 올라온다. 그리고 이웃들은 여기에 진심으로 반응한다. 슬리퍼를 신고 나가 "당근이세요?"라고 묻는 오프라인의 만남은, 온라인의 좋아요 버튼과는 비교할 수 없는 강력한 유대감을 형성한다. 당근은 낯선 사람을 경계해야 하는 온라인 정글 속에 지어진 따뜻한 마을회관이다. 관계의 범위는 좁지만, 그 깊이는 단단하다.

페이스북과 당근의 차이는 비즈니스 모델의 본질을 꿰뚫는다. 페이스북은 사용자를 광고를 시청하는 눈으로 본다. 체류 시간을 늘려 광고를 하나라도 더 보여주는 게 목표다. 한편 당근은 사용자를 거래하고 돕는 이웃으로 본다. 신뢰가 쌓여야 거래가 일어나고 플랫폼이 성장하기 때문이다. 이제 사람들은 의미 없는 좋아요 100개보다, 나에게 진짜 도움이 되는 이웃 1명과의 연결을 원한다. 플랫폼의 권력은 더 이상 거대한 트래픽이 아니라, 그 안에서 흐르는 끈끈한 트러스트(Trust)로 이동했다. 당근의 성공은 "가장 좁은 것이 가장 강력하다"는 하이퍼 로컬(Hyper-local)의 힘을 증명한다.

2) 슈퍼앱에서 마이크로 플랫폼으로

지난 몇 년간 IT 기업들의 꿈은 슈퍼앱이 되는 것이었다. 중국의 위챗(WeChat)처럼, 앱 하나만 켜면 채팅, 송금, 쇼핑, 예약, 게임까지 모든 것을 해결하게 만드는 전략이다. 기업 입장에서는 사용자를 가둬두기에 가장 좋은 방법이었기에, 너도나도 기능을 덧붙여 몸집을 불렸다. 하지만 사용자들의 반응은 달랐다. 앱이 무거워지고 복잡해질수록 피로감을 느꼈다. 옷만 사고 싶은데 왜 자꾸 대출 광고가 뜨는지 불만이 터져 나왔다.

여기서 언번들링(Unbundling) 현상이 시작된다. 거대하게 묶여 있던 기능들이 쪼개져서 전문화된 마이크로 플랫폼으로 독립해 나가는 것이다. 이들은 모든 사람을 만족시키려 하지 않는다. 대신 낚시, 인테리어, 한정판 스니커즈, 웹소설 등 특정 분야에 미친 사람들을 위한 성지가 되기를 자처한다. 슈퍼앱이 넓고 얕은 다이소라면, 마이크로 플랫폼은 주인의 취향이 확실한 성수동 편집숍이다.

사람들이 마이크로 플랫폼에 열광하는 이유는 디테일이 있기 때문이다. 종합 쇼핑몰에서는 '청바지'를 검색하면 가격순으로 나열해주지만, 패션 전문 플랫폼에서는 핏, 두께감, 신축성, 코디 추천까지 보여준다. 인테리어 앱에서는 가구 치수만 보여주는 게 아니라, 실제 20평대 아파트에 배치된 남의 집들이 사진을 보여준다. 슈퍼앱이 기능을 제공한다면, 마이크로 플랫폼은 그 분야의 문화와 맥락을 제공한다. 미래의 플랫폼 전쟁은 누가 더 많은 기능을 넣느냐가 아니라, 누가 고객의 취향을 더 뾰족하게 파고드느냐에 의해 판가름날 것이다.

* 오픈마켓 vs 버티컬 플랫폼

가구를 사려는 소비자의 여정을 따라가보면 두 플랫폼의 결정적인 차이가 극명하게 드러난다. 먼저 쿠팡이나 11번가 같은 오픈마켓의 경우를 보자. 소비자가 검색창에 '3인용 소파'를 입력하면 수만 개의 상품 리스트가 쏟아진다. 이곳의 필터는 철저하게 가격순이나 판매량순 같은 이성적인 데이터에 맞춰져 있다. 상세 페이지를 눌러봐도 제품만 덩그러니 놓인 사진과 가로세로 치수 같은 딱딱한 스펙뿐이다. 소비자는 이 소파가 우리 집 거실과 어울릴지 상상하기 어렵다. 감성적인 판단을 포기하고 최저가와 배송 속도만을 따진다. 이곳에서의 쇼핑은 설렘이 없는 건조한 숙제와 같다. 휴지나 생수 같은 생필품을 살 때는 효율적이지만, 취향이 중요한 물건을 살 때는 실패할 확률이 높다.

버티컬 플랫폼(전문 앱)인 '오늘의집'에서의 경험은 전혀 다르다. 이곳의 소비자는 검색창 대신 '온라인 집들이' 탭을 먼저 켠다. 그리고 나와 비슷한 평수에 사는 신혼부부가 거실을 어떻게 꾸몄는지, 남의 집을 구경한다. 잘 꾸며진 거실 사진을 보며 저런 분위기에서 살고 싶다고 느끼면 사진 속 소파 위에 찍힌 태그를 눌러 상품을 확인한다. 가구라는 물건을 사는 게 아니라, 그 가구가 놓인 라이프 스타일과 분위기를 통째로 구매하는 것이다. 또한 댓글을 통해 묻고 답하며 커뮤니티 문화를 즐긴다.

종합 쇼핑몰이 물건을 빠르게 공급하는 거대 창고라면, 버티컬 플랫폼은 취향을 제안하고 문화를 파는 편집숍이다. 소비자는 전자에선 100원이라도 싼 것을 찾지만, 후자에선 자신의 취향을 만족시키는 물건이라면 기꺼이 더 비싼 비용을 지불한다. 이것이 바로 이용자 수가 훨씬 적은 마이크로 플랫폼이 거대 슈퍼앱을 이기고 충성 고객을 확보하는 비결이다.

3) API 생태계와 오픈플랫폼 전략

이러한 마이크로 플랫폼들이 거대 자본 없이도 대기업과 싸워 이길 수 있는 비결은 API 생태계에 있다. API란 쉽게 말해 소프트웨어끼리 대화할 수 있는 연결 고리다. 과거에는 플랫폼 하나를 만들려면 지도, 결제, 본인 인증, 채팅 기능을 전부 밑바닥부터 직접 개발해야 했다. 엄청난 비용과 시간이라는 진입 장벽이 있었다. 하지만 지금은 이 모든 기능이 레고 블록처럼 쪼개져서 API 형태로 판매된다. 지도가 필요하면 구글 맵 API를 가져다 쓰고, 결제가 필요하면 토스 페이 API를 붙이고, 채팅이 필요하면 센드버드 API를 심으면 된다.

이것은 비즈니스 전략의 근본적인 변화를 의미한다. 과거의 기업들이 모든 기술을 내재화하여 성벽을 쌓는 폐쇄형 전략을 취했다면, 지금은 외부의 좋은 기술을 적극적으로 가져와 조립하는 개방형 전략이 필수다. 이제 플랫폼 비즈니스의 핵심 역량은 모든 것을 다 만드는 능력이 아니라, 최고의 부품을 찾아내어 우리 서비스에 맞게 최적화하는 조립 능력이다. 덕분에 스타트업은 기술 개발에 힘을 빼는 대신, 오직 고객의 문제를 해결하는 아이디어와 기획력에만 집중할 수 있다.

이 차이를 극명하게 보여주는 것이 여행 앱을 만드는 두 회사의 사례다. 전통적인 A 여행사는 나만의 앱을 만들기 위해 개발자 50명을 채용했다. 전 세계 호텔 데이터베이스를 직접 구축하고, 자체 결제 시스템을 개발하고, 지도 기능까지 만드느라 2년이라는 시간과 50억 원의 돈을 쏟아부었다. 하지만 막상 앱을 내놓았을 때 트렌드는 이미 변해 있었고, 자체 개발한 지도와 결제 시스템은 구글과 토스보다 불편해서 외면받았다. 모든 것을 소유하려다 타이밍을 놓친 것이다.

반면 B 스타트업은 개발자 3명으로 시작했다. 그들은 아무것도 직접 만들지 않았다. 지도는 구글 맵 API를, 숙소 정보는 익스피디아 파트너 API를, 결제는 스트라이프 API를 연동했다. 그들이 직접 개발한 것은 오직 여행자들의 취향을 분석해 코스를 추천해주는 알고리즘 하나뿐이었다. 앱 출시에 걸린 시간은 고작 3개월, 비용은 1억 원도 들지 않았다. 고객들은 구글 지도의 정확함과 익스피디아의 방대한 숙소 정보를 그대로 누리면서, B 스타트업만의 독창적인 추천 서비스를 즐겼다. 연결의 힘이 소유의 힘을 압도한 것이다.

4) 플랫폼의 민주화는 연결의 민주화다

지금까지 플랫폼이라는 단어는 거대 테크 기업의 전유물이었다. 우버나 에어비앤비 같은 플랫폼을 만들려면 수백 명의 개발자와 천문학적인 서버 비용이 필요했기 때문이다. 이것은 그 자체로 거대한 진입 장벽이었고, 플랫폼 비즈니스는 자본가들만이 꿀 수 있는 꿈이었다. 하지만 앞서 살펴본 API 생태계와 마이크로 플랫폼의 부상은 이 견고했던 성벽을 무너뜨렸다. 이제는 플랫폼의 민주화 시대다.

여기서 말하는 민주화의 본질은 소유에서 연결로의 이동이다. 과거에는 플랫폼을 운영하기 위해 기술을 직접 소유해야 했지만, 이제는 흩어져 있는 기술들을 연결하기만 하면 된다. 결제, 지도, 채팅, 물류 등 필요한 모든 기능이 API라는 부품으로 나와 있고, 코딩을 몰라도 이 부품들을 조립해주는 노코드 툴이 존재한다. 기술적 장벽이 제로에 수렴한 것이다. 이제 아이디어와 커뮤니티 장악력만 있다면, 방구석에서 주말 이틀이면 자신만의 플랫폼을 뚝딱 만들어낼 수 있다.

이러한 변화는 비즈니스의 권력을 기술을 가진 자에서 맥락을 아는 자에게로 옮겨놓았다. 동네 조기축구회 총무가 있다고 치자. 예전에는 회비를 걷고 일정을 공지하는 게 고작이었지만, 지금은 노코드 툴을 이용해 우리 동네 축구 매칭 플랫폼을 만들 수 있다. 대기업 개발자가 아무리 뛰어난 코딩 실력을 가졌다 한들, 이 총무가 가진 동네 사람들과의 끈끈한 관계와 축구장 예약의 디테일한 맥락을 이길 수는 없다. 기술이 평준화되자, 오히려 기술 너머에 있는 인간적인 관계와 디테일이 승패를 가르는 핵심 무기가 된 것이다.

플랫폼의 민주화는 곧 연결의 민주화다. 누구나 사람을 모으고, 연결하고, 그 안에서 가치를 창출할 수 있는 권력을 갖게 되었다. 더 이상 거대 슈퍼앱이 만들어놓은 규칙에 종속될 필요가 없다. 스스로 주인이 되어 작지만 단단한 나만의 생태계를 구축할 수 있는 세상, 이것이 기술이 선물한 진정한 플랫폼의 미래다.

05

대기업과
스타트업의 공진화

과거 비즈니스 정글에서 대기업과 스타트업의 관계는 단순했다. 큰 물고기가 작은 물고기를 잡아먹거나, 대기업이 하청업체에 일방적으로 지시를 내리는 수직적인 관계였다. 스타트업에 있어서 대기업은 넘어야 할 벽이거나, 언젠가는 나를 집어삼킬 포식자였다. 하지만 기술의 발전 속도가 빨라지면서 이 생태계에 이상 기류가 흐르기 시작했다. 덩치가 큰 공룡(대기업)들은 급변하는 환경에 적응하기엔 몸이 너무 무거워졌고, 날렵한 포유류(스타트업)들은 환경에 적응은 잘했지만 덩치를 키울 자원이 부족했다.

여기서 공진화라는 새로운 생존 전략이 등장한다. 공진화란 서로 다른 두 종이 상호작용하며 함께 진화하는 생물학적 현상을 말한다. 악어와 악어새처럼, 대기업과 스타트업은 이제 서로의 결핍을 채워주는 필수 불가결한 파트너가 되었다. 대기업은 스타트업의 속도와 혁신을 수혈받고, 스타트업은 대기업의 자본과 인프라를 발판 삼아 성장한다. 이제 이들은 경쟁자가 아닌 동반자로서 생존을 위한 새로운 판을 짜고 있다. 홀로 살아남기엔 세상이 너무 복잡하고 빨라졌기 때문이다.

1) 스타트업과 대기업이 협력하는 이유

대기업과 스타트업이라는 이질적인 두 조직이 손을 잡는 이유를 표면적으로는 상생이나 동반 성장이라고 포장하곤 한다. 하지만 그 내막을 들여다보면, 낭만적인 협력이 아니라 철저하게 계산된, 생존을 위한 비대칭적 교환이다. 내가 가진 것은 상대방에게 없고, 상대방이 가진 것은 나에게 절실하기 때문에 맺는 전략적 동맹인 것이다.

첫째, 대기업은 돈으로 시간과 실패할 권리를 산다. 대기업의 가장 큰 딜레마는 혁신의 역설이다. 조직이 커질수록 시스템은 안정화되지만, 그만큼 의사결정 속도는 느려지고 리스크를 회피하려는 보신주의가 팽배해진다. 대기업 내부에서 "이거 실패하면 누가 책임질 거야?"라는 말이 나오는 순간, 혁신은 죽는다. 그들은 기존의 성공 방정식을 지키는 데 최적화되어 있기에, 살을 깎아먹는 파괴적 혁신을 내부에서 일으키기란 불가능에 가깝다. 이때 스타트업은 대기업을 대신해 위험한 도전을 감행하는 특공대 역할을 한다. 대기업은 스타트업에 투자함으로써 실패의 리스크를 외주화한다. 스타트업이 망해도 투자금 일부를 손해 보는 선에서 끝나고, 성공하면 그 과실을 인수합병(M&A)이나 지분 투자를 통해 흡수할 수 있다. 대기업이 직접 개발했다면 3년이 걸리고 수십억 원이 들었을 신기술을 스타트업과의 협력을 통해 단 몇 개월 만에 검증하고 확보하는 것이다. 대기업에 있어서 스타트업은 둔해진 공룡의 몸집을 대신해 정글을 누비는 날렵한 사냥개와 같다.

둘째, 스타트업은 아이디어를 현실로 만들 인프라를 빌린다. 스타트업이 가진 것은 아이디어와 기술뿐이다. 이것을 비즈니스로 완성하기 위해 넘어야 할 죽음의 계곡은 너무나 깊다. 아무리 혁신적인 제품을 개발해도 그것을 대량 생산할 공장이 없고, 전국에 깔아놓을 물류망이 없으며, 무엇보다 이름없는 회사의 물건을 믿고 사줄 고객의 신뢰가 없다. 이 인프라를 바닥부터 직접 구축하려면 천문학적인 비용과 10년의 세월이 필요하다.

이때 대기업은 스타트업에 고속도로를 깔아준다. 스타트업은 대기업의 유휴 생산 라인을 활용해 시제품을 양산하고, 대기업이 가진 수천만 명의 고객 데이터베이스에 접근해 마케팅을 펼친다. 삼성전자가 투자한 기업이라든가 현대차와 협력하는 기술이라는 타이틀 하나만으로도 스타트업은 시장의 신뢰를 단숨에 확보한다. 스타트업은 대기업의 등을 빌려 탐험가에서 정복자로 도약하는 시간을 획기적으로 단축하는 것이다.

셋째, 서로 다른 DNA의 결합이 만드는 시너지다. 이들의 협력은 속도와 규모의 결합이다. 대기업은 항공모함 같아서, 먼바다를 항해할 연료와 안정감은 있지만 방향을 트는 데는 한참 걸린다. 이와 달리, 스타트업은 쾌속정처럼 방향 전환이 자유롭고 좁은 수로도 통과할 수 있지만, 연료가 부족하고 파도에 뒤집히기 쉽다. 항공모함은 쾌속정을 싣고 다니다가, 미지의 영역이나 위험한 해협이 나타나면 쾌속정을 띄워 먼저 정찰을 보낸다. 쾌속정이 새로운 항로를 발견하면 항공모함은 그 뒤를 따라 안전하게 진입한다. 이처럼 서로의 약점을 완벽하게 보완하는 공진화 시스템이야말로 불확실성이 지배하는 현대 비즈니스 환경에서 기업들이 살아남는 유일한 방식이다.

* 대기업 물류와 로봇 스타트업의 공진화 모델

국내 물류 업계에서는 대기업과 로봇 스타트업 간의 공진화가 빠르게 진행되고 있다. 국내 1위권의 대형 물류사는 폭증하는 택배 물량과 인력 부족으로 자동화의 필요성이 급격히 높아졌지만, 로봇·AI 엔지니어링 역량을 자체적으로 확보하기에는 한계가 있었다. 반면 여러 로봇 스타트업에서는 세계적 수준의 자율주행 기술을 갖추고도 실제 물류센터처럼 복잡한 환경에서 기술을 검증할 기회를 얻기 어려웠다. 사무실 바닥에서의 테스트와 수만 개의 박스와 지게차가 오가는 실제 현장 환경은 근본적으로 다르기 때문이다. 이런 상황에서 대형 물류사들은 스타트업에 물류센터를 테스트베드로 제공했고, 스타트업은 현장에서 수집한 방대한 데이터를 기반으로 로봇 성능을 고도화했다. 이후 상용화 가능성이 충분히 검증된 솔루션은 전국 물류센터에 단계적으로 도입되었다. 그 결과 대기업은 대규모 개발비를 투입하지 않고도 빠르게 자동화 역량을 확보할 수 있었고, 스타트업은 국내 1위급 고객사를 레퍼런스로 얻으며 성장의 발판을 마련했다. 대기업과 스타트업이 서로의 부족함을 채우며 함께 성장한, 전형적인 공진화 모델이다.

2) 오픈이노베이션·CVC·액셀러레이터의 역할

대기업이 스타트업과 손을 잡아야 한다는 당위성이 있다면 구체적으로 어떻게 잡을 것인가? 과거에는 단순히 하청 계약을 맺거나 회사를 통째로 인수하는 등 선택지가 제한적이었다. 하지만 지금은 훨씬 더 정교하고 체계적인 방법론이 자리 잡았다. 바로 오픈이노베이션(Open Innovation)이라는 큰 철학 아래, CVC(기업형 벤처캐피털)라는 자본의 파이프라인과 액셀러레이터(Accelerator)라는 육성의 파이프라인을 동시에 가동하는 것이다. 이는 닫혀 있던 대기업의 성문을 열고 외부의 신선한 공기를 불어넣는 핵심 장치다.

가장 먼저 변화한 것은 기업의 R&D 철학이다. 과거 대기업의 연구소는 철통 보안에 갇힌 비밀 요새였다. 모든 기술을 내부 직원들이 직접 개발해야 한다는 NIH(Not Invented Here, 여기서 발명되지 않은 것은 믿지 않는다) 신드롬이 지배했다. 하지만 기술의 발전 속도가 내부 개발 속도를 추월하면서 이 요새는 무너졌다. 이제 대기업은 세상의 모든 똑똑한 사람이 자신의 회사에서 일할 수는 없다는 사실을 받아들인다. 기업 내부의 지식을 밖으로 내보내거나, 외부의 아이디어를 안으로 가져와 새로운 가치를 만드는 오픈이노베이션을 선언한 것이다. 그러면서 대기업은 모든 것을 직접 만드는 제조자가 아니라, 외부의 기술 블록을 가져와 조립하고 연결하는 플랫폼으로 변모하고 있다.

이 개방된 문을 통해 들어온 스타트업을 전략적으로 묶어두는 역할은 CVC

가 맡는다. 일반적인 벤처캐피털(VC)이 오직 돈(재무적 이익)을 벌기 위해 투자한다면, 대기업이 직접 운영하는 CVC는 생존(전략적 이익)을 위해 투자한다. CVC는 당장의 수익률보다 이 스타트업의 기술이 회사의 본업과 얼마나 시너지를 낼 수 있는지를 본다. 대기업에 있어서 CVC 투자는 일종의 레이더를 켜는 행위다. 미래에 우리 회사를 위협할지도 모르는 기술 혹은 차세대 먹거리가 될 기술을 가진 스타트업을 미리 발굴하고 지분을 섞음으로써, 필요하다면 언제든 M&A로 이어갈 수 있는 교두보를 확보하는 것이다.

투자가 자본을 섞는 것이라면, 사내 액셀러레이터는 스타트업을 직접 길러내는 인큐베이터 역할을 한다. 삼성전자의 C랩이나 현대차의 제로원처럼, 대기업은 유망한 스타트업을 선발해 사무실과 멘토링을 제공하고, 무엇보다 자신들이 가진 방대한 데이터와 실험장을 개방한다. 스타트업은 대기업의 인프라를 마음껏 쓰며 제품을 고도화하고, 대기업은 이들을 곁에 두고 지켜보며 경직된 조직문화에 야생성을 이식한다.

3) 빠른 혁신은 혼자보다 함께일 때 완성된다

과거의 혁신은 고독한 천재 혹은 독점적 기업의 산물이었다. 에디슨이 실험실에서 수천 번의 실패를 거듭하며 전구를 발명하거나, 헨리 포드가 고무 농장부터 부품 공장까지 모든 것을 소유하는 수직 계열화를 통해 자동차 제국을 건설하는 것이 성공의 정석이었다. 하지만 오늘날의 기술은 한 기업이 홀로 감당하기에는 너무나 복잡하고 거대해졌다. 단적인 예로 전기차 한 대를 만들기 위해서는 배터리 화학 기술, 자율주행 AI, 고성능 반도체, 차량 제조 기술이 모두 세계 최고 수준이어야 한다. 이 모든 것을 한 기업이 내부에서 처음부터 끝까지 개발하려다가는, 시제품이 나오기도 전에 경쟁자들에게 뒤처져 시장에서 도태되고 만다.

현대 비즈니스에서 협력은 도덕적 선택이 아닌, 생존을 위한 속도전의 유일한 전략이다. 내부 R&D를 통해 0에서 1을 만드는 과정은 가치 있지만 너무나 느리다. 한편 이미 1을 만들어놓은 외부 파트너와 손을 잡으면, 기업은 지루한 기초 개발 단계를 건너뛰고 1에서 100으로 가는 확장의 단계로 진입할 수 있다. 이것은 타임머신을 타는 것과 같다. 협력을 통해 개발 기간을 5년에서 1년으로 단축할 수 있다면, 기업은 4년이라는 시간을 버는 셈이다. 이제 위대한 기업의 조건은 모든 것을 발명하는 능력이 아니라, 세상에 흩어진 혁신을 빠르게 찾아 내어 조립하고 연결하는 능력으로 재정의되고 있다.

이 원리를 역사상 가장 극적으로 증명한 사례가 바로 코로나19 백신 개발이다. 통상적으로 새로운 백신 하나를 개발하여 상용화하는 데는 평균 10년이 걸린다. 하지만 화이자(Pfizer)와 바이오엔테크(BioNTech)의 연합은 이 기간을 단 1년으로 단축했다. 당시 거대 제약사 화이자는 막대한 자본력과 전 세계적인 임상 실험 노하우, 글로벌 유통망을 가지고 있었지만, 정작 바이러스를 막아낼 핵심 기술인 mRNA 원천 기술은 부족했다. 반면 독일의 작은 바이오 벤처였던 바이오엔테크는 혁신적인 mRNA 기술을 보유하고 있었지만, 이를 약으로 만들어 전 세계에 뿌릴 생산 설비와 자금이 없었다.

각자도생했다면 화이자는 기술 개발에만 수년을 허비했을 것이고, 바이오엔테크는 공장을 짓다가 파산했을지도 모른다. 하지만 두 회사는 계산기를 두드리는 대신 전면적인 협력을 택했다. 바이오엔테크가 백신의 설계도를 보내면, 화이자가 생산과 유통을 맡는 식이었다. 그 결과 인류 역사상 가장 빠른 속도로 백신이 공급되었고, 두 기업은 천문학적인 매출과 함께 인류를 구했다는 명성까지 얻었다.

이 사례는 명확한 교훈을 준다. 복잡하고 급변하는 세상에서 혁신은 더 이상 혼자만의 고독한 레이스가 아니다. 서로 다른 강점을 가진 파트너가 등을 맞대고 달릴 때, 혁신은 비로소 완성된다.

4) 속도의 경쟁에서 생태계의 경쟁으로

지금까지 기업이 얼마나 빠르게 혁신하고 적응해야 하는지, 속도의 중요성을 이야기했다. 하지만 속도는 생존을 위한 필요조건일 뿐, 최후의 승자가 되기 위한 충분조건은 아니다. 아무리 빠른 쾌속정도 거대한 함대를 이길 수는 없기 때문이다. 이제 경쟁의 단위가 바뀌었다. 과거에는 삼성전자 대 애플, 나이키 대 아디다스라는 개별 기업 간의 제품 경쟁이었다면, 이제는 그 기업이 거느린 파트너, 개발자, 사용자가 얽히고설킨 생태계 대 생태계의 전쟁으로 확전되었다.

이 변화의 핵심은 고립된 천재의 몰락이다. 아무리 뛰어난 성능을 가진 제품이라도 홀로 존재해서는 살아남을 수 없다. 스마트폰 시장을 예로 들어보자. 과거 노키아나 블랙베리는 기계 자체의 성능은 훌륭했지만, 그 안에서 구동될 앱을 만드는 개발자 생태계를 구축하지 못해 멸망했다. 하지만 애플과 구글은 제품을 판 것이 아니라 '판'을 깔았다. 그들은 전 세계의 개발자들에게 도구를 쥐여주고 수익을 나누며 거대한 우군으로 만들었다. 그 결과 소비자는 아이폰이라는 기계가 아니라, 수백만 개의 앱이 존재하는 iOS 생태계를 구매했다. 일단 이 거대하고 편리한 숲에 들어온 사용자는 다른 곳으로 떠나지 못한다. 이것이 바로 생태계가 가진 무서운 중력이다.

미래 비즈니스의 승패는 누가 더 풍요로운 숲을 만드는가에 달려 있다. 기업은 이제 제품을 만드는 제조사가 아니라 참여자들의 성장을 돕는 정원사가 되어야 한다. 내가 모든 이익을 독점하는 것이 아니라, 파트너(스타트업), 공급자, 사용자까지 내 생태계 안에서 돈을 벌고 혜택을 누리게 설계해야 한다. 엔비디아(NVIDIA)가 AI 칩 시장을 독점할 수 있었던 진짜 비결도 칩의 성능 때문만이 아니라, 수백만 명의 AI 개발자들이 엔비디아의 칩으로만 코딩할 수 있게 만든 쿠다(CUDA)라는 소프트웨어 생태계를 20년 전부터 공들여 키워왔기 때문이다. 경쟁자들이 더 빠른 칩을 들고나와도, 이미 엔비디아의 언어에 익숙해진 개발자들은 그 숲을 떠나지 않는다.

기술의 민주화는 기업의 진입 장벽을 허물고, 일하는 방식을 바꿨으며, 산업의 경계를 지워버렸고, 플랫폼의 권력을 분산시켰다. 마침내 대기업과 스타트업이 서로를 필요로 하며 거대한 생태계를 이루는 공진화의 단계까지 왔다. 이제 기업 혼자만의 힘으로 세상을 바꾸는 영웅의 시대는 끝났다. 당신의 곁에 누가 있는가? 당신은 누구와 연결되어 있는가? 이 질문에 답할 수 있는 기업만이 다음 세대의 패권을 쥘 수 있을 것이다.

지난 200년간 인류를 지탱해온 성공 방정식은 단순하고 명쾌했다. 20년 동안 학교에서 배우고, 나머지 40년 동안 그 지식을 써먹으며 일한다는 것이었다. 이 모델에서 학교는 지식이라는 연료를 머릿속에 가득 채워주는 주유소였고, 졸업장은 그 연료가 가득 찼음을 증명하는 영수증이었다. 우리는 정해진 답을 암기하고, 실수를 줄이며, 표준화된 인재가 되기 위해 치열하게 경쟁했다. 그것이 산업화 시대가 요구하는 미덕이었기 때문이다.

하지만 AI와 기술의 민주화는 이 견고했던 시스템에 파산 선고를 내렸다. 이제 지식의 유통기한은 10년은커녕 6개월도 채 되지 않는다. 대학에서 4년 동안 배운 코딩 문법은 졸업할 때쯤이면 구형 모델이 되어버리고, 달달 외웠던 법률 지식이나 외국어 단어는 AI가 1초 만에 더 정확하게 찾아낸다. 아는 것이 권력이던 시대는 끝났다. 누구나 스마트폰만 켜면 인류의 모든 도서관에 접속할 수 있는 세상에서, 지식의 축적은 더 이상 경쟁력이 될 수 없다.

이제 우리는 근본적인 질문을 던져야 한다. AI가 모든 답을 알고 있는 세상에서, 인간은 도대체 무엇을 배워야 하는가?

PART 3에서는 배움의 정의가 저장에서 창조로 이동하는 거대한 전환을 다룬다. 미래의 인재는 교실 책상에 앉아 정답을 듣는 학생이 아니라, AI라는 도구를 손에 쥐고 세상에 없던 가치를 만들어내는 메이커다. 교육의 목표는 지식의 주입에서 질문하는 능력과 문제를 해결하는 근육을 키우는 것으로 바뀌어야 한다. 학교의 담장은 무너지고, 기업은 또 다른 학교가 되며, 배움은 졸업과 함께 끝나는 숙제가 아니라 평생 숨 쉬듯 계속되는 삶의 방식이 된다.

기술이 인간의 손과 발을 해방시켰다면, 이제 인간의 머리와 가슴은 어디를 향해야 하는가? 무너진 교실과 달라진 일터, 그리고 그 속에서 다시 쓰이는 성장의 법칙을 탐구한다.

PART 3

배움과 사회의 전환

01

배우는 사람이
만드는 사람으로

오랫동안 배움을 준비의 동의어로 착각해왔다. 초등학교부터 대학까지 16년이라는 긴 시간 동안, 사회에 나가기 위한 준비 과정이라는 명목하에 교실 책상에 얌전히 앉아 있었다. 교육의 목표는 명확했다. 선생님이 칠판에 적어주는 지식을 머릿속에 최대한 많이, 정확하게 집어넣는 것이다. 우리는 지식의 생산자가 아니라, 거대한 지식의 컨베이어벨트 위에서 정보를 받아먹기만 하는 수동적인 소비자였다.

하지만 AI와 기술의 민주화는 이 오랜 침묵의 카르텔을 깼다. 이제는 코딩 문법을 완벽하게 외우지 않아도 앱을 만들 수 있고, 화성학을 몰라도 작곡을 할 수 있으며, 미대 입시를 치르지 않아도 그림을 그릴 수 있다. 아이디어만 있다면 실행을 가로막던 기술적 장벽이 사라진 것이다. 이것은 무엇을 의미하는가? 더이상 준비를 핑계로 실행을 미룰 필요가 없다는 뜻이다.

이제 배움의 정의는 다시 쓰여야 한다. 미래의 인재는 지식을 소비하는 학생이 아니라, 기술이라는 도구를 이용해 세상에 없던 가치를 만들어내는 메이커다. 배우고 나서 만드는 것이 아니라, 만들면서 배운다. 교실은 지식을 주입하는 곳이 아니라, 프로젝트를 실험하는 공방으로 바뀌어야 한다. 펜 대신 AI를 쥐고, 정답 대신 해답을 찾아나서는 새로운 배움의 여정을 따라가보자.

1) 학습의 목적이 지식에서 실행으로 바뀐다

과거의 학습 모델은 Just-in-Case(만약에 대비한)였다. 이는 언젠가 쓸지도 모르는 지식을 머릿속 창고에 미리 가득 채워두는 방식이다. 우리는 사회에서 어떤 문제를 만날지 모르니, 국어, 영어, 수학, 역사를 미리미리 통조림처럼 비축해두어야 했다. 이 모델에서 가장 중요한 능력은 암기력과 성실함이었다. 실행은 모든 준비가 끝난 먼 훗날의 일이었고, 준비가 덜 된 상태에서의 실행은 무모한 짓으로 취급받았다.

하지만 AI 시대의 학습 모델은 Just-in-Time(필요할 때 배우는)으로 180도 바뀌었다. 이제는 모든 것을 미리 배워둘 필요가 없다. 문제를 마주한 그 순간, AI를 통해 필요한 지식을 찾아내고 바로 적용하면 된다. 반도체 공장이 재고를 쌓아두지 않고 필요한 부품을 그때그때 조달하듯, 지식도 필요할 때 바로 꺼내 쓰는 스트리밍의 대상이 된 것이다.

쉽게 이야기하면, 다운로드의 시대에서 스트리밍의 시대로 바뀐 셈이다, 지난 수 세기 동안 인류의 학습 방식은, 인터넷이 없던 시절에 영화를 보려고 하드디스크에 파일을 미리 받아두는 다운로드 방식과 같았다. 언제 필요할지 모르니 국어, 영어, 수학, 역사라는 방대한 지식 파일을 머릿속 창고에 만약을 대비해 꾸역꾸역 저장해야 했다. 학교는 누가 더 많은 파일을 저장했는지 용량을 검사하는 곳이었다. 하지만 이 방식은 유효기간이 끝났다. 세상이 너무 빨리 변해서, 힘들게 저장해둔 지식 파일이 써보기도 전에 낡은 데이터가 되어버리기 때문이다. 1학년 때 배운 최신 코딩 기술이 졸업할 때면 이미 아무도 안 쓰는 기술이 된다.

영화를 보고 싶을 때 넷플릭스를 켜서 바로 재생하듯이, 지식도 문제가 생긴 그 순간에 AI를 통해 찾아 쓰면 된다. 평소에 모든 것을 외우고 다닐 필요가 없다. 중요한 것은 내 머릿속에 얼마나 많은 재고가 쌓여 있느냐가 아니라, 지금 내 앞에 닥친 문제를 해결하기 위해 어떤 지식이 필요한지 정의하고, 그것을 AI로부터 빠르게 추출해내는 큐레이션 능력이다. 지식은 소유하는 재산이 아니라, 필요할 때 쓰고 돌려주는 공유 자전거 같은 존재가 되었다.

이로 인해 배움의 순서가 역전되었다. 과거에는 이론 공부→실습→결과물의 순서였다면, 이제는 아이디어→AI로 결과물 도출→부족한 이론 보충의 순서로 간다. 앱을 만들고 싶다면 코딩 책을 펴는 게 아니라, AI에 코드를 짜달라고 해서 일단 앱을 만든 다음, 앱을 고치는 과정에서 필요한 문법을 역으로 배운다.

이제 지식은 목적이 아니라, 실행을 위한 재료이자 도구가 되었다. 실행하지 않는 지식은 가치가 없다. 과거의 우등생이 얼마나 많이 아는지 자랑했다면, 미래의 인재는 당장 무엇을 만들 수 있는지 증명한다. 머릿속 재고량이 아니라, 문제를 해결하는 처리 속도가 학습의 새로운 척도가 된 것이다.

2) 챗GPT, 듀오링고, 코세라의 사례

오랫동안 양질의 교육은 비쌌고, 멀었으며, 불친절했다. 나에게 딱 맞는 1:1 과외를 받으려면 비싼 돈(비용)이 들었고, 세계적인 석학의 강의를 들으려면 유학(장소)을 가야 했으며, 진도를 못 따라가면 낙오되기 일쑤(표준화)였다. 하지만 AI 기술은 이 견고했던 교육의 3대 장벽을 동시에 무너뜨렸다.

이제 우리는 인류 역사상 처음으로 누구나, 어디서나, 무료에 가까운 비용으로 나만의 AI 개인 교사를 주머니에 넣고 다니는 시대를 맞이했다. 이 선생님은 잠도 자지 않고, 화내지도 않으며, 내가 이해할 때까지 반복해서 끊임없이 설명해준다. 이러한 교육의 개인화와 접근성의 민주화는 다음의 혁신의 현장에서 가장 극적으로 드러난다.

＊ 챗GPT: 무엇이든 물어보는 소크라테스형 튜터'

가장 극적인 학습의 혁명은 생성형 AI인 챗GPT에서 시작되었다. 지난 20년 간 모르는 것을 배우는 방식은 검색(Search)이었다. 구글 검색창에 키워드를 넣고, 광고와 낚시성 글이 뒤섞인 수십 개의 파란색 링크를 일일이 클릭하며 조각난 정보를 모아야 했다. 파편화된 정보를 머릿속에서 연결하고 이해하는 고단한 작업은 오롯이 학습자의 몫이었다. 하지만 챗GPT는 이 방식을 1:1 대화로 근본적으로 바꿨다. 더 이상 정보를 찾으러 웹을 돌아다닐 필요 없이, AI가 내 질문의 맥락을 완벽히 파악해 정제된 지식을 눈앞에 대령한다.

AI 튜터의 핵심 능력은 답변이 아닌 소크라테스식 문답법[1]에 있다. 파이선 코딩을 배우는 상황을 예로 들어보자. 과거의 방식이라면 두꺼운 문법책 1장부터 펴고, 변수가 무엇인지, 함수가 무엇인지, 지루한 이론부터 암기해야 했다. 그러다 보니 이 과정에서 흥미를 잃고 포기하는 경우가 부지기수였다. 하지만 챗GPT와 함께라면 순서가 뒤집힌다.

학습자가 다짜고짜 "테트리스 게임을 만들고 싶어. 기본 코드를 짜줘"라고 명령하면, AI는 그 실행 가능한 코드를 보여준다. 학습자는 눈앞에서 돌아가는 게임을 보며 흥미를 느끼고 질문을 던진다. "블록이 떨어지는 속도를 빠르게 하려면 어디를 고쳐야 해?" 그러면 AI는 특정 코드 줄을 가리키며 변수의 원리를 설명해준다. "이 숫자를 줄이면 속도가 빨라집니다. 자동차 액셀을 밟는 것과 같죠." 학습자의 수준에 맞춰 비유를 들거나, 반대로 전문가 수준의 심화 지식을 제공하는 실시간 적응형 학습이 일어나는 것이다.

학습자는 더 이상 정해진 커리큘럼을 수동적으로 따라가는 객체가 아니다. 자신의 호기심을 나침반 삼아 끊임없이 질문을 던지고, AI라는 거인의 어깨 위

1　교사가 일방적으로 지식을 주입하는 대신, 끊임없는 질문과 대화를 통해 학생 스스로 깨달음을 얻도록 유도하는 교육 방식.

에서 결과를 만들어내는 능동적인 주체가 된다. 지루한 준비의 과정을 건너뛰고, 곧바로 실행과 수정을 통해 원리를 깨우치는 것이 바로 챗GPT가 열어젖힌 새로운 배움의 방식이다.[29]

* 듀오링고(Duolingo): 포기를 모르는 AI 페이스메이커

외국어 학습 앱 듀오링고는 교육의 개인화가 헛된 구호가 아님을 증명한다. 지난 100년간의 공교육 시스템은 공장형 모델이었다. 30명의 학생을 한 교실에 몰아넣고, 똑같은 교과서로, 똑같은 속도로 진도를 나갔다. 이 방식은 필연적으로 낙오자를 만든다. 이해가 느린 학생은 수업을 못 따라가서 포기하고, 이해가 빠른 학생은 수업이 지루해서 흥미를 잃는다. 선생님 한 명이 30명의 수준을 일일이 맞추는 것은 물리적으로 불가능했기 때문이다.

하지만 듀오링고의 AI 알고리즘은 이 한계를 기술로 돌파했다. 듀오링고는 전 세계 5억 명의 사용자가 문제를 푸는 데이터를 실시간으로 분석한다. 사용자가 정답을 맞히는 데 걸리는 시간, 자주 틀리는 문법 패턴, 심지어 망설임까지

〈출처: 인터스트리뉴스〉

포착한다. 예를 들어 사용자가 과거 시제 문제에서 자꾸 머뭇거리거나 오답을 내면, AI는 귀신같이 약점을 파악한다. 그리고 다음 챕터로 넘어가는 대신, 과거 시제와 관련된 문제를 교묘하게 변형해서 반복적으로 제시한다. 반대로 실력이 좋으면 난도를 높여 지루할 틈을 주지 않는다.

이 앱의 또 다른 무기는 게이미피케이션(Gamification)이다. 학습은 본래 고통스러운 과정이지만, 듀오링고는 이를 게임으로 치환했다. 연속 출석 기록을 유지하기 위해 매일 앱을 켜게 만들고, 친구와 리그 경쟁을 붙여 승부욕을 자극한다. 알림 메시지 하나조차 AI가 이 시간에 보냈을 때 사용자가 가장 반응을 잘한다는 데이터를 바탕으로 해서 최적의 타이밍에 말을 건넨다.

듀오링고는 단순한 학습 도구가 아니다. 과거에는 돈 많은 소수만 고용할 수 있었던 유능한 1:1 원어민 과외 선생님을 무료로, 그것도 스마트폰 속에 넣어준 셈이다. 내가 지쳐 쓰러지려 할 때마다 난이도를 조절해주고 등을 떠밀어주는 AI 페이스메이커 덕분에, 수많은 평범한 사람들이 외국어라는 높은 장벽을 포기하지 않고 넘고 있다.[30]

* 코세라(Coursera): 언어의 장벽을 넘은 지식의 민주화

세계 최대의 온라인 교육 플랫폼 코세라는 AI 기술과 결합하여 지식의 민주화를 완성하고 있다. 과거 스탠퍼드나 예일 같은 명문 대학의 강의는 상아탑에 갇혀 있었다. 그 강의가 온라인에 공개된다 해도, 영어를 모국어처럼 구사하지 못하면 그림의 떡이었다. 복잡한 공학 용어와 교수의 빠른 억양은 비영어권 학습자에게 넘을 수 없는 4차원의 벽이었다. 또한 수천만 원에 달하는 학비와 체류비는 평범한 사람들에게 엘리트 교육을 허락하지 않았다.

하지만 생성형 AI와 신경망 번역 기술(NMT)의 결합은 이 견고한 성벽을 무너뜨렸다. 이제 코세라의 AI는 교수의 강의를 실시간으로 인식하여 전 세계 수십 개 언어로 자막을 달아준다. 단순한 직역이 아니라, 문맥과 전문 용어까지 고려한 매끄러운 번역이다. 덕분에 서울의 반지하방에 사는 학생도, 아프리카의 시골 소년도 실리콘밸리 엔지니어와 똑같은 수준의 최신 AI 기술 강의를 자국어로 편안하게 습득할 수 있다. 지식의 독점을 깨는 기술적 바벨탑이 세워진 셈이다.

더 놀라운 것은 코세라 코치(Coursera Coach)라 불리는 AI 챗봇 기능이다. 예전 온라인 강의의 단점은 모르는 게 있어도 물어볼 수 없다는 것이었다. 하지만 이제는 강의를 듣다 이해가 안 가는 부분이 생기면 영상을 멈추고 한국어로 질문한다. "방금 교수가 말한 경사 하강법이 무슨 뜻이야? 쉬운 예시로 설명해 줘." 그러면 AI는 강의 내용을 바탕으로 답변을 내놓고, 추가로 참고할 만한 자료까지 찾아준다.

코세라와 AI의 만남은 유학의 개념을 재정의했다. 비행기를 타고 국경을 넘지 않아도, 비싼 등록금을 내지 않아도, 영어를 완벽하게 못 해도 된다. 이제 최고급 지식에 접근하는 데 필요한 유일한 조건은 오직 배우고자 하는 의지뿐이다. 기술은 학습의 비용을 아주 낮추거나 0에 수렴하게 했고, 기회의 문을 전 인류에게 활짝 열어젖혔다.

3) 생성형 AI가 만든 '즉시 실습'의 시대

무언가를 배울 때 가장 많이 포기하는 구간은 어디일까? 바로 지루한 이론에서 재미있는 실습으로 넘어가기 직전이다. 이를 학습의 죽음의 계곡이라 부를 수 있을 것이다. 코딩을 예로 들면, 검은 화면에 Hello World를 띄우기 위해 환경 설정을 하고 변수와 자료형을 배우는 데만 몇 주가 걸린다. 그동안 학습자는 "내가 이걸 왜 하고 있지?"라는 회의감에 빠져 중도에 포기한다. 멋진 게임을 만들고 싶어서 시작했지만, 정작 게임은 구경도 못 해보고 문법책만 보다가 끝나는 것이다.

하지만 생성형 AI는 이 죽음의 계곡을 단숨에 메워버렸다. AI시대의 학습자는 이론을 건너뛰고 곧바로 결과물부터 마주한다. "벽돌 깨기 게임을 만들어줘"라고 입력하면, AI는 1분 만에 실행 가능한 코드를 짜준다. 학습자는 지루한 문법 공부를 하지 않고도 눈앞에서 움직이는 게임을 보며 희열을 느낀다. 그리고 이 게임을 입맛대로 바꾸기 위해 "공 색깔을 빨간색으로 하려면 어디를 고쳐야 해?"라고 역으로 질문하며 학습을 시작한다. 결과물을 먼저 맛보고 원리를 나중에 채우는 방식이 가능해진 것이다.

즉시 실습이 가능한 상황이 가져온 또 다른 혁명은 실패 비용의 제로화다. 과거에는 실습 한 번 하려면 돈과 시간이 들었다. 목공을 배우려면 나무를 사야 했고, 화학 실험을 하려면 시약을 사야 했다. 실수로 망치면 재료비가 날아가니 실패를 두려워했고 완벽하게 준비된 상태에서만 시도하려 했다.

하지만 디지털 세계와 AI가 결합된 지금, 무한한 샌드박스(Sandbox, 모래 놀이터)를 갖게 되었다. 코드를 짰는데 에러가 나면 AI에 고쳐달라고 하면 그만이다. 사업 기획안이 엉성하면 비판해달라고 해서 다시 쓰면 된다. 재료비도, 시간 낭비도 없다. AI는 인간이 수백 번, 수천 번 넘어져도 불평 없이 다시 일으켜 세워주는 안전장치다. 이 안전한 환경 덕분에 학습자는 "망치면 어떡하지?"라는 공포를 버리고, "일단 한번 해보자"라는 실험 정신을 갖는다.

실습의 완성은 피드백의 속도에 있다. 예전에는 과제를 하고 선생님의 채점을 받으려면 며칠을 기다려야 했다. 그사이 기억은 휘발되고 열정은 식는다. 하지만 AI는 내가 엔터키를 누르면 바로 피드백을 준다. 이 문장은 문법적으로 어색하다든가, 코드가 비효율적이라고 실시간으로 교정해준다. 골프를 칠 때마다 자세를 교정해주는 코치가 24시간 옆에 붙어 있는 것과 같다. 행동과 피드백 사이의 시차가 사라지면, 학습 속도는 기하급수적으로 빨라진다. 인간은 자신의 행동에 대해 즉각적인 반응이 올 때 몰입하기 때문이다.

생성형 AI로 인해 공부하는 시대가 아니라 가지고 노는 시대가 되었다. 책상 앞에서 머리를 싸매는 대신, AI라는 도구를 가지고 이것저것 만들어보고, 부수고, 다시 조립하는 과정 자체가 최고의 배움이 된다. '백문이 불여일견(百聞-不如一見)'이라는 말은 이제 바뀌어야 한다. '백문이 불여일행(百聞-不如一行)', 즉 백 번 듣는 것보다 AI와 함께 실행해보는 편이 낫다.

4) 교실 밖의 교사들: AI, 커뮤니티, 유튜브

지난 수백 년간 교육은 학교라는 울타리 안에서만 이루어졌다. 지식은 교과서 안에 있었고, 그 지식을 해석할 권한은 오직 자격증을 가진 교사에게만 있었다. 학교 밖은 배움이 없는 곳으로 간주되었다. 하지만 디지털 혁명은 이 지식의 독점 구조를 완전히 파괴했다. 이제 세상에서 가장 훌륭한 선생님들은 교단이 아닌 서버상에 존재한다. 지식의 유통 경로가 다변화되면서, 학교 종이 울리지 않아도 24시간 내내 언제 어디서나 최고의 스승을 만날 수 있게 되었다.

* 유튜브: 암묵지의 도서관

유튜브는 인류 역사상 가장 거대한 노하우의 도서관이다. 과거의 지식은 주로 텍스트(책)로 전달되었다. 하지만 요리, 악기 연주, 기계 수리, 코딩 같은 암묵지는 글로 배우는 데 한계가 있다. 백종원의 레시피를 글로 읽는 것과 영상으로 보는 것은 천지 차이다. 유튜브는 이 한계를 넘었다. 이제 변기가 막히면 배관공을 부르기 전에 유튜브를 검색하고, 엑셀이 막히면 '오빠두엑셀' 채널을 켠다. 전세계의 고수들이 자신의 비법을 무료로 공개하므로, 영상을 통해 그들의 손기술과 노하우를 직관적으로 흡수할 수 있다. 텍스트가 전할 수 없는 경험의 영역까지 교육의 범위가 확장된 것이다.

* 커뮤니티: 살아 있는 집단지성

"빨리 가려면 혼자 가고, 멀리 가려면 함께 가라"라는 말은 학습에서도 통한다. 개발자들의 성지인 스택오버플로(Stack Overflow)나 깃허브, 각종 온라인 포럼은 거대한 동료 학습(Peer Learning)의 장이다. 코딩하다 에러가 나서 막혔을 때 교과서는 답을 주지 못하지만, 커뮤니티에 질문을 올리면 지구 반대편의 누군가가 5분 만에 답을 달아준다. 이들은 서로 선생님이 된다. 최신 기술 트렌드나 실무 팁은 교과서에 실리기도 전에 커뮤니티에서 먼저 공유된다. 이곳에서 지식은 고정된 것이 아니라, 수만 명의 집단지성에 의해 매일 업데이트되고 진화하는 생명체와 같다.

＊ AI: 지식의 큐레이터이자 24시간 과외 선생님

이 모든 방대한 정보의 바다에서 나에게 딱 맞는 지식을 찾아주는 것은 AI의 몫이다. 유튜브와 커뮤니티에 정보가 너무 많아 길을 잃을 때, AI는 훌륭한 나침반이 되어준다. "지금 내 수준에서는 어떤 유튜브 강의부터 보는 게 좋아?"라고 물으면 AI는 최적의 커리큘럼을 짜준다. 모르는 개념이 나오면 설명해주고, 내가 이해했는지 역질문을 던져 확인한다.

배움은 학교를 졸업한다고 끝나는 것이 아니다. 스마트폰을 켜는 순간, 전 세계가 거대한 교실이고 모든 타인이 잠재적인 스승이다. 이제 중요한 것은 누구에게 배우느냐가 아니라, 널려 있는 지식을 연결하여 무엇을 만들어내느냐다.

5) 학습의 격차, 그리고 리터러시의 문제

지난 20년간 교육 불평등의 화두는 접속이었다. 부유한 집에는 고성능 PC가 있고 가난한 집에는 없다는 물리적 결핍이 문제였다. 정부와 사회는 학교에 태블릿 PC를 보급하고 공공 와이파이를 까는 것으로 이 문제를 해결했다. 그 결과, 적어도 하드웨어의 격차는 표면적으로 해소되었다. 이제 누구나 스마트폰을 들고 있고, 누구나 최신 AI에 접속할 수 있다.

하지만 훨씬 더 위험하고 눈에 보이지 않는 2차 디지털 격차가 발생한다. 똑같은 최신형 아이패드를 손에 쥐여줘도, 어떤 아이는 그것으로 유튜브 숏폼을 보며 도파민을 즐기는 데 10시간을 쓰는 반면, 어떤 아이는 코딩 앱을 켜서 게임을 만들고 생성형 AI와 대화하며 자신의 호기심을 해결하는 데 쓴다. 과거에는 장비가 없어서 못 배웠다는 핑계라도 있었지만, 이제는 장비가 있어도 그것을 다루는 태도와 문해력의 차이가 인생의 항로를 극단적으로 갈라놓는다. 이 격차는 가정 환경, 부모의 관심, 문화적 자본에 따라 더 은밀하게 벌어지기에 해결하기가 훨씬 어렵다.

"무릇 있는 자는 받아 풍족하게 되고, 없는 자는 그 있는 것까지 빼앗기리라."《마태복음》의 구절처럼, AI는 학습의 빈익빈부익부를 가속화한다. AI를 대하는 방식에 따라 인간의 지능은 퇴화하거나 폭발적으로 진화하기 때문이다.

리터러시가 낮은 학습자에게 AI는 생각을 멈추게 하는 지팡이다. 학교 과제가 주어지면 고민 없이 챗GPT에 독후감을 써달라고 시키고, 나온 결과를 그대로 복사해서 제출한다. 생각의 과정을 기계에 통째로 외주를 준다. 이렇게 AI에 의존하다 보면 비판적 사고력은 퇴화하고, AI 없이는 아무것도 결정하지 못하는 인지적 구두쇠가 된다. 하지만 리터러시가 높은 학습자에게 AI는 사고력을 증폭시키는 로켓 엔진이다. 그들은 AI가 써준 초안을 그대로 쓰지 않는다. "이 주장은 논리가 약해. 반대 입장에서 다시 비판해봐"라며 AI와 논쟁하고, 그 과정에서 사고는 확장되고 정교해진다. 기본 지식이 있는 사람은 AI라는 레버리지를 이용해 100배 더 똑똑해지지만, 기본이 없는 사람은 AI라는 편리함에 뇌를 파먹히는 셈이다.

미래 교육에서 정의하는 문해력은 단순히 글자를 읽고 쓰는 능력이 아니다. AI라는 강력한 도구를 통제할 수 있는 지적 주권을 의미한다. 첫째는 질문 설계 능력이다. AI는 거울과 같아서, 사용자의 수준만큼만 답변한다. 멍청한 질문에는 멍청한 대답을, 날카로운 질문에는 천재적인 대답을 내놓는다. 정답을 맞히는 훈련만 받은 학생은 AI 앞에서 무력하다. 문제의 본질을 꿰뚫고 좋은 질문을 던지는 능력이 곧 실력이다. 둘째는 진실 검증 능력이다. 생성형 AI는 태생적으로 그럴듯한 거짓말을 한다. AI가 1초 만에 내놓은 유창한 답변이 사실인지 거짓인지, 혹은 편향된 데이터에 오염된 정보인지 의심하고 걸러낼 줄 아는 비판적 필터가 없다면, 인간은 알고리즘이 떠먹여주는 대로 세상을 바라보는 지적 노예로 전락할 위험이 있다.

기술의 민주화는 기회의 평등을 주었지만, 역설적으로 결과의 불평등을 초광속으로 심화시키고 있다. 이제 우리 사회가 고민해야 할 문제는 태블릿을 얼마나 보급했는가가 아니라, 태블릿으로 무엇을 하게 만들 것인가다. 소비자로 남을 것인가, 아니면 생산자로 거듭날 것인가? 이 인식의 격차를 줄이지 못한다면, AI시대는 소수의 창조하는 엘리트와 다수의 생각 없는 소비자로 계급이 나뉘는 디스토피아가 될지도 모른다. 도구의 사용법을 넘어 도구의 목적을 아는 인간을 길러내는 것만이 이 거대한 격차의 파도를 넘는 유일한 구명조끼다.

6) 학습의 미래, 평생 성장하는 인간

20세기 산업화 시대의 인생 시계는 단순했다. 20대 중반까지 대학에서 지식을 충전하고, 그 연료로 60세까지 일하고, 은퇴하는 3단계 삶이었다. 이 모델에서 졸업장은 평생을 보장하는 보험증서와 같았다. 하지만 AI시대의 도래와 함께 이 공식은 산산조각 났다. 기술의 반감기가 몇 년도 아닌 몇 달 주기로 짧아졌기 때문이다. 지금 대학에서 배운 최신 마케팅 이론이나 코딩 기술은 졸업할 때쯤이면 이미 AI가 더 잘하는 구닥다리 기술이 되어버린다.

그러다 보니 이제는 평생 학교를 졸업할 수 없다. 배움과 일은 분리된 단계가 아니라, 톱니바퀴처럼 맞물려 돌아가는 과정이 되었다. 오전에 AI의 새로운 기능을 배우고, 오후에 그것을 업무에 적용하며, 저녁에 다시 부족한 부분을 채우는 사이클이 반복된다. 미래의 문맹은 글을 못 읽는 사람이 아니라, 배우는 방법을 배우지 못한 사람이다.

평생 성장을 위해 가장 필요한, 그러나 가장 고통스러운 능력이 언러닝(Unlearning)이다. 그저 잊어버리는 것이 아니라, 과거에 유효했던 지식이나 성공 방식을 의도적으로 폐기하는 것을 말한다. 예를 들어, 예전에 10년차 베테랑 디자이너는 수작업으로 픽셀 하나하나를 깎는 장인 정신으로 성공했다. 하지만 AI가 1초 만에 그림을 그려주는 시대에 과거의 방식만 고집한다면 도태될 것이다. 그러므로 "디자인은 손끝에서 나온다"는 낡은 성공 방정식을 과감히 버리고, AI와 협업하여 "디자인은 명령어에서 나온다"는 새로운 방식을 받아들여야 한다. 자신이 쌓아온 탑을 스스로 무너뜨리고 다시 쌓을 수 있는 용기, 지적 유연성이 없는 전문가는 고인 물이 되어 썩는다. AI시대에 경력은 훈장이 아니라, 때로는 혁신을 방해하는 짐이 될 수도 있다.

학습의 미래는 완성이 없는 삶이다. 과거에는 박사 학위를 따면 공부가 끝났다고 생각했지만, 이제는 누구도 완성된 전문가라고 자부할 수 없다. 어제의 정답이 오늘의 오답이 되는 세상이기 때문이다. 누구나 영원한 베타 버전의 소프트웨어와 같다. 끊임없이 버그를 수정하고, 새로운 기능을 업데이트하며, 다음 버전으로 업그레이드되어야 한다. AI는 이 업그레이드를 돕는 강력한 패치다. 기계가 인간의 지능을 넘어서는 특이점이 온다고 해도 두려워할 필요는 없다. 어제보다 오늘 하나라도 더 배우고 성장하려는 인간, 멈추지 않고 자신을 업데이트하는 인간은 기계보다 언제나 한발 앞설 것이기 때문이다. 기술의 민주화가 던지는 마지막 질문은 이것이다. "당신은 오늘 무엇을 버렸고, 무엇을 새로 채웠는가?"

02

기술의 민주화는
교육의 민주화로 완성된다

인류의 문명 중에서 지난 100년간 가장 변하지 않은 화석 같은 공간이 있다. 바로 교실이다. 타임머신을 타고 19세기로 돌아가면 의사는 수술실에서 당황하겠지만, 교사는 교실에서 즉시 수업할 수 있을 것이라는 농담이 있을 정도다. 칠판을 향해 일렬로 정렬된 책상, 앞에서 지식을 주입하는 한 명의 교사, 똑같은 내용을 받아 적는 수십 명의 아이들. 이는 교육 공간이라기보다 규격화된 부품을 찍어내는 19세기 공장의 모습에 가깝다.

이 거대한 컨베이어벨트 시스템이 숭배하는 신은 평균이다. 교과서는 상위 1%의 천재도, 하위 1%의 느린 학습자도 아닌, 딱 중간 수준의 학생에 맞춰 제작된다. 이 폭력적인 표준화 속에서 이해가 빠른 아이는 수업이 시시해 창밖을 내다보고, 이해가 느린 아이는 진도를 놓쳐 영원히 낙오된다. 그동안 공교육이라는 이름하에, 아이들의 고유한 속도와 재능을 평균이라는 칼로 잘라내고 있었던 셈이다.[31]

하지만 AI와 기술의 민주화는 이 낡은 공장의 기계를 멈춰 세울 유일한 희망이다. 기술이 교육에 스며든다는 것은 백묵 칠판이 전자 칠판으로 바뀌는 것을 의미하지 않는다. 그것은 모든 아이가 다르다는 당연한 진리를 시스템으로 구현하는 혁명이다. 선생님 한 명이 30명을 가르치는 One size fits all(모두를 위한 하나)의 시대가 가고, AI가 30명의 아이들을 각각 전담 마크하는 One size fits one(한 명을 위한 하나)의 시대가 열릴 것이다.[32]

기술의 민주화는 하드웨어의 보급에서 시작되었지만, 그 완성은 교육의 민주화에서 이루어진다. 모든 아이가 자신의 속도대로 배우고, 단 한 명도 시스템 밖으로 밀려나지 않게 붙잡아주는 것[33]이야말로 가장 차가운 기술이 가장 따뜻하게 쓰이는 순간이자, 우리가 지향해야 할 진정한 민주화의 종착지다.

1) 모든 아이가 성공 경험을 하게 하는 교육

지금까지의 교육 시스템은 냉정하게 말해 '체로 걸러내는 과정'이었다고 해도 과언이 아니다. 정해진 시간 안에 진도를 나가고, 시험이라는 체를 흔들어 우수한 아이만 남기고 나머지는 떨어뜨리는 것이 목표였다. 이 방식에서 낙오자의 발생은 시스템의 오류가 아니라 필연적인 결과였다. 1등이 있으면 꼴등이 있어야 했기 때문이다.

하지만 기술의 민주화는 이 잔인한 룰을 바꾸고 있다. AI 시대 교육의 목표는 누가 더 빠른가를 겨루는 것이 아니라, 단 한 명도 포기하지 않고 결승선에 도착하게 하는 것이다. 이를 가능하게 하는 핵심 이론이 바로 완전 학습(Mastery Learning)이다. 과거에는 30명의 학생에게 똑같은 시간(50분)을 주고 이해도(성적)의 차이를 평가했다. 하지만 미래 교실은 반대다. 모든 학생에게 똑같은 이해도를 요구하되, 걸리는 시간을 달리 준다. 빨리 배우는 아이는 심화 학습을 하고, 느린 아이는 될 때까지 AI와 함께 반복한다. 속도가 능력이 아니라 완주가 능력이 되는 세상에서는 꼴등이란 존재할 수 없다. 아직 배우는 중인 학생만 있을 뿐이다.

모든 아이가 성공 경험을 하기 위해 가장 필요한 자원은 유능한 교사가 아니라 무한한 인내심이다. 인간 교사는 3번 물어보면 친절하게 답해주지만, 10번 물어보면 지친다. 아이들은 그 눈빛을 읽는 순간 질문을 멈추고 아는 척 연기하며 무너진다.

하지만 AI 튜터는 다르다. 학생이 이해할 때까지 100번이고 1,000번이고 다시 설명한다. 짜증 내지 않고, 재촉하지 않으며, 접근 방식을 바꾼다. 이 과정에서 아이는 중요한 사실을 깨닫는다. "틀려도 괜찮구나. 다시 하면 되는구나." 실패가 끝이 아니라 성공으로 가는 과정임을 기술적으로 체험하는 것이다. 이 심리적 안전감 속에서 아이들은 작은 성취를 맛보며 자존감을 회복한다.

성공의 정의도 달라진다. 과거에는 수학 점수로 줄을 세웠지만, 이제는 AI가 아이의 관심사에 맞춰 성공의 경로를 다시 짠다. 축구를 좋아하는 아이에게는 축구공의 궤적으로 2차 함수를 설명하고, 요리를 좋아하는 아이에게는 레시피 비율로 방정식을 가르친다. 모든 아이가 똑같은 산을 오를 필요는 없다. AI는 각자의 재능에 맞는 등산로를 안내한다. 자신이 좋아하는 분야에서 지식을 연결하고 이해하는 경험을 한 아이는, 공부가 지겨운 의무가 아니라 나를 성장시키는 도구라는 것을 본능적으로 깨닫는다. 기술이 만드는 교육의 민주화란 모든 아이가 저마다의 속도와 방식으로 자신도 할 수 있다는 효능감을 느끼게 해주는 것이다.

2) 교실의 재구성: 교사, 학생, 기술의 새로운 관계

가장 먼저 바뀌는 것은 교실의 풍경이다. 교사만이 올라설 수 있었던 높은 교단이 사라진다. AI가 팩트를 더 정확하고 빠르게 가르치는 시대에, 교사가 지식의 유일한 전달자로서 무대 위의 현자를 자처할 이유는 없다. 이제 교사는 권위의 옷을 벗고 학습 디자이너이자 러닝 메이트라는 새로운 옷을 입는다. AI가 아이들에게 수학 공식을 설명하는 동안, 교사는 교단에서 내려와 아이들 틈으로 들어간다. 문제에 좌절한 아이의 마음을 다독이고, 친구 관계를 어려워하는 아이를 상담하며, 각자의 꿈을 설계해주는 일. 기계가 절대 흉내 낼 수 없는 인간적인 연결과 동기 부여에 집중하기 위해서다. 교사의 위치는 이제 아이들을 내려다보는 곳이 아니라, 아이들과 눈을 맞추는 바로 옆자리다.

이러한 변화 속에서 학생의 역할 또한 근본적으로 달라진다. 그동안 학생은 학교가 정해준 버스에 타서, 목적지도 모른 채 창밖만 바라보는 수동적인 승객에 불과했다. 운전대는 오직 학교만이 쥘 수 있었다. 하지만 기술은 운전대를 학생의 손에 쥐여준다. AI 튜터와 함께하는 교실에서 학생은 자신의 배움을 스스로 통제하는 능동적인 운전자가 된다. 누군가는 영상을 보고, 누군가는 프로젝트를 만들고, 누군가는 AI와 토론한다. 모르는 게 생겨도 손을 들고 선생님을 하염없이 기다릴 필요가 없다. 이제 학생은 선생님의 입만 쳐다보는 존재가 아니라, 기술이라는 나침반을 들고 지식의 바다를 스스로 항해하는 탐험가가 된다.

이 새로운 삼각관계에서 기술은 교사를 위협하는 적이 아니다. 오히려 교사에게 가장 부족했던 자원인 시간을 선물하는 강력한 파트너다. 그동안 교사들은 숙제 검사, 성적 처리, 출석 관리 같은 행정 잡무에 치여 정작 아이들과 대화할 시간이 턱없이 부족했다. 이제 이 모든 소모적인 일은 AI가 1초 만에 처리한다. 나아가 AI는 "오늘 민수가 2차 함수 파트에서 10분간 머뭇거렸음"이라는 데이터 분석을 통해, 교사가 학생에게 다가가야 할 정확한 타이밍을 알려준다. 기술은 전면에 나서지 않고, 교사와 학생이 더 깊이 연결되도록 뒤에서 묵묵히 받쳐주는 투명한 조력자로 남는다.

역설적이게도, 교실에 첨단 기술이 도입될수록 풍경은 더 인간적으로 변한다. 선생님 혼자 40분 내내 떠들고 아이들은 침묵하던 강의가 사라지고, 그 공간은 아이들의 토론 소리와 선생님의 상담 소리가 채운다. 경쟁 대신 협력이, 주입 대신 대화가 교실의 중심이 된다. 기술이 지식 전달이라는 무거운 짐을 덜어주면, 비로소 학교는 지식을 찍어내는 공장에서 인간을 길러내는 정원으로 본래의 모습을 되찾을 것이다.

3) AI시대의 시민 리터러시와 비판적 사고

과거의 문해력이 책에 적힌 글자를 읽고 이해하는 능력이었다면, AI시대의 문해력은 알고리즘이 만들어낸 정보의 이면을 꿰뚫어 보는 능력으로 재정의된다. 우리는 지금 인류 역사상 가장 똑똑한 반면, 가장 그럴듯하게 거짓말을 하는 지성체와 공존하고 있다. 생성형 AI는 확률에 기반하여 다음 단어를 예측할 뿐, 진실과 거짓을 도덕적으로 구분하지 못한다. 만약 사용자가 비판적 사고 없이 AI의 답변을 맹신한다면, 그것은 내비게이션이 가라는 대로 차를 몰다 절벽으로 향하는 것과 다를 바 없다. 미래 교육의 핵심은 AI 사용법을 가르치는 기능 교육이 아니라, AI가 내놓은 결과물을 의심하고, 검증하며, 다시 질문할 줄 아는 비판적 시민을 기르는 데 있다.

가장 시급한 것은 팩트 체크의 생활화다. AI는 때로 없는 사건을 있는 것처럼 꾸며내고, 편향된 데이터를 근거로 차별적인 발언을 내뱉기도 한다. 이 위험성을 보여주는 대표적인 사례가 바로 '세종대왕 맥북 던짐 사건'과 같은 AI의 환각 현상이다. 한 학생이 챗GPT에 《조선왕조실록》에 기록된 세종대왕의 맥북 던짐 사건에 대해 알려줘"라고 묻자, AI는 천연덕스럽게 "세종대왕이 훈민정음 초고 작성 중 담당자에게 분노하여 맥북 프로를 던진 사건입니다"라며 있지도 않은 역사를 창작해냈다. 비판적 사고가 없는 학생이라면 AI가 그랬다며 이 황당한 거짓말을 사실로 받아들이고 과제에 적어낼 것이다.

학교가 가르쳐야 할 핵심 역량은 정답을 찾는 기술이 아니라, 이 정보의 출처는 어디인지, 세종대왕 시대에 맥북이 있었을 리 없다고 끊임없이 의심하고 검증하는 팩트 체크의 습관이다. 질문하지 않는 인간은 AI의 지적 하청업자로 전락하지만, 질문하는 인간은 AI를 지적 파트너로 승격시킨다. 환각 현상 앞에서 인간은 최종 편집자이자 데스크가 되어야 한다. 이 정보의 출처는 어디인지, 답변에 숨겨진 편향성은 없는지 끊임없이 되묻는 과정 자체가 곧 학습이다. 학교가 가르쳐야 할 것은 정답처럼 보이는 것들 속에서 진짜를 가려내는 안목이다.

나아가 시민 리터러시는 윤리적 책임감을 포함한다. 기술의 민주화는 누구나 가짜 뉴스를 만들고, 누구나 타인의 목소리를 합성할 수 있는 강력한 힘을 개인에게 주었다. 이제 기술을 악용하는 것을 막는 유일한 방어막은 개인의 도덕성뿐이다. 자신이 만든 콘텐츠가 사회에 어떤 영향을 미칠지 고민하지 않는 기술자는 위험하다. 그렇기에 미래의 교실에서는 코딩 기술보다 기술 윤리와 디지털 시민 의식을 더 비중 있게 다뤄야 한다. 기술이 쉬워질수록, 그 기술을 다루는 사람의 책임은 더 무거워지기 때문이다.

결론적으로 AI시대의 교육은 생각하는 근육을 키우는 일로 귀결된다. 계산은 계산기에, 암기는 검색 엔진에, 초안 작성은 AI에 넘겨주더라도, 가치 판단과 의사 결정이라는 인간 고유의 영역만큼은 절대 외주를 주어서는 안 된다. 기술이 발전할수록 역설적으로 인문학적 소양과 비판적 사고가 더 절실해지는 이유다. 기계가 똑똑해질수록, 인간은 더 현명해져야 한다.

4) 학교 밖, 새로운 교육 생태계의 등장

교육은 오랫동안 학교라는 물리적 울타리 안에서만 허락된 활동이었다. 지식은 교과서에 갇혀 있었고, 그 문을 열어줄 열쇠는 자격증을 가진 교사만이 쥐고 있었다. 하지만 지식의 유통기한이 급격히 짧아지면서 학교는 위기를 맞았다. 교과서가 인쇄되어 나오는 순간 이미 낡은 지식이 되어버리는 속도전 속에서, 상아탑은 더 이상 최신 지식의 독점적 발원지가 될 수 없기 때문이다.

이제 진짜 배움은 학교 담장 밖, 무경계 학습 생태계에서 일어난다. 먼저 대학의 높은 담장이 무너졌다. 코세라가 설립한 무크(MOOC)[2]의 등장은 하버드, MIT, 서울대 같은 명문대의 강의실을 안방으로 옮겨 왔다.[34] 수천만 원의 등록

134

금과 입학 시험이라는 장벽 없이도 누구나 석학의 지혜에 접할 수 있게 된 것이다. 여기에 유튜브, 디스코드, 깃허브 같은 온라인 커뮤니티가 결합된다. 이곳에는 출석부도, 졸업장도 없다. 오직 문제를 해결하고 싶은 열망으로 모인 사람들이 서로 스승이 되어 실시간으로 지식을 교환한다. 15살 중학생이 올린 코딩 강의를 40대 대기업 부장이 보고 배우며, 은퇴한 엔지니어가 남긴 노하우를 20대 창업가가 흡수한다. 나이와 학력이라는 계급장이 사라진 자리에는 오직 실력과 기여만이 남는다.

과거에는 학위가 그 사람의 능력을 증명하는 보증수표였다. 하지만 지금은 무크에서 어떤 과정을 수료했는지, 깃허브에 어떤 코드를 올렸는지, 커뮤니티에서 어떤 기여를 했는지가 더 강력한 증명서가 된다. 실제 개발자 세계에서는 명문대 졸업장보다 스택오버플로에서 다른 사람의 질문에 답변해주고 받은 추천 수가 훨씬 더 우대받는다. 이것은 조작할 수 없는 살아 있는 이력서이기 때문이다. 기업들 역시 블라인드 채용을 늘리며 학교에서 무엇을 배웠는지 묻지 않는 대신 지금 당장 무엇을 할 수 있는지 보여달라고 요구한다. 사회적 검증 시스템이 과거의 간판에서 현재의 실력으로 이동한 것이다. 학위에서 포트폴리오와 평판으로 새로운 생태계는 사회가 인재를 알아보는 기준마저 바꾸고 있다.

기술이 만든 새로운 교육 생태계는 지식을 사유재에서 공공재로 돌려놓았다. 과거에 지식은 비싼 등록금을 낸 사람만 독점할 수 있는 재산이었지만, 이제는 누구나 접근하고 누구나 보태어 키울 수 있는 공유지가 되었다. 이 지점에서 교육의 민주화는 사회적 책임으로 연결된다. 먼저 배운 사람이 자신의 지식을 블로그나 영상으로 남겨 뒤따라오는 사람을 돕는 것, 이것이 새로운 시대의 노블레스 오블리주다. 사회 전체가 거대한 학교가 된 지금, 우리는 모두 평생 학생이자 동시에 잠재적인 교사다. 지식을 나눌수록 커지는 이 선순환의 고리가 단단해질 때, 기술의 민주화는 비로소 교육의 민주화로 완성된다.

5) 교육의 민주화와 사회적 책임

과거에 지식은 경쟁에서 이기기 위한 무기였다. 남들보다 더 많이 알고, 더 좋은 대학을 나오는 것은 나 혼자 잘살기 위한 사유재산 축적 과정이었다. 그래서 필기 노트를 친구에게 보여주지 않았고, 나만의 공부 비법을 숨겼다. 지식이 희소했기 때문이다. 하지만 기술의 민주화는 지식의 희소성을 없애버렸다. 이제 지식은 누구나 접근할 수 있는 공공재다.

이 변화된 환경에서 교육의 목표는 혼자 1등 하기 위해 배우는 것이 아니라, 배워서 남 주기 위해 배우는 것으로 수정되어야 한다. AI와 인터넷이라는 거대한 공유지 덕분에 내가 쉽게 배웠다면, 나 또한 그 배움을 다시 사회에 환원해야 한다는 새로운 윤리 감각이 필요하다. 오픈소스 커뮤니티에서 코드를 공짜로 공유하고, 유튜브에서 자신의 노하우를 아낌없이 푸는 사람들은 이미 이 새로운 규칙을 실천하고 있다. 그들은 지식을 나눌수록 자신의 평판이 올라가고, 사회 전체의 파이가 커진다는 사실을 본능적으로 알고 있다.

앞서 언급했듯, 기술은 방치하면 필연적으로 격차를 벌린다. 리터러시가 높은 사람은 AI를 타고 날아오르지만, 그렇지 못한 사람은 도태된다. 이 간극을 기술만으로는 해결할 수 없다. 여기서 필요한 것이 바로 사회적 책임이다. 먼저 기술을 익힌 세대가 뒤처진 세대를 이끌어주고, 디지털 네이티브가 디지털 이민자(노년층)에게 키오스크 쓰는 법을 알려주는 것이 AI시대의 노블레스 오블리주다.

정부와 기업의 역할도 중요하다. 단순히 기기를 보급하는 것을 넘어, 디지털 시민성 교육을 사회적 안전망으로 구축해야 한다. 누구나 AI를 비서로 부릴 수 있도록 교육하는 것은 복지 차원을 넘어 국가 경쟁력의 문제가 되었다. 기술 소외 계층이 발생하지 않도록 끊임없이 교육의 사다리를 놓아주는 것은 기술을 가진 사회가 짊어져야 할 최소한의 도덕적 의무다.

기술의 민주화가 지향하는 최종 목적지는 서로 가르치는 사회다. 학교 선생님만 가르치는 것이 아니라, 은퇴한 노인이 청년에게 지혜를 나누고, 초등학생이 할머니에게 코딩을 가르치는 세상이다. 배움의 권위가 사라지고, 누구나 학생이자 동시에 선생이 되는 순환 구조가 만들어질 때, 기술은 차가운 도구를 넘어 사회를 따뜻하게 연결하는 혈관이 된다. 기술의 민주화는 교육의 민주화로 완성되고, 교육의 민주화는 나눔의 책임으로 완성된다.

03

AI 튜터의 시대

역사상 가장 위대했던 교육은 언제나 1:1 도제식 교육이었다. 알렉산더 대왕에게는 아리스토텔레스라는 개인 교사가 있었고, 조선의 왕세자에게는 당대 최고의 학자들이 전담으로 붙어 지혜를 전수했다. 이것이 교육의 가장 이상적인 형태인 것은 교육학적으로도 증명된 사실이다. 1984년 교육심리학자 벤저민 블룸은 일대일 과외를 받은 학생의 학업 성취도가 일반적인 집체 교육을 받은 학생보다 상위 98% 수준까지 올라간다는 사실을 밝혀냈다. 이를 2시그마 문제라고 부른다.[35]

문제는 비용이었다. 모든 아이에게 인간 선생님을 한 명씩 붙여주는 것은 경제적으로 불가능했기에, 인류는 어쩔 수 없이 수십 명을 한 교실에 몰아넣고 평균을 가르치는 공장형 타협안을 선택했다. 하지만 생성형 AI의 등장은 오랜 경제적 난제를 기술적으로 해결하고 있다. 이제 우리는 인류 역사상 처음으로, 부자가 아니더라도 모든 학생에게 자신만의 아리스토텔레스를 붙여줄 수 있는 시대를 맞이했다. 바로 AI 튜터다. 이 새로운 선생님은 잠들지도, 지치지도 않으며, 학생이 같은 질문을 100번 넘게 반복해도 화내지 않고 설명해준다. AI 튜터의 등장은 교육의 패러다임을 티칭에서 코칭으로, 집단 교육에서 초개인화 교육으로 바꾸는 거대한 전환점이다.

1) 생성형 AI가 교사가 되다

생성형 AI가 교육 현장에 들어오면서 발생한 가장 본질적인 변화는 기술이 지식 전달 도구를 넘어 능동적인 교수법을 내재한 교사로 진화했다는 점이다. 과거의 교육 기술은 학생이 입력한 질문에 대해 미리 저장된 답을 검색하거나 녹화된 콘텐츠를 일방적으로 재생하는 역할에 머물렀다. 지식의 저장소 역할은 했으나, 학생의 사고 과정을 유도하거나 이해 수준을 파악하는 교사의 역할은 수행하지 못했다.

하지만 대규모 언어 모델에 기반한 AI 튜터는 학생의 질문, 오답 패턴, 질문의 맥락, 대화의 어조까지 종합적으로 분석하여 학생의 현재 인지 상태를 파악한다. 이를 바탕으로 AI는 인간 교사가 그러하듯 학생의 개별적인 이해 속도와 수준에 맞춰 상호작용하며 지식을 가르친다. 이 시스템은 정답을 주는 것이 아니라, 학생이 스스로 질문하고 답을 찾아내는 지적 독립성을 최우선 목표로 설계되었다.

이러한 혁신을 선도하는 모델이 바로 칸아카데미가 개발한 AI 튜터 칸미고(Khanmigo)다. 칸미고는 학생이 문제 해결에 어려움을 겪을 때 바로 정답을 제공하지 않고, 서양 교육의 근간인 소크라테스식 문답법을 사용한다. AI는 "이 문제에서 네가 알고 있는 개념은 무엇이니?", "만약 이 변수를 저렇게 바꾼다면 어떤 일이 생길까?"와 같은 질문을 던지며 학생 스스로 자신의 사고 과정을 되돌아보게 한다. AI는 학생의 사고력을 증진시키기 위해 의도적으로 답을 유예하고, 필요한 순간에만 정확한 힌트와 질문을 던져주는 맞춤형 인지 코치의 역할을 수행한다.

AI 튜터는 또한 인간 교사가 가질 수 없는 2가지 결정적인 강점을 지닌다.

첫째는 무한한 인내심이다. 둘째는 실시간 커리큘럼 생성 능력, 유동적 교재다.[36]

[사례] 역사 수업에서의 AI 튜터

중학생 희수는 역사 수업 중 청교도혁명의 배경을 이해하지 못하고 있다. 희수는 딱딱한 시대적 배경 대신 흥미를 느낄 만한 구체적인 서사를 원한다. 희수가 청교도혁명이 왜 일어났는지 전혀 이해하지 못할 때, AI는 희수가 평소 전략 시뮬레이션 게임에 관심이 많다는 것을 파악한다. AI는 청교도혁명의 배경을 17세기 영국의 자원 배분과 권력 다툼 시뮬레이션이라는 새로운 시나리오로 만들어낸다. "국왕 찰스 1세는 자원(세금)을 모아 효율이 떨어지는 프로젝트(전쟁)에 계속 투자하고, 의회(플레이어)는 이 비효율적인 운영에 불만을 품고 혁명(게임 중단)을 선택한 상황이라고 가정해보자." 그 결과, 희수는 딱딱한 정치사 대신, 익숙한 전략과 자원 관리라는 프레임워크를 통해 청교도혁명의 경제적, 정치적 원리를 바로 이해할 수 있다.

이처럼 AI는 학생 한 명의 관심사와 학습 스타일을 파악하고, 이에 맞춰 교재의 내용, 난도, 설명 방식을 실시간으로 맞춤 편집하는 능력을 발휘한다. 교재는 더 이상 인쇄된 고정된 텍스트가 아니라, 학생과 상호작용하며 진화하는 살아 있는 텍스트가 된 것이다. 이러한 변화는 교육의 민주화를 실현하며, 벤저민 블룸이 입증했던 일대일 개인 과외의 효과를 경제적 제약 없이 스마트폰을 가진 모든 지구촌의 학생이 누릴 수 있게 만든다. AI가 지식 전달의 짐을 덜어주면서, 인간 교사는 학생들의 정서와 사회성을 돌보는 멘토이자 멘탈 코치라는 본질적인 인간의 역할에 집중할 수 있다.

2) 학습 진도·스타일·취약점까지 분석하는 맞춤형 피드백

AI 튜터의 진정한 힘은 지식을 일방적으로 전달하는 능력에 있지 않다. 학생 한 명 한 명의 인지 과정을 실시간으로 읽어내는 능력에 있다. 인간 교사는 학생의 정답 여부나 수업 태도 같은 외현적 행동만 관찰할 수 있지만, AI는 학생이 답을 클릭하기까지 걸린 지연 시간, 특정 개념을 설명하는 문장에 눈동자가 머무는 시간, 오답의 일관성 같은 수만 가지의 비언어적 데이터를 수집한다. AI는 이 데이터를 통해 학생이 무엇을 모르는지를 넘어, 왜 틀렸는지를 과학적으로 진단한다.

이 진단은 의사가 증상 대신 병의 근원을 찾는 것과 같다. AI는 학생이 고난도 물리 문제를 틀렸다고 해도 바로 물리 설명을 시작하지 않는다. AI는 학생의 문제 풀이 과정을 분석하여, 문제는 물리가 아니라 그 문제를 풀기 위해 필요한 기초 대수학의 활용 능력에 있다는 근본적인 원인 분석 결과를 내놓을 수 있다. 그리고 진도를 멈추고 그 구멍을 메울 때까지 해당 개념을 다른 방식의 예시와 난이도로 설명한다. 이처럼 AI는 학생이 스스로도 인지하지 못했던 지식의 구멍을 찾아내어 메꿔주는 역할을 수행한다. 또한 학생의 학습 스타일까지 분석하여 피드백의 매체를 결정한다. 시각적 이해가 빠른 학생이라면 3D 다이어그램을, 청각적 이해가 빠른 학생이라면 오디오 설명을 생성하며, 활동형 학습자에게는 몸으로 따라 해보는 미션을 부여한다. AI는 학생의 선호도와 인지 능력을 종합적으로 고려하여 교재, 난이도, 설명 방식, 심지어 튜터의 말투까지 실시간으로 조정하며 교육을 지속적으로 진화하는 맞춤형 서비스로 바꾸어놓았다.

AI는 단순한 계산기가 아니라, 학생의 마음을 읽고 재능을 증폭시키는 초개인화된 학습 매니저다. 교육의 목표를 표준화된 상품에서 지속적으로 진화하는 맞춤형 서비스로 바꾸어놓았으며, 모든 학생이 자신의 약점을 기술로 극복할 수 있다는 효능감을 느끼게 해줄 것이다.

3) 칸미고, 챗GPT 에듀, 클래스 컴패니언의 사례

AI 튜터 시대의 도래는 단순히 새로운 소프트웨어 하나가 등장한 것을 의미하지 않는다. 학생, 교사, 학교라는 교육 생태계의 세 축을 동시에 혁신하는 복합적인 변화다. 아래의 3가지 주요 사례는 AI 튜터가 학생에게 초개인화된 학습 경험을 제공하는 동시에, 교사에게는 행정적 잡무에서 해방되는 자유를 선사하는 양면적 혁신을 어떻게 이끌고 있는지 보여준다. 이들 플랫폼은 AI가 인간을 대체하는 것이 아니라, 인간의 본질적인 역할인 가르침(교사)과 배움(학생)에 더 집중할 수 있도록 환경을 조성하는 데 초점을 맞춘다.

* 칸미고: 소크라테스 정신의 계승자

칸미고는 비영리 교육 플랫폼인 칸아카데미의 교육 철학, 완전 학습을 구현하기 위해 탄생한 AI 튜터다. 칸미고의 가장 큰 특징이자 핵심 가치는 학생이 어려운 문제에 봉착했을 때 정답을 알려주는 정답 자판기의 역할을 단호히 거부한다는 점이다. 칸아카데미의 창립자인 살만 칸은 "AI가 인간의 지식을 복사하여 전달하는 데 그친다면, 그것은 가장 저렴한 인터넷 강의일 뿐"이라고 말했다. 칸미고는 지식을 전달하는 것을 넘어, 학생의 사고력과 문제 해결 능력을 키우는 데 집중한다.

이러한 교육 철학은 칸미고의 핵심 운영 원리에서 구체화된다. AI는 학생이 막힐 때 답을 던져주는 대신, 끈기 있는 질문을 던져 학생이 스스로 개념을 깨치도록 유도하는 소크라테스식 문답법을 사용한다. AI는 학생의 반응을 분석하여, 지식의 연결 고리 중 어느 부분이 끊어졌는지 정확히 파악하고, 그 구멍을 메울 수 있는 맞춤형 질문과 힌트를 최소한으로 제공한다. 궁극적으로 학생의 지적 독립성을 길러, 스스로 학습을 주도하는 능력을 갖추도록 하는 가장 이상적인 코칭 방식이다.

나아가 칸미고는 학생의 심리적 안전 장치 역할까지 수행하는 것을 원칙으로 한다. 학생들이 가장 두려워하는 것은 인간 교사 앞에서 같은 질문을 반복하거나 엉뚱한 답을 내는 것에 대한 심리적 압박이다. 하지만 칸미고는 학생이 10번 틀려도 지치거나 판단하지 않고 항상 격려하는 태도를 유지하며 새로운 관점에서 설명을 반복한다. 칸미고는 실수를 처벌하는 것이 아니라, 배움의 기회로 해석하도록 유도하며 학생들에게 심리적 안전감을 제공한다. 학생들이 두려움 없이 능동적으로 지식에 도전하게 만드는 핵심 동력이 된다.

또한 칸미고는 교사에게도 강력한 지원 도구다. 교사는 칸미고를 통해 학생들의 개별 학습 진도와 취약점 데이터를 실시간으로 보고받는다. 어떤 학생이 어떤 개념에서 반복적으로 막히는지, 어떤 질문에서 가장 오랜 시간을 망설였는지 등의 상세한 데이터를 파악할 수 있다. 칸미고는 학생에게는 튜터, 교사에게는 학습 분석가 및 비서 역할을 수행하며 데이터 기반 교육을 가능하게 한다.

* 챗GPT 에듀(Edu): 가장 접근성 높고 안전한 교육 플랫폼

챗GPT 에듀는 전 세계 교육기관에 AI를 가장 빠르고 광범위하게 확산시킨 플랫폼이다. 범용 대규모 언어 모델의 힘을 활용하되, 교육 환경의 특수성에 맞춘 안전장치와 기능을 탑재함으로써, AI를 학교 시스템에 안전하게 통합시키는 역할을 한다. 일반적인 챗GPT 모델이 방대한 인터넷의 모든 지식과 정보를 수렴하여 제공하는 것과 달리, 에듀 버전은 학교의 커리큘럼, 윤리적 기준, 그리고 데이터 프라이버시 가이드라인에 맞춰 학습 자료를 생성하며, 유해하거나 부적절한 콘텐츠를 철저히 필터링한다. 공교육 시스템이 AI라는 혁신을 수용하기 위해 반드시 필요한 신뢰의 기반을 마련해준다.

이 플랫폼의 가장 큰 가치는 접근성의 민주화에 있다. 이미 수억 명의 사용자를 확보한 범용 AI 기술을 활용함으로써, 특정 사립학교뿐만 아니라 재정적 여력이 부족한 공립학교까지도 안전하고 저렴하게 AI 튜터를 도입할 수 있게 만든다. 교사들은 챗GPT 에듀에 특정 과목의 교재 전체를 학습시켜서 해당 내용에 대한 학생들의 질문만 받도록 설정할 수 있으며, 이를 통해 AI는 해당 교사가 직접 만든 커리큘럼을 숙지한 개인화된 보조 교사가 된다. 학생들에게는 언제든 이용 가능한 24시간 개인 과외 선생님이 생긴 것이며, 교사들은 수업 시간 외에 학생들의 수많은 질문에 대응해야 하는 시간적 부담을 획기적으로 줄였다. 챗 GPT 에듀는 AI가 가진 보편성과 확장성을 활용해 교육의 질적 상향 평준화를 빠르게 이끈 사례로 평가된다.

＊ 클래스 컴패니언: 교사를 잡무에서 해방시키는 AI 비서

AI 튜터 혁신의 방향이 학생뿐 아니라 교사에게도 향해야 함을 보여주는 대표적인 사례가 바로 클래스 컴패니언이다. 교사들이 가장 많은 시간을 뺏기는 업무는 주관식 논술 채점, 세밀한 첨삭, 학생들에게 개별화된 피드백을 작성하는 행정적 잡무다. 교사 한 명이 수십 명의 에세이를 밤새 채점하다 보면 피로 때문에 피드백의 질이 떨어질 수밖에 없다.

클래스 컴패니언은 이 모든 노동 집약적 업무를 AI가 대신 수행하도록 설계된 교사용 AI 비서다. AI는 학생이 제출한 논술을 몇 초 만에 읽고, 내용의 논리적 오류나 문법적 실수를 정확하게 찾아낸다. 이 시스템의 핵심은 구체적이고 건설적인 피드백 생성에 있다. AI는 단순한 점수를 매기는 대신, 학생의 수준에 맞춰 "네가 서론에서 제시한 주장은 흥미롭지만, 본론의 세 번째 문단에 이 주장을 뒷받침하는 근거가 부족하다. 외부 통계 자료를 인용하여 논리를 보강해보라"라는 식의 코멘트를 작성한다. AI 덕분에 교사는 채점에 허비하던 시간을 아껴 학생 한 명 한 명과 정서적으로 교류하고, 그들의 멘털을 관리하며, 창의적인 수업을 설계하는 일에 집중할 수 있게 되었다. AI는 교사를 대체하는 것이 아니라, 교사가 인간적인 스승 역할을 회복하도록 도와주는 최고의 행정 비서인 셈이다. 클래스 컴패니언은 교육 현장에서 AI가 효율성을 높이는 가장 실용적이고 효과적인 방안을 제시한 플랫폼이다.

4) AI는 교사를 대체하지 않는다, 교사를 확장한다

AI가 교사의 업무 중 채점, 진도 관리, 반복적인 지식 전달을 높은 효율로 수행하기 시작하자, 교사를 대체할 것이라는 공포가 확산되었다. 하지만 이러한 두려움은 AI의 역할을 인간의 노동을 훔치는 로봇이라는 구시대적 관점에 가두는 것이다. AI는 교사를 대체하는 것이 아니라, 비효율적이었던 잡무를 대신 처리함으로써 교사의 본질적인 역할을 확장시키는 도구다.

AI가 대신하는 것은 교사 업무의 80%를 차지하는 행정적, 반복적 작업이다. AI는 수백 명 학생의 숙제를 1초 만에 채점하고, 누가 어떤 개념을 어려워하는지 분석해 교사에게 보고한다. 이러한 AI 비서 덕분에 인간 교사는 마침내 단순 지식 전달자라는 낡은 짐을 벗을 수 있게 되었다. 교사는 이제 기계가 절대 할 수 없는 영역—인간성의 영역—에 온전히 집중한다.

교사의 확장된 역할은 다음과 같다. 첫째, 정서적 멘토링이다. AI는 학생의 답을 분석할 수 있지만, 학생의 눈빛을 보고 좌절감을 읽어내거나 따뜻한 격려로 다시 일어서게 할 수는 없다. 둘째, 사회적 가치 교육이다. AI는 지식을 전달할 뿐, 학생들 간의 갈등을 중재하고 이타심을 가르치며 AI 윤리와 시민 의식을 심어줄 수 없다. 셋째, 창의적 영감이다. AI는 정답이 있는 지식을 잘 가르치지만, 정답이 없는 미지의 영역으로 학생들을 이끌고 그들의 기발한 아이디어를 현실로 만들어줄 동기를 부여하는 것은 인간 교사의 몫이다.

AI는 교사라는 직업의 본질을 지식을 아는 사람에서 인간을 성장시키는 사람으로 승격시켰다. AI는 교사의 지능을 확장하는 가장 강력한 증강 현실 장치다. 기술에 의해 노동의 가치가 하향 평준화되는 시대에 교사라는 직업은 역설적으로 가장 인간적이고 고귀한 영역으로 그 지위가 격상될 것이다.

04

평생학습의 재정의

20세기 산업화 시대는 20대 중반까지 대학에서 지식을 충전하고, 그 연료로 60세까지 일하고, 은퇴하는 3단계 삶이었다. 이 모델에서 대학 졸업장은 평생을 보장하는 보험증서와 같았다. 하지만 AI와 기술의 민주화는 견고했던 공식을 파괴했다. 이제 지식은 비축해두는 통조림이 아니라, 실시간으로 소비하고 업데이트해야 하는 스트리밍 콘텐츠가 되었다.

이러한 변화는 개인의 불안감을 키웠을 뿐 아니라 기업에는 더 큰 위기로 다가왔다. 기업은 외부에서 완성된 인재를 찾을 수 없다는 냉혹한 현실을 인정해야만 했다. 아무리 비싼 연봉을 주고 신입을 뽑아도, 그들의 지식과 기술이 5년 안에 구식이 되기 때문이다. 시장의 변화 속도를 따라잡으려면 기업 스스로가 직원들에게 필요한 교육을 제공하는 학교로 변신해야 한다. 과거에는 교육을 직원을 위한 복지나 예산 낭비로 여겼지만, 이제는 기업의 생존을 결정하는 미션 크리티컬(Mission Critical)한 경영 전략이 되었다.

이제 평생학습은 개인의 선택이 아니라, 기업과 개인 모두의 생존 의무가 되었다. 배움과 일의 경계가 무너지고, 평생에 걸쳐 학습과 노동이 톱니바퀴처럼 맞물려 돌아가는 다단계 삶이 새로운 표준이다. 학교의 담장을 넘어 회사, 지역 사회까지 새로운 학습 생태계가 확장되고, 그 속에서 개인이 끊임없이 자신을 업데이트하며, 졸업장 대신 업데이트 주기가 능력을 증명하는 시대가 온 것이다.

1) 회사가 학교가 되는 시대: 러닝 오거니제이션

러닝 오거니제이션(학습 조직)이란, 외부 환경 변화에 민감하게 반응하며 조직 구성원들이 끊임없이 학습하고 정보를 공유하여 스스로 변화하고 혁신을 창출하는 기업을 의미한다. 과거에는 기업의 성장을 위해 인재를 채용하는 것이 가장 중요한 R&D였다면, 이제는 이미 채용한 인재를 끊임없이 학습시키는 것 자체가 기업의 가장 중요한 경쟁력이다. 기술의 발전 속도가 너무 빨라, 채용 시장에서 원하는 모든 최신 지식을 가진 완성형 인재를 찾는 것이 불가능해졌다. 기업은 인재를 데려오는 대신, 우리 회사에 맞게 키우고 재교육하는 시스템을 구축해야 한다. 러닝 오거니제이션은 이제 있으면 좋은 것이 아니라, 속도의 경제에서 도태되지 않기 위한 반드시 있어야 하는 것이 되었다.[37]

마이크로러닝과 인재 유동화 회사가 학교가 되기 위해 가장 먼저 하는 일은 내부 학습 시스템의 디지털 전환이다. 과거의 교육이 1년에 한 번 강당에 모여 드는 집합 교육이었다면, 이제는 모바일 기반의 마이크로러닝 형태로 바뀌었다. 직원들은 출퇴근길 10분, 점심시간 5분처럼 짧은 시간에 AI가 개인의 업무 패턴과 부족한 스킬을 분석하여 추천해준 맞춤형 강의(Learning Experience Platform, LXP)[3]를 수강한다. 이 과정은 직원의 업무 흐름을 끊지 않으면서도 학습을 일상화하는 데 초점을 맞춘다.

더 나아가, 회사는 직원들에게 새로운 직무를 배울 기회를 제공하는 커리어

---

3   학습자 개인의 관심사와 역량 데이터를 분석하여 맞춤형 콘텐츠를 추천하고, 동료들과의 소셜 러닝을 지원하는 AI 기반 학습 플랫폼.

모빌리티(Career Mobility)를 장려한다. AI 때문에 자신의 직무가 사라질 위기에 처한 직원을 해고하는 대신, 사내에서 새로운 기술(예: 코딩, AI 프롬프트 엔지니어링)을 학습시켜 다른 부서로 이동할 수 있게 리텐션 전략을 제공하는 것이다. 기업의 입장에서는 숙련된 인재를 잃지 않고, 직원 입장에서는 평생 성장이라는 가치를 회사 안에서 실현할 수 있게 해주는 상호 공진화 모델이다. 회사는 단순히 돈을 버는 곳을 넘어, 직원들의 잠재력을 끊임없이 업데이트하는 지속 가능한 학습 환경 그 자체가 된다.

글로벌 금융 대기업 JP모건 체이스(JPMorgan Chase)는 연간 약 36만 시간에 달하던 계약서 검토 업무를 AI 시스템 COiN(Contract Intelligence)으로 자동화했다.[38] 이 소식이 알려지자 금융권 일각에서는 법률 보조관과 법무 인력의 일자리가 위협받을 수 있다는 우려와 함께, 법률·금융 직무의 역할 재편 가능성도 거론되었다. COiN이 담당하는 영역은 반복적인 문서 검토와 조항 추출에 가깝고, 계약의 맥락 판단·협상 전략·윤리적 판단 등 고부가가치 업무는 여전히 인간 변호사와 전문가의 역할로 남아 있다고 분석한다. 여러 보고서와 사례 연구에서는 JP모건의 사례를 기존 인력을 단순히 대체하기보다 AI를 활용해 고부가가치 업무 전환과 업스킬링의 필요성을 보여주는 대표적 사례로 소개하고 있다.

기존 법률 인력은 반복 작업에서 벗어나, AI 시스템이 분석한 데이터를 기반으로 위험도가 높은 소수의 계약에 집중하는 고부가가치 업무로 재배치되는 사례로 보고되고 있다. 또한 일부 조직에서는 AI가 놓칠 수 있는 법률적 뉘앙스나 맥락을 검토·보완하는 'AI 코치' 역할을 수행하는 방식이 소개되기도 한다. JP모건의 사례는 AI가 인력을 대체하는 것이 아니라, 수십 년간 축적된 법률 전문가들의 도메인 지식을 보존하면서 AI 활용 역량을 더한 새로운 전문직 역할로 확장하는 방향으로 나아가고 있음을 보여준다. 이러한 흐름은 AI 도입이 조직 내부의 학습과 재교육을 촉진하고, 직원과 기업이 함께 미래 역량을 구축하는 '회사가 곧 학교'라는 조직 모델의 대표적 사례로 종종 언급된다.

2) 마이크로러닝·커리어 모빌리티·리턴십 프로그램

러닝 오거니제이션이 기업의 필수 전략이 되었다면, 이를 실제 구동하는 엔진은 시간, 공간, 인재의 장벽을 허무는 새로운 학습 방법론이다. AI와 디지털 플랫폼은 3가지 핵심 프로그램을 통해 학습을 기업 문화의 중심에 통합시킨다.

✳ 마이크로러닝: 학습의 일상화

AI시대의 업무 속도는 직원이 3일짜리 워크숍에 참석할 여유를 허락하지 않는다. 마이크로러닝은 이러한 시간의 제약을 해결하는 방법론이다. 5분에서 10분 이내의 짧은 시간 동안 하나의 명확한 개념이나 스킬을 습득하도록 설계된 학습 모듈이다. 뇌과학적으로도 인간의 집중력과 지식 유지율이 가장 높은 시간 단위가 7~10분이라는 연구 결과가 있다. 마이크로러닝은 과거의 지루하고 긴 집합 교육이 극복하지 못했던 망각 곡선(Forgetting Curve)[4]의 문제를 효율적으로 해결한다.

이 시스템의 핵심은 학습 경험 플랫폼과 AI 기반 추천 엔진에 있다. LXP는 단순히 콘텐츠를 쌓아두는 도서관(Learning Management System, LMS)이 아니다. AI는 직원의 현재 업무 프로젝트, 이전에 작성한 보고서, 팀의 목표, 개인이 부족한 역량 데이터까지 수집하여, 수천 개의 모듈 중 가장 적절한 학습 콘텐츠를 실시간으로 추천한다. 이것은 넷플릭스가 사용자의 시청 패턴을 분석하여 다음 볼 영화를 추천하듯, AI가 직원의 경력 경로에 가장 필요한 지식을 선별하여 제공하는 것이다.

---

4 학습 후 시간이 지남에 따라 기억이 소실되는 비율을 나타낸 곡선. 에빙하우스의 연구에 따르면 학습 후 1
시간 뒤에는 50% 이상을 잊어버린다.

마이크로러닝의 궁극적인 목표는 학습을 거대한 이벤트가 아니라 업무 흐름에 자연스럽게 녹여내 일상화하는 것이다. 직원들은 출퇴근길 10분, 회의 직전 5분처럼 짧은 틈새 시간에 모바일 앱을 통해 학습한다. 예를 들어, 데이터 보고서를 작성해야 하는 마케터에게는 10분짜리 파이선 데이터 시각화 라이브러리 기초 모듈을, 다음 주 고객 프레젠테이션을 앞둔 영업사원에게는 5분짜리 젠더리스 커뮤니케이션 모듈을 추천하는 식이다. 학습이 곧 업무의 일부이자 지속적인 업데이트로 인식될 때, 기업은 직원들이 업무 시간을 중단하지 않고도 역량을 지속적으로 발전시킬 수 있는 동력을 확보한다.

＊ 커리어 모빌리티: 내부 인재 재구성

커리어 모빌리티는 외부 채용 시장에서 비싼 인재를 영입하는 대신, 내부 직원을 재교육하여 다른 직무나 부서로 유연하게 이동시키는 전략이다. 직원들의 자기 계발을 돕는 복지 차원의 문제가 아니다. AI시대에 기업이 이 전략을 채택하는 가장 큰 이유는 도메인 지식의 보존이라는 생존 본능 때문이다. AI는 직원의 단순 반복 업무는 자동화할 수 있지만, 그가 수십 년간 쌓아온 산업에 대한 깊은 이해와 직관(도메인 지식)은 대체할 수 없다. 커리어 모빌리티는 AI로 인해 사라질 위기에 처한 직무와 AI시대에 필요한 새로운 직무 사이의 다리 역할을 수행하며, 해고 위협을 피하는 윤리적이고 효율적인 방법론으로 각광받는다.

사내 인재 마켓플레이스(Internal Talent Marketplace) 시스템을 통해 구현된다. AI는 특정 직원의 현재 기술과 학습 조직 내에서 쌓은 새로운 역량, 관심사를 분석한다. 이 데이터는 회사 내의 비어 있는 포지션이나 새로운 프로젝트와 매칭된다. 직원은 수동적으로 해고 통보를 기다리는 것이 아니라, 스스로의 의지에 따라 필요한 교육 과정을 이수하고 내부 시장에서 새로운 일자리를 찾아 이동한다. 이 과정은 기업이 숙련된 인재를 잃지 않고, 직원에게 해고 없는 성장을 보장하는 상호 공진화 모델을 만든다.

유통 공룡의 도메인 지식 보존 전략이 전략의 가치는 유통 대기업 Z사의 사례에서 명확히 드러난다. Z사는 AI를 통해 고객 데이터 분석 부서를 확장해야 했지만, 외부에서 AI 엔지니어를 고액에 채용하는 대신 내부 인재를 활용했다. 이 전략의 핵심은 도메인 지식의 보존이다. 외부에서 온 AI 엔지니어는 기술은 알아도 우리 고객이 왜 이 상품을 클릭하는지 유통의 본질을 알지 못한다. 하지만 10년 이상 유통 현장에서 일한 베테랑 마케터들을 대상으로 6개월간 데이터 분석 기술 교육을 집중적으로 제공했다. 기술 교육을 받은 베테랑 마케터는 자신의 경험(유통 도메인 지식)과 AI라는 도구(데이터 분석 능력)를 결합하여, 가장 빠르고 정확하게 고객의 행동을 예측하는 알고리즘을 만들어냈다. 회사는 비싼 외부 인력 대신 내부 인재를 통해 AI 경쟁력을 확보했고, 직원들은 해고 걱정 없이 새로운 경력 경로(Career Path)를 얻었다. 이 사례는 러닝 오거니제이션이 단순한 방어가 아니라, 미래 경쟁 우위를 선점하기 위한 능동적인 공격 전략임을 명확히 보여준다.

* 리턴십 프로그램: 시니어 인재의 재진입

리턴십 프로그램이란 출산, 육아, 간병 등으로 인해 경력 단절을 겪은 고학력 시니어 인재를 재고용하기 위한 일종의 유급 인턴십 프로그램이다. 단순히 사회 공헌 차원의 복지 프로그램이 아니다. 기업들이 이 전략에 투자하는 가장 큰 이유는 숙련된 인력 풀을 놓치지 않기 위해서다. 특히 AI시대에는 경험과 전문성은 풍부하지만, 5~10년간의 공백 동안 최신 AI 도구 활용법이나 디지털 협업 방식에 대한 기술 격차가 생긴 인재들이 많다. 리턴십 프로그램은 이 잠재된 인력 풀을 회복하는 필수적인 다리 역할을 수행한다.

격차 해소와 안전한 복귀 리턴십은 기업과 재진입 인력 모두에게 저위험의 재결합 방식을 제공한다. 기업은 이들에게 6개월에서 1년 동안 최신 AI/디지털 기술 교육을 집중적으로 제공하고, 현업 팀의 멘토를 붙여준다. 인재들은 이 프로그램을 통해 구형 지식을 폐기하고, 새로운 기술을 습득하며, 단절된 경력을 안전하게 재개할 수 있다. 기업 입장에서는 인재를 정규직으로 채용하기 전 실무 적응도와 역량을 충분히 검증할 수 있고, 개인은 경력 단절에 대한 심리적 부담 없이 조직 문화에 재적응할 수 있는 안전지대를 확보한다.

리턴십 프로그램은 경력 단절에 대한 사회적 낙인을 해소하는 데 크게 기여 한다. 육아나 가사 노동으로 인해 경력을 중단했던 인재들(주로 여성)의 풍부한 도메인 지식과 경험을 사회적으로 낭비하지 않고, 이들의 잠재력을 기업의 경쟁 력으로 활용하는 윤리적이고 효율적인 평생학습 모델의 핵심 요소다. 평생학습 은 노년의 취미가 아니라, 인생의 다양한 단계에서 직무와 학습을 번갈아 하는 다단계 삶의 필수적인 재진입 수단이 된 것이다.

3) 기술로 진화하는 사내 교육 플랫폼

러닝 오거니제이션이 기업의 필수 전략이 되면서, 기존의 사내 교육 시스템 인 LMS는 수명을 다했다. LMS는 주로 법정 의무 교육이나 매뉴얼을 쌓아두는 디지털 파일 캐비닛 역할에 불과했다. 콘텐츠가 정적이고, 직원 개개인의 업무와 연관성이 낮았으며, 무엇보다 강제성이 강해 학습 동기를 떨어뜨렸다. 지식의 유 통기한이 짧아지자, 기업은 더 이상 창고가 아닌 지식을 실시간으로 배달하는 시스템으로 진화해야 했다.

이러한 한계를 극복하기 위해 사내 교육 플랫폼은 LXP로 진화했다.[39] 개인 의 커리어를 추적하며 최적 경로를 안내하는 경력 GPS와 같아서, 직원의 현재 직무, 참여 중인 프로젝트, 앞으로 필요한 역량을 분석한다. 이 데이터를 바탕으 로 수많은 마이크로러닝 모듈 중 가장 시급하고 적절한 콘텐츠를 넷플릭스가 다음 볼 영화를 추천하듯 직원에게 추천한다. 학습을 강제된 의무가 아닌, 업무 성공을 위한 필수 조언으로 탈바꿈시킨 것이다.

LXP는 AI 추천 기능만 갖춘 것이 아니다. 학습의 흥미와 참여를 높이기 위해 소셜 미디어 요소를 적극적으로 결합한다. 직원들은 플랫폼 내에서 자신들이 배운 지식을 공유하고, 동료의 콘텐츠에 의견을 나누며, 특정 주제에 대해 질문하고 집단지성으로 답을 얻는다. 특히 책이나 강의로 배우기 어려운 암묵지(현장의 노하우)를 조직 내에서 빠르게 전파하는 핵심 통로가 된다. LXP는 과거 회사의 복도나 탕비실에서 오가던 수다와 노하우를 디지털 공간으로 옮겨 와, 모든 조직원들이 동료들의 지식을 실시간으로 흡수할 수 있는 협력적인 학습 문화를 조성한다.

사내 교육 플랫폼은 컴플라이언스(규정 준수)를 위한 보고서 제출 시스템에서, 직원들의 역량을 지속적으로 업데이트하여 기업의 혁신을 이끄는 지속 가능한 지식 발전소로 진화하고 있다. LXP는 AI와 마이크로러닝을 결합함으로써, 직원들이 업무와 학습을 분리하지 않고 성장과 성과를 동시에 추구할 수 있는 환경을 제공하는 핵심 인프라다.

4) 배움의 민주화는 성장의 민주화다

앞서 살펴본 마이크로러닝, 커리어 모빌리티, 리턴십 프로그램은 기술이 어떻게 배움의 기회를 보편화했는지를 보여준다. 하지만 이 모든 변화의 종착지는 교육 서비스의 개선을 넘어, 인간의 성장할 권리를 복원하는 데 있다. 과거의 평생학습은 노후에 대비하거나 취미를 위한 사치 혹은 선택이었다. 지식 업데이트에 드는 시간과 비용이 너무 비쌌기에, 소수의 의지 강한 사람들만이 그 기회를 누릴 수 있었다.

그러나 AI 시대의 기업은 직원들의 성장을 개인의 숙제로 방치할 수 없다. 직원이 성장을 멈추면 곧 구형 인력이 되어 조직 전체의 혁신 속도를 늦추기 때문이다. 이제 직원 성장=기업 생존이라는 방정식이 성립한다. 이로 인해 기업은 LXP를 통해 직원들에게 지식을 끊임없이 스트리밍하고, 커리어 모빌리티를 통해 새로운 직무로 성장하도록 제도적으로 보장한다. 직원이 언제든 새로운 기술을 배우고 자신의 가치를 업데이트할 수 있는 환경을 구축하는 것은 인재 유출을 막는 가장 강력한 방파제가 되었다.

배움의 민주화는 성장의 민주화로 완성된다. 과거에는 좋은 학벌, 부모의 재력, 젊음이라는 조건이 있어야 성장의 사다리를 탈 수 있었다. 하지만 AI 튜터는 학습 비용과 시간의 장벽을 허물었고, 리턴십은 나이와 경력 단절이라는 사회적 낙인을 지웠다. 성장의 기회가 특정 계층이나 인생의 특정 단계에 한정된 귀족적 특권이 아니라, 삶의 전 영역에서 누구나 누릴 수 있는 보편적 권리로 확장된 것이다. 배움의 도구가 평등해지자, 인간의 잠재력이 꽃피울 수 있는 기회 또한 평등해지고 있다.

앞에서 기술의 민주화가 가져온 혁신과 기회에 환호했다. 누구나 지식에 접근하고, 창조자가 되며, 기업을 일굴 수 있는 세상은 분명 인류가 꿈꾸던 유토피아에 가깝다. 하지만 빛이 강할수록 그림자는 짙고 길어지는 법이다. 기술의 장벽이 무너졌다는 것은 선한 의도를 가진 혁신가뿐만 아니라, 악한 의도를 가진 파괴자들에게도 통제되지 않는 강력한 힘이 주어졌음을 의미한다.

과거에 사회를 혼란에 빠뜨릴 정교한 가짜 뉴스를 만들거나 타인의 인격을 살해할 영상을 조작하려면, 방송국 수준의 장비와 고도의 기술, 막대한 자본이 필요했다. 하지만 생성형 AI와 딥페이크 기술은 이 마지막 안전장치를 해체해버렸다. 이제 방구석에서 누구라도 클릭 몇 번이면 특정인의 목소리를 복제해 보이스피싱을 할 수 있고, 혐오를 부추기는 가짜 기사를 대량 생산해 민주주의 시스템을 교란할 수 있다. 우리는 인류 역사상 처음으로 선과 악, 진실과 거짓이 동등한 무기를 들고 싸우는 파괴적 힘의 평등을 목격하고 있다.

문제는 기술의 발전 속도가 사회의 윤리적 소화 능력을 압도하고 있다는 점이다. 딥페이크 기술은 매일 진화하여 육안으로는 식별이 불가능한 수준에 도달했지만, 이를 막을 법적 규제와 시민들의 윤리 의식은 여전히 과거에 머물러 있다. 알고리즘은 우리의 편견을 학습해 차별을 자동화하고, 플랫폼은 자극적인 콘텐츠로 수익을 올리며 혐오를 방조한다. 이 윤리적 지체 현상은 우리 사회를 신뢰가 붕괴된 '불신의 지옥으로 몰아넣을 위험을 안고 있다.

PART 4에서는 기술의 민주화가 낳은 역설적인 그림자들을 냉철하게 해부한다. 진실을 위협하는 환각과 딥페이크, 차별을 학습하고 증폭하는 알고리즘, 클릭 수 뒤에 숨은 플랫폼의 무책임함까지. 기술을 찬양하는 단계를 넘어 기술이 초래한 부작용을 어떻게 통제하고 감당할 것인가? 이것은 단순한 기술의 문제가 아니라, 우리 사회가 도구를 다룰 자격이 있는지 묻는 가장 엄중하고 시급한 윤리적 시험대다.

PART 4

기술의 민주화, 그 빛과 그림자

01

민주화의 역설:
모두가 창조자가 된
시대의 책임

지난 수 세기 동안 정보의 세계에는 문지기가 있었다. 신문사 데스크, 방송국 PD, 출판사 편집자는 정보의 사실 여부를 검증하고, 사회에 내보낼 가치가 있는지 판단하는 필터 역할을 했다. 우리는 그 필터를 통과한 정보를 뉴스 혹은 지식이라 부르며 신뢰했다. 하지만 기술의 민주화는 이 문지기들을 해고해버렸다. 이제는 스마트폰과 AI만 있으면 누구나 기자가 되고, 방송국이 되며, 여론의 주도자가 될 수 있다.

이것을 표현의 자유가 확장된 축복이라 여겼지만, 뚜껑을 열어보니 그곳엔 민주화의 역설이 기다리고 있었다. 문지기가 사라진 성문으로 검증되지 않은 정보, 편향된 주장, AI가 대량 생산한 그럴듯한 거짓말이 쓰나미처럼 밀려들어 온 것이다. 정보의 양은 폭발했지만, 정작 믿을 수 있는 정보는 찾기 힘들어지는 기이한 현상이 벌어졌다.

팩트보다 자극이 돈이 되는 구조, 혐오를 팔아 트래픽을 모으는 알고리즘, 그 속에서 길을 잃은 시민들. 기술이 정보의 생산 비용을 0으로 만들었을 때, 과연 진실의 가치는 어떻게 지켜질 수 있는지, 그 무거운 책임에 대해 묻는다.

1) 가짜뉴스·혐오·편향: 기술의 그림자

기술의 민주화가 가져온 가장 치명적인 부작용은 거짓말의 생산 비용이 0이 되었다는 점이다. 과거에 가짜 뉴스를 만들어 사회를 혼란에 빠뜨리려면, 그럴듯한 문장을 쓰는 작가와 사진을 조작하는 기술자, 그리고 이를 유통할 조직이 필요했다. 악행에도 일종의 비용과 진입 장벽이 있었던 셈이다. 하지만 생성형 AI는 이 장벽을 없앴다. AI는 사실 여부와 관계없이 확률적으로 가장 그럴듯한 문장을 조합해내는 환각을 일으키곤 한다. 악의를 가진 사용자가 특정 정치인의 비리 의혹 기사를 써달라고 입력하면, AI는 1초 만에 존재하지 않는 사건을 사실인 양 육하원칙에 맞춰 써낸다. 팩트와 픽션의 경계는 무너졌고, 사회는 검증되지 않은 정보가 쓰나미처럼 밀려오는 진실의 위기를 맞이했다.

민주화된 기술이 가장 잔인하게 악용되는 현장은 바로 딥페이크다. 불과 몇 년 전만 해도 할리우드 블록버스터 영화에서나 가능했던 고도의 얼굴/음성 합성 기술이, 이제는 누구나 앱스토어에서 다운로드할 수 있는 무료 도구가 되었다. 기술 장벽의 붕괴는 곧바로 범죄의 대중화로 이어졌다. 타인의 얼굴을 음란물에 합성해 인격을 살해하거나, 가족의 목소리를 완벽하게 복제해 보이스피싱에 악용하는 사례가 급증하고 있다. "누구나 크리에이터가 될 수 있다"라는 희망찬 구호가, 피해자에게는 "누구나 나를 공격할 수 있다"라는 섬뜩한 공포로 돌변한 것이다. 기술은 가치 중립적일지 몰라도, 윤리적 브레이크 없이 대중에게 쥐어진 기술은 흉기가 된다.

[사례] 3,500만 달러를 훔친 목소리: UAE 은행 AI 보이스피싱 사건

2020년 아랍에미리트(UAE)에서 발생한 한 사건은 기술의 민주화가 범죄로 악용되었을 때 어떤 파급효과를 낳는지 단적으로 보여준다. UAE 검사당국에 따르면, 범죄 조직은 한 대기업 임원의 음성을 합성해 은행 지점장에게 전화를 걸어 3,500만 달러 송금을 지시했다. 지점장은 이메일 지시와 합성 음성이 결합되어 만들어낸 '진짜 같음'에 속아 정상적인 거래로 판단했고, 거액이 해외 계좌로 이체되었다. 당시 보도와 전문가 분석에 따르면 이 합성 음성은 실제 임원의 말투·강세를 상당 부분 모방했으며, 기존 방식의 음성 짜깁기보다 훨씬 자연스러운 형태였다. 과거에는 전문 성대모사나 녹음 조작이 필요했지만, AI 보이스 합성 기술의 발달로 짧은 음성 샘플만으로도 완성도 높은 가짜 목소리가 가능해진 것이다.

이 사건은 우리에게 섬뜩한 경고를 던진다. 내 귀로 들은 것도 믿을 수 없는 것이다. 기술 장벽이 무너짐과 동시에, 인간관계의 기본인 신뢰의 기반마저 무너져 내렸다. 이제 누구나 앱 하나만 있으면 타인의 목소리와 얼굴을 훔칠 수 있게 되었고, 금융 사기를 넘어 평범한 사람들의 일상을 위협하는 보이지 않는 흉기가 되고 있다.

더욱 은밀하고 구조적인 문제는 AI가 인간의 혐오를 학습한다는 점이다. AI는 하늘에서 뚝 떨어진 순수한 지능이 아니다. 인간이 지난 수십 년간 인터넷에 쏟아낸 성차별, 인종차별, 지역 갈등이 고스란히 묻어 있는 데이터를 먹고 자랐다. 이를 정제하지 않고 학습한 AI는 차별을 답습하는 것을 넘어 증폭시킨다. 채용 AI가 여성 지원자의 이력서 점수를 낮게 매기거나, 범죄 예측 시스템이 흑인을 잠재적 범죄자로 지목하는 사고가 끊이지 않는 이유다. 가장 무서운 점은 이 차별이 수학적 객관성이라는 가면을 쓰고 있다는 것이다. 사람들은 기계가 분석했으니 공정하리라고 착각하지만, 편향된 데이터로 훈련된 AI는 공정한 재판관이 아니라 우리 사회의 편견을 가장 효율적으로 퍼뜨리는 혐오의 확성기일 뿐이다.

[사례] 차별을 자동화하다: 아마존의 채용 AI 폐기 사건

2014년, 세계 최대의 IT 기업 아마존은 채용 과정을 혁신하기 위해 야심 찬 프로젝트를 시작했다. 수만 장의 이력서를 사람이 일일이 검토하는 대신, AI가 최고의 인재를 자동으로 선별해주는 시스템을 개발하려 한 것이다. 그들의 목표는 감정이 개입되지 않은, 가장 공정하고 효율적인 채용 기계를 만드는 것이었다. 이를 위해 개발팀은 지난 10년 동안 아마존에 지원했던 사람들의 이력서 데이터를 AI에 학습시켰다.

하지만 2015년, 아마존은 이 시스템에 치명적인 결함이 있음을 발견했다. AI가 여성을 싫어했던 것이다. 이유는 간단했다. AI가 학습한 과거 10년치 데이터는 남성 지원자가 압도적으로 많은 IT업계의 현실을 그대로 반영하고 있었다. AI는 이 데이터를 분석한 뒤 스스로 잘못된 결론을 내렸다. "과거에 합격한 사람들은 대부분 남성이다. 따라서 남성이 여성보다 우월하다."

그 결과 AI는 이력서에 여성이라는 단어가 등장하기만 해도 점수를 깎기 시작했다. 예를 들어 여성 체스 동아리 회장이라는 경력이 있으면 감점 요인이 되었고, 여대 출신 지원자들을 체계적으로 배제했다. 아마존 개발팀이 코드를 수정해보려 했지만, AI는 다른 방식으로(예: 여성적인 어투 등) 차별하는 법을 끊임없이 찾아냈다. 아마존은 2018년 이 프로젝트를 완전히 폐기했다. 이 사건은 기술이 객관성이라는 가면을 쓰고 우리 사회의 낡은 편견을 어떻게 자동화하고 고착화할 수 있는지 보여준, AI 윤리사에서 가장 뼈아픈 교훈으로 남았다.

2) 플랫폼과 알고리즘의 윤리

오늘날 유튜브, 틱톡, X(구 트위터)와 같은 거대 플랫폼들의 비즈니스 모델은 단순하다. 사용자의 눈과 귀를 최대한 오래 붙잡아두고, 그사이에 광고를 하나라도 더 보여주는 것이다. 이를 주목 경제(Attention Economy)라고 부른다. 이 경제 시스템 안에서 알고리즘의 지상 과제는 진실이나 유익함이 아니라 오직 체류 시간을 늘리는 것이다. 문제는 인간의 뇌가 평온한 진실보다 분노, 공포, 혐오 같은 자극적인 감정에 훨씬 더 격하게 반응하도록 설계되어 있다는 점이다.

알고리즘은 필연적으로 윤리적이지 않은 선택을 하게 된다. 팩트를 검증한 차분한 뉴스보다는, 특정 집단을 악마화하는 음모론이나 가짜 뉴스가 더 많은 클릭과 댓글을 유발하기 때문이다. 알고리즘은 이 콘텐츠가 사회에 해로운지를 판단하지 않는다. 그저 사용자를 1분 더 머물게 했는가만 계산한다. 플랫폼은 수익을 극대화하기 위해 혐오와 갈등을 방조하거나, 심지어 증폭시키는 구조적 모순에 빠지게 된다.

우리는 플랫폼이 중립적인 광장이라고 착각하지만, 사실 그곳은 철저하게 설계된 거울의 방이다. 알고리즘은 사용자가 한 번 클릭한 성향의 정보를 계속해서 추천한다. 진보 성향의 뉴스 하나를 클릭하면 온통 진보적인 글만 뜨고, 보수 성향의 영상을 보면 보수적인 영상만 추천되는 식이다. 이를 필터 버블이라고 한다.

이 거품 안에 갇힌 사용자는 자신이 보는 세상이 전부라고 믿는다.[40] 나와 다른 의견은 아예 차단되거나 왜곡되어 전달되기 때문에, 대화와 타협은 불가능해지고 사회적 양극화는 극단으로 치닫는다. 플랫폼 기업들은 자신들이 단순히 정보를 유통하는 파이프일 뿐이라고 주장하며 책임을 회피해왔다. 하지만 어떤 정보를 누구에게 보여줄지 결정하는 알고리즘을 설계한 순간, 그들은 이미 우리 사회의 여론을 좌지우지하는 가장 강력한 보이지 않는 편집장이다. 이제 우리는 플랫폼 기업에게 묻지 않을 수 없다. 당신들의 알고리즘은 인간을 더 지혜롭게 만드는가, 아니면 더 편협하게 만드는가?

이러한 플랫폼의 구조적 모순을 마이클 샌델 교수의 저서 《정의란 무엇인가》에 빗대어 보면, 문제는 더욱 명확해진다. 마이클 샌델은 공리주의의 위험성을 경고한 바 있다. "최대 다수의 최대 행복"이라는 원칙은 얼핏 합리적으로 보이지만, 그 행복의 질이나 도덕적 가치를 무시하고 오로지 숫자의 총합만을 따질 때 정의는 무너진다는 것이다.

오늘날 유튜브와 SNS의 알고리즘은 마이클 샌델 교수가 비판했던 눈먼 공리주의 기계 그 자체다. 알고리즘에게 선(Good)이란 오직 하나, 트래픽(숫자)의 총합이다. 그것이 혐오 발언이든, 가짜 뉴스든, 누군가의 인격을 살인하는 내용이든 상관없다. 사용자를 1초라도 더 붙잡아두어 광고 수익을 극대화할 수 있다면, 알고리즘은 그것을 좋은 콘텐츠로 판단하고 수백만 명에게 퍼뜨린다. 쾌락의 총량만 늘릴 수 있다면 도덕적 가치는 무시해도 된다는 제러미 벤담식 공리주의가 디지털 세계에서 가장 타락한 형태로 구현된 셈이다.

또한 마이클 샌델 교수는《돈으로 살 수 없는 것들》에서 "시장 가치가 개입해서는 안 되는 성역이 있다"라고 역설했다. 민주주의 사회의 공론장이 바로 그런 영역이다. 하지만 주목 경제는 시민들이 나누는 대화와 토론마저 광고를 팔기 위한 미끼로 전락시켰다. 자극적인 거짓말이 진실보다 더 비싸게 팔리는 시장에서, 우리 사회의 신뢰와 공적 담론은 헐값에 넘겨지고 있다. 샌델의 질문을 빌려 우리는 플랫폼에 물어야 한다. 기술이 수익을 위해 정의를 훼손할 때, 그 기술은 과연 우리 사회에 필요한가?

3) 기술의 민주화는 '책임의 민주화'를 요구한다

역사적으로 힘과 책임은 항상 비례 관계였다. 과거 미디어 권력이 방송국과 신문사에 집중되어 있을 때는, 사회적 혼란에 대한 책임 또한 데스크라는 소수의 문지기에게 집중되었다. 그들이 팩트 체크를 소홀히 하면 징계를 받았고, 편파 보도를 하면 방송 면허가 취소되는 강력한 규제를 받았다. 대중은 그저 정보를 소비하는 위치였기에, 정보 오염에 대한 책임에서 비교적 자유로웠다.

하지만 기술의 민주화는 이 권력의 지형도를 완전히 뒤집었다. 이제 스마트폰을 쥔 5,000만 명의 개인이 모두 기자이자, 편집자이며, 유통자가 되었다. 권력은 5,000만 조각으로 잘게 쪼개져 만인에게 평등하게 분배되었다. 문제는 권력이 이동하는 속도만큼 책임의식이 이동하지는 않았다는 점이다. 사람들은 자신이 가진 스마트폰이 과거 방송국의 송출탑만큼이나 강력한 파급력을 가진다는 사실을 인지하지 못한다. 권력은 누리되 책임은 지지 않으려는 이 지체 현상이 지금의 디지털 혼란을 야기한 핵심 원인이다.

기술이 고도화될수록 악행의 과정은 무마찰 상태가 된다. 과거에는 누군가를 해치려면 물리적인 힘을 쓰거나 복잡한 준비 과정이 필요했다. 그 과정에서 인간은 "이래도 되나?"라는 양심의 가책을 느낄 시간이 있었다. 하지만 지금의 기술은 그 시간을 삭제했다. 딥페이크 앱으로 친구의 얼굴을 합성하는 데는 3초면 충분하고, 확인되지 않은 혐오 정보를 단톡방에 퍼 나르는 데는 터치 두 번이면 끝난다.

기술 사용의 문턱이 낮아지면서, 죄책감의 문턱도 함께 낮아졌다. 가해자들은 "나는 몰랐다", "그냥 재미로 했다", "남들도 다 하니까"라고 변명한다. 한나 아렌트가 말한 '악의 평범성'이 디지털 세계에서 재현되는 것이다. 거창한 악당이 사회를 망치는 것이 아니라, 자신의 행동이 어떤 결과를 초래할지 생각하지 않는 평범한 개인들이 클릭 몇 번으로 사회를 붕괴시킨다. 기술이 쉬워질수록, 그 기술을 다루는 개인에게는 더 높은 수준의 성찰과 도덕적 민감성이 요구된다. 무지는 더 이상 면죄부가 될 수 없다.

이러한 위기 상황에서 우리는 독일의 철학자 한스 요나스의 《책임의 원칙》을 소환해야 한다. 그는 "현대 기술은 인간 행위의 반경을 전 지구적으로, 그리고 미래 세대로까지 무한히 확장시켰다"라고 통찰했다. 과거에는 내가 던진 돌이 기껏해야 이웃집 창문을 깼지만, 디지털 시대에 내가 던진 가짜 뉴스라는 돌은 지구 반대편의 민주주의를 깨뜨릴 수 있다. 요나스는 이에 대해 "행위의 힘이 커진 만큼, 책임의 범위도 무한대로 확장되어야 한다"라는 새로운 정언명령을 주장한다.

특히 그가 제안한 공포에 기초한 발견술(Heuristics of Fear)은 오늘날의 네티즌들에게 가장 필요한 덕목이다. 내가 무심코 누른 공유 버튼이 초래할 최악의 결과(디스토피아)를 미리 상상하고 두려워함으로써, 현재의 손가락을 멈추고 성찰해야 한다는 것이다. 이제 모든 개인은 자신의 타임라인을 관리하는 작은 편집장(Micro-Gatekeeper)이다. 기술이 신에 버금가는 파괴력을 쥐여주었다면, 그에 걸맞은 신중함과 책임을 져야 한다.[41] 이것이 기술 민주화 시대, 시민됨의 유일한 조건이다.

4) 비판적 시민성과 디지털 윤리의 회복

과거의 문해력이 텍스트에 적힌 글자를 읽고 이해하는 1차원적인 능력이었다면, AI 시대의 문해력은 알고리즘이 설계한 정보의 이면을 꿰뚫어 보는 입체적 능력으로 재정의되어야 한다. 만약 사용자가 비판적 사고라는 필터 없이 AI의 답변을 맹신한다면, 고장 난 내비게이션을 따르는 것과 다를 바 없다. 미래 시민에게 요구되는 제1의 덕목은 건전한 의심이다. AI가 1초 만에 내놓은 유창한 답변 앞에서 감탄하기보다, 정보의 출처와 데이터 편향을 의심하는 까칠한 태도가 우리를 지적 하청업자가 아닌 지적 파트너로 만들어준다.

나아가 시민 리터러시는 기술적 이해를 넘어 윤리적 감수성으로 확장되어야 한다. 기술의 민주화는 누구나 딥페이크를 만들고, 혐오 표현을 자동화할 수 있는 전능한 힘을 개인에게 부여했다. 이제 기술을 악용하는 것을 막는 유일한 방어막은 법적 규제보다 앞서 작동하는 개인의 도덕적 브레이크뿐이다. 기술은 '할 수 있다'고 끊임없이 부추기지만, 시민적 윤리는 '하지 말아야 한다'고 멈춰 세운다. 기술적 유능함보다 윤리적 민감성을 우위에 두는 태도만이 기술의 폭주를 막는 유일한 길이다.

그렇다면 이 복잡한 디지털 정글에서 우리는 당장 무엇을 해야 하는가? 다음은 디지털 시민이 갖춰야 할 구체적인 행동 수칙이다. 첫째, 3초의 멈춤이다. 분노나 흥분을 유발하는 자극적인 뉴스나 영상을 봤을 때, 공유 버튼을 누르기 전 딱 3초만 멈춰라. 알고리즘은 당신의 감정을 해킹해 확산을 유도하도록 설계되어 있다. 이 3초의 멈춤이 가짜 뉴스의 확산 고리를 끊는 가장 강력한 방어막이다. 둘째, AI를 인턴처럼 대하라. AI 챗봇을 전지전능한 신이 아니라, 똑똑하지만 실수가 잦은 신입 인턴으로 대해야 한다. 상사가 인턴의 보고서를 꼼꼼히 검토하듯, AI의 결과물은 반드시 인간의 눈으로 팩트 체크와 윤리적 검토를 거쳐야 한다. 검증 없이 사용하는 것은 인턴의 실수를 결재한 상사의 책임과 같다. 마지막으로 횡적 읽기다. 정보의 진위를 파악할 때 스크롤을 아래로만 내리지 말고, 새 탭을 열어 다른 언론사나 공신력 있는 소스에서도 같은 이야기를 하는지 옆으로 확인하라. 교차 검증만이 알고리즘의 필터 버블을 찢을 수 있는 유일한 바늘이다.[42]

기계가 똑똑해질수록 인간은 더 현명해져야 한다. 기술 위에 사람을 세우고, 도구 위에 가치를 두는 것. 그리고 의심하고 검증하며 멈출 줄 아는 지혜를 갖추는 것. 이것이 AI시대를 살아가는 모두가 갖춰야 할 진짜 실력이다.

02

신뢰받는
기술의 조건

"충분히 발달한 기술은 마법과 구별할 수 없다." 아서 C. 클라크의 이 유명한 격언은 AI 시대에 섬뜩한 경고로 읽힌다. 마법은 신비롭지만, 우리는 마법사에게 내 목숨이 달린 수술이나 전 재산 투자를 맡기지는 않는다. 원리를 알 수 없기 때문이다. 지금의 딥러닝 AI가 딱 그렇다. 입력값(Input)을 넣으면 결과값(Output)이 튀어나오지만, 그 중간 과정에서 AI가 무슨 생각을 거쳐 결론을 냈는지는 개발자조차 모르는 블랙박스 상태다.

과거에는 기술의 미덕이 오직 성능이었다. 빠르고 정확하면 그만이었다. 하지만 AI가 인간의 채용, 대출, 판결, 의료 진단에 개입하기 시작하면서 게임의 규칙이 바뀌었다. 이제는 얼마나 정확한가보다 왜 그런 결과가 나왔는가를 설명할 수 있어야 한다. 이유를 설명하지 못하는 AI 의사에 수술을 맡길 환자는 없고, 이유를 모른 채 대출을 거절당하고 수긍할 고객은 없기 때문이다.

신뢰는 이제 기업의 도덕적 선택이 아니라, 기술이 시장에서 살아남기 위한 생존 면허다. 이제 우리에게 남은 과제는 알 수 없는 블랙박스를 투명한 화이트박스로 바꾸는 것이다. 설명 가능한 AI(XAI)와 신뢰받는 기술의 필수 조건들을 명확히 바로 세우는 일은 더 이상 미룰 수 없다.[43] 기술이 인간의 통제권 안에서 안전하게 작동한다는 믿음, 그것만이 기술 민주화의 지속 가능성을 결정짓는 마지막 열쇠가 될 것이다.

1) 투명성·공정성·윤리: 인간 중심 기술의 설계 원칙

흔히 기술의 신뢰도가 정확도 99% 같은 숫자에서 나온다고 착각한다. 하지만 아무리 성능이 좋은 자율주행차라도 왜 갑자기 멈췄는지를 설명하지 못한다면, 그 차에 가족을 태울 수 없을 것이다. 신뢰는 결과값이 아니라 그 결과에 도달하는 과정의 투명함과 그 기술이 인간을 해치지 않을 것이라는 안전한 설계에서 나온다. AI 기술은 개발 단계에서부터 인간의 존엄과 가치를 훼손하지 않도록 철저하게 인간 중심으로 설계되어야 한다. 이를 위한 3대 원칙은 투명성, 공정성, 윤리다.

* 투명성: 블랙박스를 화이트박스로

현대 인공지능, 특히 딥러닝 기술은 치명적인 역설을 안고 있다. 모델이 정교해지고 성능이 압도적으로 좋아질수록, 정작 그 내부가 어떻게 작동하는지는 아무도 알 수 없는 블랙박스 상태가 심화된다는 점이다. 수천억 개의 매개변수가 복잡하게 얽혀 연산하는 과정을 인간의 인지 능력으로는 추적할 수 없기 때문이다. 개발자조차 AI가 왜 이 사진을 고양이로 인식했는지 논리적으로 설명하지 못한다. 그저 입력값을 넣었더니 결과값이 나왔다는 사실만 알 뿐이다.

넷플릭스가 영화를 추천해주는 정도라면 이유를 몰라도 상관없다. 하지만 생사가 달린 문제라면 이야기가 달라진다. AI 의사가 환자에게 "당신은 99%의 확률로 암입니다"라고 진단하면서 "이유는 저도 모릅니다. 제 알고리즘이 그렇다고 하네요"라고 말한다면, 그 진단을 신뢰하고 수술대에 오를 환자는 없다. 금융 AI가 대출을 거절하면서 "당신의 신용 점수는 미달입니다"라고 통보할 뿐 구체적으로 어떤 요인이 문제인지 설명해주지 않는다면, 그것은 기술적 판단이 아니라 알고리즘에 의한 폭력이다. 결과를 설명할 수 없는 기술은 과학이 아니라, 맹목적인 믿음을 강요하는 마법이나 미신에 불과하다.

신뢰받는 기술이 되기 위한 제1조건은 성능이 아니라 설명 가능성이다. 이를 구현하는 기술을 XAI라고 한다. XAI는 결과값과 함께 그 결과가 도출된 인과관계의 지도를 인간에게 보여줘야 한다. 의료 AI라면 엑스레이 사진의 어느 부분에 그림자가 져서 암으로 판단했는지 히트맵(Heatmap)으로 표시해줘야 하고, 금융 AI라면 "소득은 충분하지만, 최근 3개월간 잦은 현금 서비스 이용이 신용점수를 깎았습니다"라고 인간의 언어로 근거를 제시해야 한다.

이것은 단순한 기능 추가가 아니다. 유럽연합의 GDPR(일반 개인정보 보호법)이 설명을 들을 권리를 명시한 것처럼, 디지털 시대를 살아가는 시민의 기본권 문제다.[44] 투명성이 확보되지 않으면 책임 소재를 가릴 수 없다. 자율주행차가 사고를 냈을 때, 그것이 센서의 오작동인지, 알고리즘의 판단 착오인지, 혹은 해킹인지 낱낱이 들여다볼 수 있는 화이트박스가 되어야만 한다. 속을 보여주지 않는 기술은 사회적 합의를 얻을 수 없으며, 결코 우리 삶의 중요한 결정을 대리할 자격을 얻을 수 없다.

* 공정성: 데이터의 편향을 감시하라

흔히 기계가 분석했으니 공정할 것이라고 믿는다. 인간처럼 학연, 지연, 감정에 휘둘리지 않고 오직 냉철한 숫자와 통계로만 판단할 것이라 기대하기 때문이다. 하지만 이것은 위험한 착각이다. 컴퓨터 공학에는 GIGO(Garbage In, Garbage Out)라는 오랜 격언이 있다. 쓰레기(편향된 데이터)를 넣으면 쓰레기(편향된 결과)가 나온다는 뜻이다. AI는 하늘에서 떨어진 순수한 지능이 아니라, 인간이 지난 수천 년간 생성해온 데이터의 거울이다.

문제는 현실 세계의 데이터가 이미 기울어져 있다는 점이다. 과거의 고위 임

직원 데이터는 남성이 압도적으로 많고, 특정 지역 거주자의 신용 등급은 역사적으로 낮게 형성되어 있으며, 특정 인종의 범죄 기록은 높게 잡혀 있다. AI는 이 기울어진 현실을 정상적인 패턴으로 학습한다. 그 결과, AI는 여성은 임원이 되기에 부적합하다거나, 특정 지역 사람은 대출을 갚지 않을 것이라는 식의 차별적 결론을 최적화된 알고리즘이라는 이름으로 출력한다. 통제되지 않은 AI는 공정한 재판관이 아니라, 우리 사회의 가장 낡은 편견을 수학적 권위로 포장해 퍼뜨리는 차별의 확성기가 된다.

더 심각한 문제는 AI가 편향을 단순히 답습하는 것을 넘어 증폭시킨다는 점이다. 범죄 예측 AI가 특정 소수자 거주 지역을 우범지대로 지목했다고 가정해보자. 경찰은 그 데이터에 근거해 해당 지역에 더 많은 순찰력을 배치할 것이고, 자연스럽게 더 많은 경범죄가 적발될 것이다. 이 새로운 검거 데이터는 다시 AI에 입력되어 예측이 맞았다며 확신을 강화해준다. 이 피드백 루프에 갇히면, 특정 집단은 영원히 잠재적 범죄자로 낙인찍히고, 사회적 불평등은 기술의 힘을 빌려 고착화된다. 이것이 바로 수학적 모델이 가진 무서운 파괴력이다.

신뢰받는 AI를 만들기 위해서는 데이터 감사가 필수적이다. 식품을 팔기 전에 위생 검사를 하듯, AI를 배포하기 전에 학습 데이터의 인구통계학적 비율이 공정한지, 특정 단어가 특정 성별에 불리하게 작용하지 않는지를 깐깐하게 따져봐야 한다. 나아가 알고리즘적 적극적 조치가 필요하다. 결과값이 불공정하게 나왔을 때, 개발자가 개입하여 가중치를 조정함으로써 인위적으로라도 수평을 맞추는 기술적 보정 작업이다. 기계는 거짓말을 하지 않는다는 안일한 믿음을 버려야 한다. 오히려 기계는 인간의 편견을 그대로 배운다는 전제하에, 끊임없이 의심하고 보정하는 공학적 개입만이 AI를 공정하게 만들 수 있다.

＊ 윤리: 인간의 통제권과 안전장치

AI 기술에서 말하는 윤리는 개발자가 착한 마음씨를 갖는 도덕적 차원의 문제가 아니다. 그것은 원자력 발전소나 고속철도 설계처럼, 최악의 재난 상황을 가정하고 시스템을 통제할 수 있도록 만드는 안전 설계의 문제다. 기술이 아무리 뛰어난 성능을 발휘하더라도 인간의 생명이나 존엄을 위협하는 방향으로 작동할 때, 멈출 수 있는 브레이크가 없다면 그 기술은 미완성을 넘어선 흉기다. 윤리적 AI의 핵심은 자율성을 가진 기계 위에 언제나 인간의 최종 통제권을 두는 것이다.

이 통제권을 기술적으로 구현하는 장치가 바로 킬 스위치(Kill Switch)다. 예를 들어 자율주행 AI가 해킹당해 도로를 역주행하거나 채팅 AI가 학습되지 않은 혐오 발언을 쏟아내며 폭주할 때, 시스템 내부의 논리와 상관없이 인간 관리자가 전원을 차단하거나 기능을 정지시킬 수 있는 물리적/소프트웨어적 버튼이 반드시 존재해야 한다.

또한 중요한 의사결정 과정에는 반드시 인간이 개입해야 한다는 휴먼 인 더 루프(Human-in-the-loop) 원칙이 필수적이다. 전장에서 드론이 목표물을 식별할 수는 있어도, 미사일 발사 버튼을 누르는 최종 권한은 인간에게 있어야 한다. 의료 AI가 수술 부위를 찾을 수는 있어도, 메스를 대는 최종 판단은 의사가 해야 한다. 알고리즘의 효율성이 아무리 높아져도, 인간의 생명과 인권이 걸린 결정적 순간에는 기계의 자동화가 아닌 인간의 개입이 우선하도록 프로세스를 설계하는 것이 기술 만능주의 시대에 우리가 지켜야 할 최소한의 안전벨트이자 윤리의 본질이다.

2) AI 윤리가 '사회적 신뢰'를 만드는 방법

기술이 사회에 안착하기 위해 치러야 할 가장 비싼 비용은 개발비가 아니라 신뢰 비용이다. 아무리 성능이 뛰어난 자율주행차라도 "이 차가 내 가족을 해칠지도 모른다"라는 의심을 지우지 못하면, 그 기술은 시장에서 사장된다. 신뢰는 기술이 실험실을 넘어 일상으로 진입하기 위한 통행료이자 게이트키퍼다. 여기서 AI 윤리는 이 통행료를 지불하는 화폐가 된다. "우리의 AI는 당신을 차별하지 않으며, 당신의 데이터를 훔치지 않고, 오작동 시에는 멈춘다"라는 윤리적 약속이 선행될 때만, 비로소 대중은 기술에 자신의 지갑과 안전을 맡기기 시작한다.

사회적 신뢰의 핵심은 예측 가능성에 있다. 우리가 타인을 신뢰하는 이유는 그가 법과 도덕이라는 규칙 안에서 행동할 것이라 믿기 때문이다. AI도 마찬가지다. 기계가 어떤 상황에서도 윤리 가이드라인을 벗어나지 않을 것이라는 확신인 알고리즘의 통제 가능성이 증명되어야 한다. AI 윤리는 기계의 행동 반경을 인간이 용인할 수 있는 범위 내로 제한하는 디지털 헌법과 같다. 이 헌법이 명확할수록 사회 구성원들은 불확실한 공포에서 벗어나 기술을 안전한 도구로 인식하게 된다.

이제 윤리는 기업의 리스크 관리 차원을 넘어, 강력한 브랜드 자산이 되었다. 애플이 개인정보 보호를 마케팅의 핵심으로 내세워 페이스북과 차별화에 성공했듯, 앞으로는 신뢰할 수 있는 AI[45]를 가진 기업이 시장을 지배할 것이다. 소비자는 자신의 데이터가 어떻게 쓰이는지 투명하게 공개하고, 알고리즘의 공정성을 증명하는 기업의 서비스에 기꺼이 더 높은 비용을 지불한다. 이를 윤리적 프리미엄이라 한다. 반면, 윤리를 무시하고 효율만 좇다가 개인정보 유출이나 혐오 논란을 일으킨 기업은 불매 운동을 넘어 시장 퇴출이라는 혹독한 대가를 치르게 된다. AI시대에 윤리를 지키는 것은 가장 도덕적인 행동인 동시에, 가장 영리한 비즈니스 전략이다.

＊ 애플: 윤리를 비싼 값에 팔다

글로벌 테크 시장에서 애플은 윤리가 어떻게 비즈니스가 되는지를 가장 설득력 있게 보여주는 기업이다. 구글과 메타(페이스북)가 사용자의 데이터를 기반으로 광고 수익을 극대화하는 '감시 자본주의' 모델을 발전시킨 동안, 애플은 정반대의 길을 선택했다. 그들은 "우리의 상품은 당신의 데이터가 아니라 아이폰 그 자체입니다"라는 메시지를 내세우며, 개인정보 보호를 카메라 성능이나 디자인과 동급의 핵심 스펙으로 끌어올렸다.

2021년 애플은 iOS에 앱 추적 투명성(ATT) 정책을 도입했다. 앱이 사용자의 행동을 추적하려고 할 때 반드시 팝업을 띄워 허용 여부를 직접 묻도록 한 것이다. "이 앱이 다른 회사의 앱 및 웹사이트에서 사용자의 활동을 추적하도록 허용하시겠습니까?"라는 질문 앞에서 많은 사용자가 '추적 금지'를 선택했고, 일부 시장에서는 옵트아웃(opt-out) 비율이 90%를 넘기도 했다.

이 조치는 경쟁사 메타에 약 100억 달러의 광고 매출 감소라는 충격을 안겼다. 애플은 이러한 정책을 "Privacy. That's iPhone"이라는 감성적 광고 캠페인과 함께 전개하며 프라이버시 자체를 제품의 핵심 가치이자 브랜드 정체성으로 삼았다. 사용자들은 사생활을 지키고 싶다면 아이폰을 써야 한다는 인식을 갖게 되었고, 애플의 가격 프리미엄, 일명 애플세(Apple Tax)조차 안전함에 대한 비용으로 받아들여졌다.

가장 윤리적인 선택이 가장 강력한 차별화 전략이 될 수 있다는 것을 애플은 증명해 보였다.

3) 데이터의 투명성이 신뢰의 출발점이다

과거 빅데이터 시대의 구호는 "데이터는 21세기의 원유"라는 것이었다. 원유를 어디서 캤는지는 중요하지 않았고, 그저 많이 가지고 있는 놈이 왕이었다. 기업들은 인터넷에 떠도는 글과 그림을 주인 허락도 없이 닥치는 대로 긁어모아 AI에 먹였다. 하지만 생성형 AI시대가 되면서 상황이 180도 바뀌었다. 이제 사람들은 AI가 그린 그림을 보고 감탄하기 전에 누구 그림을 베꼈는지 의심부터 한다.

이제 데이터의 투명성은 기업이 망하느냐 마느냐를 결정하는 기준이 되었다.

출처가 불분명하거나 저작권을 침해한, 이른바 더러운 데이터로 만든 AI는 아무리 성능이 좋아도 장물(훔친 물건) 취급을 받으며 시장에서 퇴출당하지만, 정당한 대가를 치르고 확보한 클린 데이터를 쓴 기업은 당당하다. 식당이 "우리는 100% 국산 유기농 재료만 씁니다"라고 원산지를 공개하듯, "우리는 훔치지 않았습니다"를 투명하게 증명하는 것이 신뢰의 시작이 된 것이다.

투명성은 기업 내부를 넘어 사용자의 권리로 확장된다. 예전에는 기업들이 약관 구석에 깨알 같은 글씨로 당신의 정보를 가져가겠다고 써놓고, 사용자가 반대하지 않으면 마음대로 가져가는 옵트아웃이 관행이었다. 도둑이 "안 된다고 말 안 했으니 가져간다?"라고 하는 것과 다를 바 없었다.

하지만 이제는 옵트인이 표준이다. 기업은 사용자에게 위치 정보를 마케팅에 써도 되는지 명확히 묻고, 사용자가 허락한 경우에만 데이터를 가져갈 수 있다. 나아가 내 데이터의 주인은 기업이 아니라 나라는 마이데이터(MyData) 철학이 상식이 되었다. 사용자는 언제든 기업에 데이터를 내놓거나 지우라고 명령할 수 있다. 남의 데이터를 몰래 훔쳐 쓰는 기업은 도태되고, 투명하게 허락을 구하고 빌려 쓰는 기업만이 살아남는다.

* "우리는 훔치지 않았습니다": 어도비 파이어플라이의 승부수

2023년 생성형 AI 열풍이 일면서 미드저니나 스테이블 디퓨전 같은 이미지 생성 AI들이 폭발적인 인기를 얻었지만, 동시에 예술가들로부터 저작권 침해 소송에 직면했다.

인터넷의 이미지를 허락 없이 수집해 학습시켰다는 논란이 제기되면서, 기업 실무자들은 AI로 만든 이미지를 상업적으로 사용해도 법적으로 안전한지 불안을 감추지 못했다. 이 혼란 속에서 디자인 소프트웨어의 강자 어도비(Adobe)는 다른 전략을 선택했다. 자사의 생성형 AI '파이어플라이(Firefly)'를 발표하며 저작권 면에서 안전한 데이터로 학습했다는 점을 명확히 내세운 것이다. 어도비는 인터넷에서 무작위로 이미지를 수집하는 방식을 택하지 않고, 자사가 보유한 이미지, 저작권이 만료된 퍼블릭 도메인 콘텐츠, 사용 권한이 명확한 오픈 라이선스 데이터만을 학습에 사용했다. 일종의 클린 데이터 전략이었다. 하지만 어도비의 진짜 승부수는 그다음이었다.

기업 고객에게 "파이어플라이로 만든 이미지를 상업적으로 사용하다 법적 분쟁이 생기면, 어도비가 책임을 지겠다"라는 IP 면책 조항을 약속한 것이다. 이 조항은 불안을 느끼던 대기업 법무팀·할리우드 스튜디오·광고 에이전시들의 선택을 단숨에 바꿔놓았다. 성능만 보면 더 화려한 경쟁사가 있었지만, 기업들은 법적으로 안전하고 투명한 파이어플라이를 우선 선택했다. 어도비의 사례는 AI 시대에 투명성과 윤리성이 단순한 도덕적 미덕이 아니라 기업이 선택받는 조건이자 강력한 경쟁력이 될 수 있음을 보여주는 대표적 사례로 평가된다.

4) 기술 거버넌스와 사회적 합의

초기 AI 개발은 기업들의 선의에 기댄 자율 규제에 머물렀다. 하지만 이윤을 추구하는 기업에 스스로 윤리적 족쇄를 채우라는 요구는 고양이에게 생선을 맡기는 것과 다를 바 없었다. AI가 편향된 채용을 하거나 딥페이크로 선거에 개입하는 등 사회적 해악이 현실화되자, 이제는 법적 구속력을 가진 기술 거버넌스의 필요성이 대두되었다. 거버넌스란 정부, 기업, 시민 사회가 함께 모여 기술이 나아가야 할 방향과 멈춰야 할 선을 합의하고 감시하는 통치 체제를 말한다.

이 거버넌스의 최전선에 있는 것이 바로 EU AI 법안(EU AI Act)이다. 유럽 연합은 세계 최초로 AI를 위험 수준에 따라 4단계로 분류하고, 인간의 생체 정보를 실시간으로 감시하거나(안면 인식), 무의식을 조종하는 기술은 금지하는 강력한 규제를 도입했다. 기술 발전 속도가 느려지더라도 인권을 최우선에 두겠다는 사회적 합의의 결과다.[46] 또한 OECD의 AI 원칙은 전 세계 국가들이 AI를 개발할 때 지켜야 할 5가지 약속(포용성, 인간 중심, 투명성, 안전성, 책임성)을 제시하며 글로벌 기술 윤리의 나침반 역할을 하고 있다. 이제 기술 경쟁은 단순히 누가 더 빨리 만드는지를 넘어, 누가 더 국제 표준에 부합하는 안전한 기술을 만드는가의 경쟁으로 진화하고 있다.[47]

진정한 기술 거버넌스는 정부와 기업만의 리그가 되어서는 안 된다. 기술의 직접적인 영향을 받는 시민들이 규제 과정에 참여하는 규제의 민주화가 필요하다. 알고리즘이 나의 대출을 거절하거나 내 아이의 성적을 평가할 때, 그 기준이 공정한지 묻고 이의를 제기할 수 있는 창구가 제도적으로 보장되어야 한다. 기술이 민주화되었다면, 그 기술을 통제하는 권한(제도) 역시 소수 전문가의 손에서 대중에게로 넘어가 민주화되어야 할 것이다.

＊ 세계 최초의 AI 헌법: EU AI 법안의 4단계 위험 분류

2024년 통과된 EU AI 법안은 그동안 추상적인 선언에 머물렀던 AI 윤리를 위반 시 막대한 과징금(전 세계 매출의 7%)을 물리는 강력한 법적 코드로 구현한 인류 최초의 사례다. 이 법안의 핵심 철학은 "모든 AI를 싸잡아 규제하지 않는다"라는 것이다. 대신 AI가 인간의 기본권과 안전에 미치는 파급력에 따라 4단계로 나누고, 위험한 것만 핀셋으로 골라 통제하는 위험 기반 접근을 채택했다.

1. **금지된 위험**: "인간의 존엄을 해치는 기술은 존재할 수 없다." 가장 꼭대기에 있는, 인간의 존엄성과 자유의지를 명백히 침해하는 기술은 개발과 사용이 원천적으로 금지된다. 타협의 여지가 없는 레드라인이다.
   - 무의식 조작: 인간의 인지 능력을 넘어선 음파나 시각적 자극으로 무의식을 조종해, 원치 않는 행동을 유발하거나 신체적/심리적 해를 끼치는 기술 (예: 아이들에게 위험한 행동을 부추기는 음성 장난감)
   - 사회적 점수 매기기: 중국의 사례처럼 정부가 AI를 이용해 시민의 행동을 감시하고 신뢰도 점수를 매겨 사회적 불이익을 주는 행위. 국가 감시 사회

로 가는 지름길이기에 불허한다.

- 실시간 원격 생체 인식: 테러 방지나 실종 아동 찾기 등 법원이 허가한 극히 예외적인 경우를 제외하고, 공공장소에서 안면 인식 CCTV로 불특정 다수를 실시간 감시하는 행위. 프라이버시의 종말을 막기 위함이다.

2. **고위험**: "엄격하게 검사받고, 꼬리표를 달아라." 금지되지는 않지만, 인간의 생명, 안전, 인생의 기회에 중대한 영향을 미치는 영역이다. 이 분야의 AI는 시장에 출시되기 전 엄격한 적합성 평가를 통과해야 하며, 출시 후에도 블랙박스 같은 로그 기록을 남겨야 한다.

- 영역: 자율주행차, 로봇 수술기(생명 직결), 채용 및 승진 결정 시스템(생계 직결), 대출 심사 및 신용 평가(경제 활동 직결), 법 집행 도구(신체의 자유 직결)

- 의무: 기업은 학습 데이터의 품질(편향성 제거)을 증명해야 하고, AI가 내린 결정 과정을 투명하게 기록해야 하며, 무엇보다 기계의 오작동 시 인간이 개입할 수 있는 인간 감독 체계를 의무적으로 갖춰야 한다.

3. **제한된 위험**: "기계임을 숨기지 마라." 기술 자체는 크게 위험하지 않으나, 사용자가 이것이 사람인지 기계인지 헷갈려 혼란을 겪을 수 있는 영역이다. 핵심 의무는 투명성이다.

- 대상: 챗봇, 감정 인식 시스템, 딥페이크 등

- 의무: 챗봇은 대화 시작 전 AI임을 고지해야 한다. 딥페이크 영상이나 합성 음성에는 인공지능으로 생성되었다는 워터마크나 태그를 반드시 붙여야 한다. 사용자가 자신이 상호작용하는 대상의 실체를 알고 속지 않을 권리를 보장하는 것이다.

4. **최소 위험**: "자유롭게 개발하라." 인간의 권리에 별다른 위협을 주지 않는 대다수의 AI다.

- 대상: 스팸 메일 필터, 비디오 게임 속 AI 캐릭터, 재고 관리 시스템 등
- 규제: 특별한 규제 없이 기존 법률(예: GDPR 등)만 준수하면 자유롭게 개발하고 사용할 수 있다. 혁신을 저해하지 않기 위해 규제의 문턱을 낮춘 그린존이다.

이 법안의 파급력은 유럽에만 머물지 않는다. 유럽 시장에 제품을 팔려는 미국, 한국, 중국의 모든 기업은 이 기준을 맞춰야 하기 때문이다. EU의 기준이 사실상 글로벌 표준이 되어버리는 브뤼셀 효과[1]가 발생한다. 이 법안은 기술 기업들에 안전하지 않으면 팔 수 없다는 명확한 메시지를 던진다. 이 강력한 시그널은 기업들이 개발 초기 단계부터 윤리적 설계를 고민하게 만드는 가장 강력한 동인이 되고 있다.

5) 신뢰를 설계하는 조직 문화

흔히 AI 윤리를 기술적인 문제로 치부한다. 알고리즘을 수정하고 데이터를 정제하면 해결될 것이라 믿는다. 하지만 근본적인 문제는 코드가 아니라 조직 문화에 있다. 아무리 훌륭한 윤리 가이드라인이 있어도, 무조건 빨리 출시하라고 닦달하는 상사와 데이터에 문제가 있다고 말하면 불이익을 주는 사내 분위기 속에서는 결코 안전한 AI가 나올 수 없다. 나쁜 조직 문화는 필연적으로 나쁜 알고리즘을 낳는다. 신뢰받는 기술을 만들기 위해 CEO가 가장 먼저 설계해야 할 것은 소프트웨어가 아니라, 개발자들이 윤리적 고민을 자유롭게 털어놓을

---

1 유럽연합(EU)이 제정한 법규가 글로벌 시장에 진출하려는 기업들에게 사실상의 국제 표준으로 작용하는 현상. 본사가 EU 밖에 있더라도 EU 시장을 포기할 수 없기 때문에 EU의 규제를 따르게 된다.

수 있는 문화적 토양이다.

윤리적 조직의 첫 번째 조건은 심리적 안전감이다. 구성원이 자신의 의견을 말하거나 실수를 인정해도 처벌받거나 비난받지 않을 것이라는 믿음이다. 구글이나 마이크로소프트 같은 테크 기업은 제품 출시 전, 내부 직원들이 해커나 악성 유저가 되어 자사 AI를 공격해보는 레드팀(Red Teaming)을 운영한다. "이 챗봇에 혐오 발언을 유도해보자", "이 시스템을 해킹해보자"라며 치열하게 약점을 파고든다. 이 과정에서 위험하니 출시를 미뤄야 한다는 직원의 목소리가 경영진의 수익 목표보다 우선시될 때, 그 기업은 신뢰를 얻는다. 문제를 제기하는 사람이 배신자가 아니라 영웅 대우를 받는 문화가 기술의 폭주를 막는 가장 강력한 내부 브레이크다.

두 번째 조건은 조직 구성원의 다양성이다. 아마존의 채용 AI가 여성을 차별했던 근본 원인은 개발팀의 대다수가 남성이었기 때문에 데이터의 편향을 아무도 눈치채지 못했기 때문이다. 백인 개발자만 있는 팀은 흑인의 얼굴을 인식하지 못하는 AI를 만들고, 비장애인만 있는 팀은 장애인의 접근성을 고려하지 않은 서비스를 만든다. 이것은 악의가 아니라 무지의 결과다. 성별, 인종, 전공, 배경이 다른 다양한 인재를 섞어놓는 것은 정치적 올바름을 위한 구호가 아니다. 그것은 기술의 사각지대를 없애고 완성도를 높이기 위한 공학적 필수 조건이다.[48] 서로 다른 시각을 가진 사람들이 치열하게 논쟁하는 조직만이 전 세계 모두에게 공정한 기술을 만들 수 있다.

신뢰를 설계한다는 것은 윤리를 직원의 평가 지표로 만든다는 뜻이다. 매출을 얼마나 올렸느냐 뿐만 아니라, 개인정보를 얼마나 철저히 보호했는지, 알고리즘의 편향을 얼마나 줄였는지가 보너스와 승진의 기준이 되어야 한다. 윤리가 돈이 되고, 승진이 되는 구조를 만들지 않으면 모든 가이드라인은 벽에 걸린 장식품에 불과하다. 기술은 인간을 닮는다. 정직하고 건강한 조직 문화를 가진 기업만이 인간을 닮은 정직하고 건강한 AI를 세상에 내놓을 수 있다.

03

기술 거버넌스의 시대

기술은 본질적으로 무국적이다. 미국 실리콘밸리에서 개발된 AI 알고리즘은 1초 만에 한국의 스마트폰으로 건너와 영향을 미친다. 하지만 법과 규제는 여전히 국경이라는 낡은 울타리 안에 갇혀 있다. 이 거버넌스 공백 사이로 딥페이크 범죄가 국경을 넘나들고, 편향된 데이터가 전 세계로 확산된다. 한 국가가 아무리 강력한 규제를 만들어도, 다른 국가가 규제를 푼다면 물은 낮은 곳으로 흐르듯 위험한 기술은 규제가 약한 곳으로 흘러들기 때문이다.

지금 필요한 것은 개별 국가의 법률을 넘어선 글로벌 기술 거버넌스다. 전 세계가 합의한 디지털 제네바협약과도 같다. 전쟁에서도 민간인을 공격하지 않는다는 최소한의 규칙이 있듯, AI 개발에도 인간의 존엄을 해치지 않는다는 범지구적 약속이 필요하다. 지금 EU, OECD, UN 등 국제기구를 중심으로 치열한 기술 규제의 표준 전쟁이 시작되었다. 단순한 외교전이 아니라, 기업과 국가가 생존하기 위해 반드시 지켜야 할 새로운 게임의 규칙이 탄생하는 순간이다.

1) EU AI 법안, OECD AI 원칙, 글로벌 윤리 협약

글로벌 기술 거버넌스는 크게 3가지 축으로 움직이고 있다. 첫째는 위반 시 강력한 처벌을 내리는 법인 EU AI 법안이다. 둘째는 선진국들이 기술 개발의 방향성을 맞추기 위해 약속한 합의인 OECD AI 원칙이다. 셋째는 인류 보편적 가치를 지키기 위한 규범인 UN 및 유네스코의 글로벌 윤리 협약이다. 이 셋은 서로 보완하며, 통제 불가능해 보이는 AI 기술을 인간의 통제권 안으로 끌어들이는 안전망을 구축하고 있다.

* EU AI 법안: 세계 최초의 AI 헌법

2024년 발효된 EU AI 법안은 전 세계 테크 기업들에 가장 강력한 시장 진입 통행료가 되었다. 이 법안의 핵심은 규제의 대상이 유럽 기업이 아니라 유럽 시장이라는 점이다. 본사가 미국 실리콘밸리에 있든 한국의 판교에 있든 상관없다. 인구 4억 5,000만 명의 거대 시장인 유럽에 AI 서비스를 팔거나 데이터를 활용하려면, 기업은 국적을 불문하고 EU가 정한 까다로운 기준을 따라야 한다. 이를 어길 시 부과되는 전 세계 매출의 최대 7%라는 과징금은 벌금을 넘어, 사실상 시장에서의 퇴출 명령이나 다름없다.

이 강력한 규제는 기업들의 개발 로드맵을 강제로 통일시킨다. 글로벌 기업 입장에서는 유럽용 AI와 그 외 지역용 AI를 따로 개발하여 유지 보수하는 것이 기술적으로나 비용적으로 막대한 비효율을 초래한다. 기업들은 가장 합리적인, 그러나 불가피한 선택을 해야 한다. 바로 가장 엄격한 규제인 EU의 기준을 전사적인 글로벌 표준으로 채택해버리는 것이다. EU는 법을 만들었을 뿐이지만, 그 법은 기업들의 자발적인(그러나 강요된) 선택을 통해 전 세계 AI 산업의 표준 규격으로 자리 잡는다.

AI 윤리는 착한 기업의 덕목이 아니라, 수출을 위한 비관세 무역 장벽이 되었다. 과거에는 기술력이 부족해서 수출을 못 했다면, 이제는 설명 가능성이나 데이터 투명성 같은 규제 조건을 충족시킬 능력이 없어서 수출길이 막힌다. 이미 거버넌스 체계를 갖춘 선진국 대기업에는 유리하지만, 규제 대응력이 부족한 스타트업이나 개발도상국 기업에는 넘을 수 없는 사다리가 될 수도 있다. 바야흐로 기술력만큼이나 규제 대응력이 기업의 생존을 가르는 핵심 경쟁력이 된 것이다.

이미 2018년, 유럽의 GDPR 시행 이후 시장이 어떻게 재편되었는지 목격했다. 법 시행 당시 의도는 구글이나 메타 같은 거대 기업의 데이터 독점을 막고 개인의 권리를 보호하는 것이었다. 하지만 결과는 정반대였다. 복잡한 법적 절차와 동의 시스템을 구축할 자본이 없는 중소 광고 업체들은 줄도산하거나 시장에서 사라졌다. 하지만 수천 명의 변호인단을 거느린 구글과 메타는 막대한 비용을 들여 규제 준수 시스템을 완벽하게 갖췄고, 오히려 시장 지배력을 강화했다. 규제가 후발 주자의 진입을 막는 사다리 걷어차기가 된 것이다.

EU AI 법안도 같은 길을 걸을 위험이 크다. EU 집행위에 따르면, 고위험 AI 시스템 하나가 법안을 준수하기 위해 치러야 할 인증 비용은 최대 30만 유로(약 4억 5,000만 원)에 달할 것으로 추산된다. 매출 수백조 원의 마이크로소프트나 구글에 이 돈은 껌값 수준의 통행료에 불과하다. 하지만 갓 창업한 스타트업에 4억 원은 사활이 걸린 돈이다. 한 AI 스타트업 대표는 알고리즘을 개발하는 엔지니어 연봉보다, 그 알고리즘이 법적으로 문제없음을 증명할 변호사 선임 비용이 더 든다고 토로한다. 자금력이 부족한 스타트업은 혁신적인 기술을 가지고도 규제의 문턱을 넘지 못해 포기하거나, 규제 대응력을 갖춘 대기업에 흡수될 수밖에 없다.

이것이 바로 기술 거버넌스가 가진 딜레마다. 샘 알트먼 같은 빅테크 리더들이 의회 청문회에서 AI를 강력하게 규제해달라(라이선스 제도 도입)라고 외치는 속내에는, 안전에 대한 우려와 함께 잠재적 경쟁자들의 싹을 자르겠다는 계산이 깔려 있다는 비판이 나오는 이유다. 진정한 기술 민주화를 위한 거버넌스는 규제의 강도만 높이는 것이 아니라, 스타트업과 오픈소스 생태계가 이 규제의 파도를 넘을 수 있도록 돕는 규제 샌드박스나 법률 지원 같은 구명조끼를 함께 던져주는 방향으로 설계되어야 한다.[49] 그렇지 않다면 AI 윤리는 대기업의 독점을 합리화하는 가장 세련된 명분이 될 것이다.

* OECD AI 원칙: 선진국 클럽의 신사협정

EU가 법적인 처벌을 앞세운 강력한 경성 규범을 택했다면, OECD는 전 세계 선진국들이 나아가야 할 방향을 합의한 연성 규범 전략을 취한다. 2019년 채택된 OECD AI 원칙은 법적 구속력은 없지만, 미국, 영국, 일본, 한국 등 전 세계 AI 산업을 주도하는 주요 국가들이 만장일치로 약속한 기준이다. 이 원칙은 각 회원국이 자국의 AI 관련 법안이나 정책을 수립할 때 반드시 참고해야 하는 기초 설계도 역할을 하기 때문에, 사실상 글로벌 표준으로서 막강한 영향력을 발휘한다.

이 원칙을 관통하는 핵심 철학은 인간 중심과 신뢰다. OECD는 AI가 소수의 이익이 아닌 인류 전체의 포용적 성장에 기여해야 하며, 투명하고 설명 가능해야 하고, 무엇보다 안전하게 작동하며 책임 소재가 명확해야 한다고 규정했다. AI가 효율성만을 좇는 통제 불능의 기술이 아니라, 법치주의와 인권이라는 민주적 가치 안에서 인간의 통제를 받으며 작동해야 함을 선언한 것이다.

기업 입장에서 이 원칙은 일종의 선진국 클럽으로 들어가는 입장권과 같다. 법적으로 강제하지 않더라도, 이 기준을 충족하지 못하는 기업은 글로벌 공급망과 기술 협력 네트워크에서 보이지 않는 배제를 당할 위험이 크다. OECD 원칙을 준수한다는 것은 우리의 기술이 글로벌 스탠더드에 부합하는 안전한 기술이라는 신뢰 자산을 확보하는 행위이며, 국경을 넘어 비즈니스를 하기 위해 반드시 챙겨야 할 윤리적 여권인 셈이다.

그렇다면 법도 아닌 이 신사협정에 선진국들이 목을 매는 실질적인 이유는 무엇일까?

첫째, 평판 때문이다. OECD 같은 국제기구는 정기적으로 회원국들의 이행 상황을 평가하고 순위를 매겨 공개한다. 여기서 약속을 지키지 않는 나라, 윤리적 기준이 낮은 나라로 낙인찍히는 것은 국가 신용도 하락이나 외교적 고립으로 이어진다. 강제하는 경찰은 없지만, 지키지 않으면 클럽에서 왕따를 당하는 집단 압력으로 작용하는 것이다.

둘째, 이것이 곧 미래 법의 예고편이기 때문이다. 입법 속도가 느린 개별 국가들은 맨땅에서 법을 만드는 대신, 이미 검증된 국제적 가이드라인을 가져와 자국 법률의 뼈대로 삼는다. 한국의 AI 기본법(안)이나 미국의 AI 행정명령은 모두 OECD AI 원칙을 그대로 차용했다. 기업 입장에서 이를 준수한다는 것은, 앞으로 닥쳐올 규제의 파도를 미리 대비하고 선점하는 경영 전략이 된다.

셋째, 가장 실질적인 위력은 무역 장벽으로서의 기능이다. 선진국 클럽은 자신들이 정한 윤리적 기준을 충족하지 못한 제품은 안전하지 않다는 명분으로 수입할 때 까다롭게 군다. 관세를 올리는 것은 WTO 규정에 걸리지만, 기술적 인증을 요구하는 것은 합법적인 무역 장벽이 된다. 이 신사협정은 선진국들이 기술 패권을 공고히 하는 세련된 무기이기도 하다.

결론적으로 연성 규범은 강제성 없는 권고가 아니라, 글로벌 시장에서 플레이하기 위해 반드시 착용해야 하는 유니폼이다. 이 유니폼을 입지 않으면 경기장에 입장조차 할 수 없기 때문이다.

＊ 글로벌 윤리 협약: 디지털 제네바협약을 향해

EU의 법안과 OECD의 원칙은 강력하지만 명확한 한계가 있다. 주로 서구 선진국들의 이해관계를 반영한 경제 블록의 규칙이라는 점이다. 하지만 AI의 위협은 국경과 경제 수준을 가리지 않는다. 만약 특정 독재 국가가 AI로 자율 살상 무기를 만들거나 빅테크 기업이 개발도상국의 데이터를 착취해 디지털 식민지로 만든다면 인류 전체의 존립이 위태로워진다. 이익을 위한 시장 규칙이 아닌, 인류가 멸종하지 않고 공존하기 위한 보편적 생존 규칙이 필요하다. 이것이 바로 UN과 유네스코가 주도하는 글로벌 윤리 협약의 존재 이유다.

협약의 가장 시급하고 엄중한 의제는 AI의 무기화 통제다. 과거 인류가 화학 무기나 생물학 무기 사용을 금지하는 제네바협약을 맺었듯, AI가 인간의 개입 없이 스스로 공격 목표를 정하고 살상하는 치명적 자율 무기 시스템(Lethal Autonomous Weapons Systems, LAWS) 개발을 금지해야 한다는 논의다. 기술적 문제가 아니라 윤리의 마지노선이다. 알고리즘에 생살여탈권을 쥐여주는 순간, 전쟁은 비디오 게임처럼 변질되어 살상에 대한 심리적 저항감을 낮출 것이고, 오작동 시 책임질 주체가 사라지는 끔찍한 결과를 초래한다. "방아쇠를 당기는 최종 권한은 반드시 인간에게 있어야 한다"라는 원칙은 타협할 수 없는 인류의 안전장치다.

또 다른 핵심 축은 데이터 식민주의에 대한 저항이다. 현재 전 세계 AI 모델은 주로 서구의 영어 데이터와 백인 남성 중심의 가치관으로 학습되고 있다. 이대로라면 아프리카, 남미, 아시아의 고유한 문화와 가치는 디지털 세계에서 소멸하거나, 선진국 AI의 편향된 시각에 종속되는 데이터 식민지가 될 위험이 크다. 유네스코의 AI 윤리 권고는 이 문제를 정면으로 지적하며, AI가 소수 국가의 돈벌이 수단이 아니라 기후 위기 해결, 빈곤 퇴치, 교육 격차 해소 등 인류 공통의 문제를 해결하는 공공재로 쓰여야 함을 천명한다. 기술 거버넌스는 이제 한 기업의 경영 전략을 넘어, 기술이 인권을 침해하지 않도록 감시하고 약자를 보호하는 새로운 문명적 사회계약으로 진화하고 있다.

2) 국가 간 기술 윤리 경쟁

지금 벌어지고 있는 국가 간의 AI 경쟁을 단순히 반도체나 기술력 싸움으로만 본다면 절반만 본 것이다. 수면 아래에서는 훨씬 더 거대한 가치관 전쟁이 벌어지고 있다. AI를 어떤 철학으로 규제하고 통제할 것인가, 윤리 표준을 누가 선점하느냐의 싸움이다. 과거에는 기술력이 좋은 제품이 시장을 지배했지만, AI시대에는 표준을 만든 국가가 그 규칙을 전 세계에 강요할 수 있다. 윤리가 곧 무역 장벽이자, 자국 산업을 보호하고 상대국을 견제하는 무기가 된 것이다. 세계는 지금 AI 거버넌스 모델을 두고 크게 세 블록으로 쪼개져 있다.

＊ 미국: 자유와 혁신의 시장 중심 모델

미국의 기술 거버넌스를 관통하는 핵심 철학은 실용주의다. 미국은 구글, 마이크로소프트, 오픈AI 등 전 세계 AI 패권을 쥔 빅테크 기업들의 본거지다. 미국 정부의 제1원칙은 "황금알을 낳는 거위의 배를 가르지 않는다"라는 것이다. 유럽처럼 강력한 사전 규제를 도입할 경우 자국 기업들의 혁신 속도가 늦어지고, 곧 중국과의 기술 패권 경쟁에서 뒤처지는 결과를 초래할 수 있다고 믿기 때문이다. 그래서 미국은 오랫동안 법적 강제보다는 기업의 자율 규제를 선호해왔다.

하지만 생성형 AI의 파괴력이 확인되면서 기조가 바뀌었다. 바이든 행정부가 발표한 행정명령은 미국식 규제의 특징을 잘 보여준다. 그들은 AI 윤리를 도덕의 문제가 아니라 국가 안보의 문제라고 접근한다.[50] 특히 적성국(중국, 러시아)이 미국의 AI 모델을 탈취하거나 악용하는 것을 막기 위해, 최첨단 AI 모델의 개발 과정과 보안 테스트 결과를 정부에 보고하도록 의무화했다. 미국은 시장 안에서는 자유를 주되, 국경 밖의 위협에 대해서는 철저히 통제하는 2중 전략을 구사하고 있다.

미국의 윤리 전략은 기술 패권의 유지와 맞닿아 있다. 그들은 OECD나 G7 같은 국제 무대에서 자신들의 자유롭고 개방적인 AI 원칙을 글로벌 표준으로 만들려 한다. 중국식 통제 모델이 확산되는 것을 막고, 전 세계가 미국 기업이 만든 AI 생태계 안에서 놀게 만들려는 거대한 전략의 일환이다.

＊ 유럽연합: 규제를 수출하여 판을 흔들다(인권 중심 모델)

냉정하게 말해, 유럽에는 구글이나 알리바바 같은 글로벌 빅테크 기업이 없다. 기술력과 데이터양에서 미국과 중국에 밀리는 형국이다. 이런 상황에서 유럽이 택한 생존 전략은 바로 규제 권력의 극대화다. 그들은 가장 앞선 기술을 만드는 것이 아니라, 가장 안전하고 윤리적인 기술의 기준을 만드는 것을 목표로 삼았다. 단순한 도덕적 선언이 아니라, 미국과 중국이 주도하는 기술 속도전의 판을 흔들고, 게임의 규칙을 자신들에게 유리한 인권과 안전 중심으로 가져오려는 고도의 정치적 계산이 깔려 있다.

EU의 전략은 AI 시장을 싸고 빠른 제품과 비싸지만 안전한 명품으로 나누는 것이다. EU AI 법안을 통해 강력한 규제를 적용하면, 단기적으로는 유럽 내 혁신이 위축될 수 있다. 하지만 장기적으로는 유럽의 기준을 통과한 AI=전 세계에서 가장 안전하고 믿을 수 있는 AI라는 브랜드 프리미엄을 얻는다.[51] 유럽산 자동차나 명품이 높은 안전 및 환경 규제를 준수하여 고가에 팔리는 것과 같은 이치다. 유럽은 이 신뢰를 무기로 미국 빅테크의 독주를 견제하고, 자국 시민의 데이터를 보호하는 디지털 방파제를 쌓고 있다.

물론 위험도 있다. 지나친 규제가 유럽을 디지털 갈라파고스로 만들 수 있다는 우려다. 하지만 유럽은 자신들의 거대한 소비 시장을 믿는다. 글로벌 기업들이 이 시장을 포기할 수 없다는 것을 알기에, 유럽은 배짱 좋게 자기 식대로 하라고 요구한다. 유럽의 전략은 기술을 직접 개발하지 않더라도, 그 기술이 움직이는 도로의 교통법규를 장악함으로써 기술 패권의 한 축을 담당하겠다는 야심이다.

＊ 중국: 통제를 수출하여 디지털 만리장성을 쌓다(국가 중심 모델)

미국이 자유를, 유럽이 존엄을 믿는다면, 중국은 통제를 믿는다. 중국의 AI 거버넌스에서 기술은 개인의 자유를 확장하는 도구가 아니라, 국가의 질서를 유지하고 효율적으로 관리하는 통치 수단이다. 중국 정부는 AI가 체제에 위협이 될 수 있는 아주 작은 불확실성조차 허용하지 않는다. 중국은 세계 최초로 생성형 AI 알고리즘을 규제하며, "AI가 생성하는 콘텐츠는 사회주의 핵심 가치관을 반영해야 하며, 국가 권력을 전복하거나 사회 질서를 어지럽혀서는 안 된다"라는 의무를 법제화했다. 기술이 사상의 자유를 돕는 것이 아니라, 국가가 정한 이데올로기 안에서만 움직이도록 설계 단계부터 검열하는 디지털 만리장성 전략이다.

중국 모델의 가장 큰 특징은 감시의 효율화다. 세계 최고 수준의 안면 인식 기술과 CCTV 인프라, 그리고 개인의 금융·활동 데이터를 결합한 사회적 신용 시스템이 그 정점이다.[52] AI는 14억 인구의 신호 위반, 봉사 활동, 인터넷 댓글 등을 실시간으로 분석해 신뢰 점수를 매기고, 이 점수에 따라 대출 금리를 깎아주거나 비행기 표 구매를 제한한다. 서구의 관점에서는 조지 오웰의 '빅브라더'가 현실화된 악몽이지만, 중국은 이를 "범죄를 예방하고 신뢰 사회를 구축하는 가장 선진적인 사회 관리 시스템"이라고 정의한다. 윤리의 기준 자체가 개인의 프라이버시가 아닌 집단의 안전과 효율에 맞춰져 있는 것이다.

중국의 야심은 대륙 안에만 머물지 않는다. 중국은 디지털 실크로드 전략을 통해 아프리카, 중동, 남미의 개발도상국들에 자국의 AI 감시 시스템과 통신 인프라를 패키지로 수출한다. 치안이 불안하거나 독재 체제를 유지하려는 국가로서는 중국의 효율적인 통제 기술은 매력적인 상품이다. 이를 통해 중국은 서구식 민주주의 인터넷 질서에 대항하는 거대한 디지털 동맹을 구축하고 있다. 중국의 전략은 기술을 통해 자국의 체제를 방어하는 것을 넘어, 통제 가능한 인터넷이라는 새로운 글로벌 표준을 확산시키려는 패권 도전이다.

＊ 소버린 AI(Sovereign AI)의 부상: 기술 주권의 선언

이 거대한 세력 다툼 속에서, 어느 블록에도 속하지 않으려는 움직임이 나타나고 있다. 바로 소버린 AI(주권 AI)다. 프랑스, 일본, 한국, 중동 국가들은 미국이나 중국의 AI에 종속되는 것을 거부한다. 다른 나라의 AI를 쓴다는 것은 곧 자국의 데이터, 문화, 역사관이 타국의 알고리즘에 의해 지배당한다는 것을 의미하기 때문이다. 각국은 자국의 언어와 데이터를 학습하고, 자국의 법과 윤리에 맞는 독자적인 AI 모델을 구축하려 한다. 기술의 민주화가 국가 단위로 확장된 것이자, 데이터 식민지가 되지 않기 위한 각자도생의 생존 전략이다.[53]

3) 공공과 민간이 함께 만드는 규제의 민주화

지금까지의 기술 규제는 실패한 두 모델 사이를 오갔다. 기술을 모르는 관료들이 책상 머리에서 만드는 탁상행정이거나, 기술을 독점한 기업들이 알아서 하겠다며 내세운 자율 규제였다. 전자는 혁신의 발목을 잡았고, 후자는 고양이에게 생선을 맡긴 꼴이었다. 이 딜레마를 해결하는 유일한 길은 규제의 권한을 소수의 전문가 집단에서 기술의 영향을 받는 모든 주체, 시민 사회로 확장하는 규제의 민주화다. 기술이 민주화되어 모두의 것이 되었다면, 그 기술을 통제하는 규칙 또한 모두가 함께 만들어야 한다는 논리다.

이러한 협력을 가능하게 하는 가장 현실적인 장치가 바로 규제 샌드박스다. 아이들이 다치지 않고 노는 모래사장처럼, 신기술을 일정 기간, 특정 지역에서 기존 법령의 제약 없이 자유롭게 테스트하되, 정부와 시민 사회가 그 과정을 모니터링하는 제도다. 무조건적인 허용도, 무조건적인 금지도 아니다. 예를 들어, 자율주행 배달 로봇을 도심에 풀어놓되, 기업은 기술 데이터를 얻고, 정부는 안전 규정을 만들고, 시민은 편익과 불편함을 검증한다. 이 과정을 통해 책상 위의 법이 따라가지 못하는 기술의 속도를 현장의 합의로 메우는 것이다. 규제 샌드박스는 기업에는 혁신의 기회를, 사회에는 안전을 검증할 시간을 벌어주는 공존의 실험실이다.

규제의 민주화는 거창한 입법 과정에만 있는 것이 아니다. 시민 개개인이 알고리즘의 결정에 이의를 제기할 수 있는 권리를 보장하는 것이 핵심이다. 만약 AI가 나의 대출을 거절하거나 입사 채용에서 탈락시켰다면, 시민은 왜 그런 판단을 내렸는지 묻고, 부당하다면 재심사를 요구할 수 있는 알고리즘 소명권을 가져야 한다. 디지털 시대의 새로운 기본권이다. 시민들이 끊임없이 알고리즘의 공정성을 감시하고 질문을 던질 때, 기업은 투명성을 강화할 수밖에 없다. 가장 강력한 규제 기구는 정부 부처가 아니라, 깨어 있는 시민들의 감시하는 눈이다.

4) 기술의 민주화는 제도의 민주화를 필요로 한다

지금 우리가 겪는 혼란의 본질은 기술의 속도와 제도의 속도가 맞지 않는 데서 온다. 사회학자 윌리엄 오그번이 말한 문화 지체 현상이다. AI는 이미 인간의 지능을 넘어서고 있는데, 법은 여전히 20세기 공장 노동 시대의 기준에 머물러 있다. 이 속도의 격차가 벌어질수록 그 사이에는 무법천지가 생긴다. 플랫폼 노동자의 권리 문제, 생성형 AI의 저작권 침해, 딥페이크 성범죄 등은 모두 기술이 질주하는 동안 제도가 멈춰 서 있었기 때문에 발생한 비극이다. 낡은 지도로는 새로운 영토를 항해할 수 없다.

기술의 민주화는 필연적으로 제도의 민주화를 요구한다. 과거에는 소수의 관료나 전문가가 밀실에서 법을 만들고 하달하는 통치가 가능했다. 하지만 기술이 너무 복잡하고 빠르게 변하는 지금, 소수의 엘리트가 모든 문제를 예측하고 규제하는 것은 불가능하다. 이제 제도는 고정된 명령이 아니라, 다양한 이해관계자가 참여하여 끊임없이 수정하고 합의해나가는 프로세스가 되어야 한다. 개발자, 사용자, 피해자, 시민단체가 함께 머리를 맞대고 이 기술을 어디까지 허용할 것인가를 논의하는 협치의 시스템이 구축될 때, 제도는 비로소 기술의 속도를 따라잡을 수 있다.

기술의 민주화가 엔진이라면, 제도의 민주화는 핸들이다. 엔진만 좋고 핸들이 고장 난 차는 사고를 낼 수밖에 없고, 핸들만 있고 엔진이 없는 차는 앞으로 나아가지 못한다. 기술이 모든 사람에게 강력한 힘을 쥐여주었듯이, 그 힘을 통제하는 법과 제도 또한 소수의 권력에서 내려와 모든 시민의 상식과 합의 위에서 재구성되어야 한다. 기술 혁신은 엔지니어의 손끝에서 시작되지만, 그 혁신의 완성은 광장의 합의인 민주적인 제도 안에서 이루어진다.

04

플랫폼의 책임과 윤리

유튜브, 인스타그램, 틱톡을 현대판 아고라(광장)라고 부른다. 누구나 자유롭게 오가며 의견을 말하고 정보를 나누는 열린 공간처럼 보이기 때문이다. 플랫폼 기업들 역시 자신들은 수도관이나 전선처럼 정보를 흐르게 하는 중립적인 매개자일 뿐, 그 위에서 오가는 콘텐츠의 내용에는 책임이 없다고 주장해왔다. (미국 통신품위법 230조가 그들의 방패였다.)

이것은 엄청난 기만이다. 플랫폼은 텅 빈 광장이 아니라, 철저하게 계산된 카지노에 가깝다. 이 공간의 규칙(알고리즘)은 공정한 토론이 아니라, 사용자의 시간을 1초라도 더 빼앗아 광고를 보여주는 것에 최적화되어 있기 때문이다. 알고리즘이 자극적인 가짜 뉴스를 추천하고, 혐오 발언을 메인 화면에 띄우는 것은 기술적 오류가 아니다. 그것은 플랫폼의 수익 모델이 낳은 필연적인 귀결이다.

이제 중립적 매개자라는 가면을 벗겨야 한다. 어떤 정보를 누구에게 보여줄지 결정하고 사용자의 감정을 자극해 트래픽을 유도하는 권력을 행사한다면, 단순한 전달자가 아니라 우리 시대의 가장 강력한 편집자다. 권력을 가진 자가 방패 뒤에 숨을 수는 없다. 이제는 그에 합당한 윤리적 책임을 물어야 할 때다.

1) 유튜브·틱톡·X의 알고리즘 편향 문제

오늘날 유튜브, 틱톡, X와 같은 거대 플랫폼들의 주목 경제는 콘텐츠의 진실성이나 유익함이 아니라, 오직 사용자의 체류 시간을 늘리는 것이 목적이다.

문제는 인간의 뇌가 평온한 진실보다 분노, 공포, 혐오 같은 자극적인 감정에 훨씬 더 오래 반응하도록 설계되어 있다는 점이다. 알고리즘은 필연적으로 윤리적이지 않은 선택을 하게 된다. 팩트를 검증한 차분한 뉴스보다는, 특정 집단을 악마화하는 음모론이나 가짜 뉴스가 더 많은 클릭과 댓글을 유발하기 때문이다. 알고리즘은 이 콘텐츠가 사회에 해로운지가 아니라 사용자를 더 머물게 한 것만 계산한다. 이것은 오류가 아니라, 플랫폼의 수익 모델에 가장 충실한 성공적인 수행이다.

* 유튜브와 틱톡: 토끼굴로의 초대

유튜브와 틱톡의 알고리즘은 지구상에서 가장 강력한 관심의 덫이다. 이들의 목표는 단 하나, 사용자의 체류 시간을 늘리는 것이다. 이를 위해 알고리즘은 사용자가 좋아하는 영상을 보여주는 것을 넘어, 사용자가 반응할 수밖에 없는 영상을 끊임없이 공급한다. 문제는 인간의 뇌가 평범하고 온건한 내용보다, 자극적이고 극단적인 내용에 더 강렬하게 반응하고 오래 머문다는 점이다. 알고리즘은 이 데이터를 학습하여, 사용자를 점진적으로 더 강한 자극의 세계로 안내한다.

사용자가 의도치 않게 극단적인 정보의 심연으로 빠져드는 현상을 이상한 나라의 앨리스가 토끼굴로 빠져든 것에 빗대 토끼굴 효과라고 한다. 예를 들어, 평범한 10대 소녀가 여름방학 다이어트 팁 영상을 시청했다고 가정해보자.

[초기]: 알고리즘은 식단 조절, 홈트레이닝 같은 건전한 콘텐츠를 추천한다.

[중기]: 사용자가 다이어트 콘텐츠에 관심을 보이면, 알고리즘은 체류 시간

을 늘리기 위해 조금 더 자극적인 일주일 5kg 감량, 극단적 단식 후기 같은 영상을 큐레이션한다.

[말기(토끼굴)]: 알고리즘은 거식증을 미화하는 프로아나(Pro-ana) 콘텐츠나 섭식 장애를 부추기는 영상까지 도달하게 만든다.

정치 뉴스도 마찬가지다. 중도 성향의 시사 평론을 본 사용자에게 알고리즘은 점차 한쪽 진영의 논리만 대변하는 편향된 영상을 추천하다가, 끝내 "지구는 평평하다"거나 "특정 사건은 조작되었다"는 음모론의 세계로 밀어 넣는다.

토끼굴에 갇힌 사용자는 자신이 보고 있는 극단적인 세계가 진짜 세상의 전부라고 믿는다. 알고리즘이 만들어낸 필터 버블 안에서 확증 편향은 강화되고, 나와 다른 의견을 가진 사람은 대화의 대상이 아니라 제거해야 할 악으로 간주된다. 유튜브와 틱톡은 당신의 취향을 존중한다고 말하지만, 실제로는 당신의 취향을 극단으로 납치하여 수익을 창출하고 있는 것이다.

* X: 분노를 연료로 삼는 엔진

X는 짧은 텍스트를 기반으로 하는 속도전의 플랫폼이다. 글자 수 제한은 정보의 빠른 확산을 돕지만, 동시에 치명적인 부작용을 낳는다. 바로 맥락의 제거다. 복잡한 사회 현상이나 미묘한 감정을 단 몇 줄로 요약하다 보니, 앞뒤 맥락은 잘려나가고 가장 자극적인 단어와 주장만 남는다. 이 불완전한 정보는 독자에게 오해를 불러일으키고, 그 오해는 바로 적대감으로 변질된다. 서로의 진짜 의도를 파악하려 하기보다, 눈에 보이는 단어 하나를 꼬투리 잡아 공격하는 소모적인 논쟁이 일상화되는 이유다.

2018년, MIT 미디어랩 연구팀은 2006년부터 2017년까지 트위터(X)에서 확산된 12만 6,000건의 뉴스 데이터를 분석하여 국제 학술지 〈사이언스(Science)〉에 발표했다. 연구 결과는 충격적이었다. 가짜 뉴스와 혐오 발언이 담긴 트윗은 일반적인 진실보다 전파 속도가 6배 빨랐고, 도달 범위는 훨씬 넓었다. 연구진은 그 원인을 감정에서 찾았다. 진실은 평범하고 지루한 반면에, 거짓과 혐오는 인간에게 놀라움과 분노라는 강렬한 감정을 일으키기 때문이다.

X의 알고리즘은 이 분노의 전파력을 철저하게 이용한다. 특히 원글을 가져와 자신의 의견을 덧붙이는 인용하기 기능은 건강한 토론보다는, 상대방의 의견을 자신의 팔로워들 앞에 전시해놓고 비난을 유도하는 공개 처형의 도구로 자주 변질된다. 알고리즘은 이렇게 싸움이 붙은 게시물을 화제의 글로 띄워 더 많은 구경꾼을 불러 모은다.

X는 거대한 분노의 엔진이다. 사용자는 분노를 배설하며 일시적인 카타르시스를 느끼거나 진영 논리 속에서 소속감을 확인하지만, 그 대가로 사회 전체는 극단적인 양극화와 혐오라는 막대한 비용을 치른다. 플랫폼은 이 분노의 에너지를 트래픽으로 치환하여 광고 수익을 올린다.

2) 자극이 주목을, 주목이 수익을 만드는 구조

전통적인 경제학에서 가치 있는 자원은 석유, 금, 노동력이었다. 하지만 디지털 플랫폼 시대의 핵심 자원은 사용자의 주목이다. 노벨 경제학상 수상자 허버트 사이먼은 "정보의 풍요는 주목의 빈곤을 낳는다"라고 통찰했다. 정보가 무한한 세상에서 가장 희소하고 비싼 자원은 사람들의 관심이 되었기 때문이다. 플랫폼 기업들의 체류 시간 지상주의가 모든 비극의 시작이다.

문제는 인간의 뇌가 평온한 진실이나 긍정적인 감정보다, 분노, 공포, 혐오 같은 고강도 감정에 훨씬 더 오래 반응하도록 진화했다는 점이다. 페이스북 내부 고발자 프랜시스 하우겐이 폭로했듯, 플랫폼의 알고리즘은 사용자를 화나게 만드는 콘텐츠가 더 많은 반응(댓글, 공유)을 이끌어낸다는 사실을 이미 학습했다. 알고리즘은 필연적으로 윤리적이지 않은 선택을 한다. 팩트를 검증한 차분한 뉴스보다는 특정 집단을 악마화하는 혐오 발언을, 건전한 토론보다는 상대를 조

롱하는 자극적인 영상을 메인 화면에 띄운다. 플랫폼은 수익을 극대화하기 위해 사회적 갈등을 방조하거나 증폭시키는 증오의 확성기 역할을 수행한다.

이 비즈니스 모델의 결과는 치명적이다. 플랫폼 기업이 분노를 팔아 천문학적인 수익을 올리는 동안, 그로 인한 사회적 갈등, 민주주의의 훼손, 개인의 정신 건강 악화라는 비용은 고스란히 사회가 떠안는다. 경제학 용어로 말하자면, 기업의 이익 추구 활동이 사회 전체에 해를 끼치는 외부 불경제(Negative Externality)가 발생한 것이다. 환경 오염을 유발한 공장이 정화 비용을 내지 않는 것처럼, 플랫폼은 마음의 오염을 유발하고도 그 비용을 지불하지 않고 있다.

* 마이클 샌델이 보는 알고리즘: 정의 없는 공리주의

이러한 플랫폼의 구조적 모순을 마이클 샌델의 공리주의에서 위험성을 경고한 바 있다. "최대 다수의 최대 행복"이라는 원칙은 얼핏 합리적으로 보이지만, 그 행복의 질이나 도덕적 가치를 무시하고 숫자의 총합만을 따질 때 정의는 무너진다는 것이다.

오늘날 유튜브와 SNS의 알고리즘은 샌델이 비판했던 눈먼 공리주의 기계 그 자체다. 혐오 발언이든 가짜 뉴스든 상관없다. 쾌락(클릭)의 총량만 늘릴 수 있다면 도덕적 가치는 무시해도 된다는 제러미 벤담식 공리주의가 디지털 세계에서 가장 타락한 형태로 구현된 셈이다.

또한 샌델 교수는 "시장 가치가 개입해서는 안 되는 성역이 있다"라고 역설했다. 주목 경제는 시민들이 나누는 대화와 토론마저 광고를 팔기 위한 미끼로 전락시켰다. 자극적인 거짓말이 진실보다 더 비싸게 팔리는 시장에서, 우리 사회의 신뢰와 공적 담론은 헐값에 넘겨지고 있다. 기술이 수익을 위해 정의를 훼손할 때, 그 기술은 과연 우리 사회에 필요한지 질문해야 한다.

3) '책임 있는 설계'의 원칙

지난 20년간 실리콘밸리를 지배했던 철학은 마크 저커버그가 외쳤던 "빠르게 움직여 파괴하라"였다. 일단 서비스를 출시해 시장을 장악하고, 문제는 나중에 고치면 된다는 속도 지상주의였다. 하지만 AI시대에 이 철학은 위험천만한 도박이다. AI가 파괴하는 것은 낡은 산업이 아니라, 인간의 권리와 민주주의 시스템일 수 있기 때문이다. 이제 플랫폼 기업에 요구되는 새로운 원칙은 "의도를 가지고 움직이고, 안전하게 설계하라"다.

책임 있는 설계의 핵심은 윤리를 개발자의 양심에 맡기는 것이 아니라, 시스템의 초기 설계 단계부터 기본값으로 심어 넣는 것이다. 이를 가치 민감형 설계라고 한다. 예를 들어, 사용자가 별도로 설정하지 않아도 개인정보가 가장 강력하게 보호되도록 만드는 프라이버시 바이 디자인(Privacy by Design)이 대표적이다.[54] 또한 챗봇을 만들 때부터 혐오 발언 데이터셋을 제거하고, 답변 생성 시 윤리 필터가 먼저 작동하도록 알고리즘을 짜는 것이다. 윤리는 나중에 붙이는 반창고가 아니라, 건물의 철근처럼 뼈대가 되어야 한다.

건물을 짓기 전에 환경 영향 평가를 하듯, AI 알고리즘을 배포하기 전에는 사회적 영향 평가가 선행되어야 한다. 청소년의 정신 건강에 해를 끼치지는 않는지, 특정 인종을 차별할 가능성은 없는지 미리 시뮬레이션하고, 위험도가 높다면 출시를 미루거나 기능을 축소하는 결단이 필요하다. 수익성보다 안전성을 우선순위에 두는 멈춤의 용기야말로, 플랫폼이 신뢰를 회복하기 위해 보여줘야 할 가장 확실한 책임이다.

4) 기술은 설계자의 의도를 닮는다

흔히 기술 자체는 선하지도 악하지도 않고, 쓰는 사람이 문제라고 말한다. 하지만 AI시대에 이 명제는 틀렸다. 생성형 AI와 추천 알고리즘은 백지상태의 도구가 아니다. 그것은 개발자가 설정한 목표 함수(Objective Function)를 달성하기 위해 끊임없이 움직이는 능동적인 시스템이다. 만약 개발자가 체류 시간을 극대화하라는 목표를 심었다면, AI는 사용자를 중독시키는 것이 선이라고 판단하고 행동한다. 기술은 중립적이지 않으며, 철저하게 설계자의 의도와 욕망을 닮도록 코딩되어 있다고 봐야 한다.

더 큰 문제는 설계자들의 동질성이다. 아마존의 채용 AI가 여성을 차별하고, 안면 인식 AI가 흑인을 고릴라로 오인했던 사고는 모두 개발팀의 다양성 부족이 낳은 참사였다.[55] 설계자의 시야가 좁으면, 기술의 시야도 딱 그만큼 좁아진다. 기술의 편향을 막는 가장 확실한 방법은 코드를 고치는 것이 아니라, 코드를 짜는 사람들의 구성을 다양하게 바꾸는 것이다.

"어떤 기술을 만들 것인가?"라는 질문은 "어떤 세상을 원하는가?"라는 질문과 같다. 이윤을 위해 혐오를 방조하는 기술을 만들 것인가, 아니면 조금 느리더라도 신뢰와 공존을 지키는 기술을 만들 것인가? 이 결정은 엔지니어의 손끝이 아니라 경영진의 철학에서 나온다. 기술의 민주화 시대, 가장 필요한 것은 코딩 능력이 아니라 인문학적 상상력과 윤리적 리더십이다. 기술은 설계자의 의도를 거울처럼 비춘다. 더 나은 기술을 원한다면, 먼저 더 나은 설계자가 되어야 한다.

05

사용자 책임의 시대

지금까지 기술 거버넌스 논의의 대부분은 거대 기업과 정부에 집중되어 있었다. 구글이 알고리즘을 고쳐야 하고, 정부가 법을 만들어야 한다는 식이다. 물론 맞는 말이다. 하지만 이것만으로는 충분하지 않다. 기술의 민주화는 기술을 다루는 권력을 소수의 엘리트에서 모든 개인에게로 이양했기 때문이다. 이제 스마트폰을 쥔 개인은 단순한 소비자가 아니다. 가짜 뉴스를 생산할 수 있는 편집국장이고, 딥페이크를 만들 수 있는 영화감독이며, 악성 코드를 유포할 수 있는 해커다.

권력이 분산되었다면, 그에 따르는 책임의 총량 또한 분산되어야 한다. 플랫폼이 아무리 정교한 필터링 시스템을 만들어도, 사용자가 작정하고 악용하려 들면 막을 수 없다. 칼을 만드는 대장장이(기업)에게 책임을 묻는 단계를 넘어, 이제는 그 칼을 쥔 검객(사용자)에게 어디에 쓸 것인지 물어야 할 때다. 기술의 최종 사용자이자 주권자인 개인에게, '마이크로 윤리와 디지털 시민의식'은 선택이 아닌 필수 생존 조건이 되었다.[56]

1) 누구나 창조자가 된 시대, 이제는 책임도 개인에게

과거 미디어 환경에서 대중은 정보를 수동적으로 소비하는 시청자에 불과했다. 방송사가 송출하는 뉴스를 보고, 신문사가 편집한 기사를 읽었다. 이때 정보 오염의 책임은 전적으로 송출자(방송국, 신문사)에게 있었다. 하지만 생성형 AI와 소셜 미디어는 이 일방통행 구조를 무너뜨렸다. 이제 누구나 자신의 방에서 전 세계로 뉴스를 내보내고, 영상을 배포하며, 여론을 형성한다. 스마트폰을 쥔 5,000만 명의 개인이 모두 기자이자, 편집자이며, 유통자가 된 것이다. 우리는 모두 1인 미디어 기업이 되었다.

문제는 우리가 권한은 가졌지만, 그에 걸맞은 훈련은 받지 못했다는 점이다. 기자는 사실 확인 훈련을 받고, 의사는 히포크라테스 선서라는 윤리 교육을 받는다. 직업적인 힘을 행사하기 위한 최소한의 자격 요건이다. 하지만 디지털 생산자가 된 대중에게는 어떠한 자격증도, 윤리 강령도 요구되지 않는다. 그 결과, 우리는 책임 없는 편집장들이 넘쳐나는 세상을 목격하고 있다. 재미있어 보여서 딥페이크를 만들고, 남들이 다 퍼 나르길래 가짜 뉴스를 공유한다. 자신의 행위가 사회적으로 어떤 파장을 일으킬지 계산하지 않는 무수한 개인들이, 알고리즘이라는 확성기를 통해 사회 전체를 혼란에 빠뜨린다.

기술이 우리에게 준 자유는 공짜가 아니다. 내가 누리는 창조의 자유는 타인의 안전할 권리와 충돌할 때 멈춰야 한다. AI로 글을 쓰고 그림을 그릴 수 있는 능력이 생겼다면, 그 결과물이 타인의 저작권을 침해하지 않는지, 혐오를 조장하지 않는지 검열해야 할 자기 검열의 의무 또한 생긴 것이다. 기술 민주화 시대의 시민은 권리를 요구하는 자가 아니라, 스스로 책임을 지는 자다.

2) 악용과 실수의 경계, 기술 윤리의 일상화

기술의 장벽이 낮아지면서 발생한 가장 큰 문제는 악용과 실수의 경계가 흐릿해졌다는 점이다. 과거에는 위조지폐를 만들거나 불법 도청을 하려면 명확한 범죄의 의도와 전문 기술이 필요했다. 하지만 지금은 다르다. 10대 청소년들이 친구의 얼굴을 합성해 딥페이크 영상을 만드는 것은 악마 같은 범죄 의도 때문이 아니라, 그저 신기해서, 친구들이 웃을 것 같아서라는 가벼운 장난기에서 시작되는 경우가 많다. 문제는 동기의 가벼움이 결과의 가벼움을 보장하지 않는다는 것이다. 버튼 하나로 만들어진 합성물은 피해자의 인생을 송두리째 파괴한다. 기술 사용의 과정이 너무나 간편하고 무마찰하기 때문에, 사용자는 자신의 행동이 타인에게 미칠 파장을 심각하게 고민할 틈조차 갖지 못한다. 이제 디지털 세상에서 몰랐다거나 악의는 없었다는 변명은 면죄부가 될 수 없다. 강력한 도구를 손에 쥔 이상, 무지는 그 자체로 유죄다.

AI시대의 윤리는 특별한 날에만 지키는 도덕적 결단이 아니라, 매일 손을 씻고 양치를 하듯 지켜야 할 디지털 위생의 차원으로 내려와야 한다. 우리가 전염병을 막기 위해 마스크를 쓰듯, 정보의 전염병을 막기 위해 팩트 체크라는 마스크를 써야 한다. 이것은 마이크로 윤리의 실천이다. 거창한 철학적 고민이 아니다. 좋아요를 누르기 전에 이게 사실인지 1초간 의심하는 것, 재미있는 짤을 공유하기 전에 누군가를 비하하는 내용은 아닌지 멈칫하는 것, 챗GPT의 답변을 업무에 쓰기 전에 출처가 정확한지 검색해보는 것처럼 사소하고 반복적인 습관들이 모여야만 기술의 폭주를 막을 수 있다.

기술 민주화 시대에 윤리는 착한 사람의 덕목이 아니라 유능한 사람의 실력이다. 아무리 코딩을 잘하고 프롬프트를 잘 짜도, 저작권을 침해하거나 가짜 정보를 걸러내지 못하는 사람은 리스크를 가진 무능한 사용자일 뿐이다. 기업은 그런 사람을 채용하지 않고, 사회는 그런 사람을 신뢰하지 않는다. 기술이 인간의 능력을 확장시켜주는 도구라면, 윤리는 그 도구가 나를 베지 않도록 잡아주는 안전 손잡이다. 악용과 실수의 벼랑 끝에서 우리를 지켜주는 것은 시스템의 규제가 아니라, 개인의 일상화된 윤리 감각이다.

3) AI 사용 가이드라인과 시민 책임 의식

기술의 발전 속도는 언제나 법의 제정 속도를 앞지른다. 딥페이크 처벌법이 만들어지기 전에 이미 수천 개의 합성 영상이 유포되고, 저작권법이 개정되기 전에 생성형 AI는 수억 장의 이미지를 학습한다. 이 규제 공백의 시기에 사회를 지탱하는 유일한 안전장치는 시민들의 자발적인 사용 가이드라인뿐이다. 정부가 내려보내는 지시 사항이 아니라, 사용자가 스스로 정하는 디지털 헌법이다. 법에 걸리지 않으니 괜찮은 게 아니라, 공동체에 해로우니 하지 않겠다는 자율적인 판단이 AI시대를 지탱하는 최후의 보루다.

AI를 다루는 성숙한 시민이라면 반드시 준수해야 할 3가지 핵심 원칙이 있다.

첫째, 은폐하지 않는 것이다. 과제, 보고서, 이메일 작성에 AI를 활용했다면 그 사실을 투명하게 밝혀야 한다. AI가 만든 이미지를 자신이 그린 것처럼 속이거나, AI가 쓴 소설을 자신의 창작물인 양 발표하는 것은 기만이다. 출처를 밝히는 것은 자신의 부족함을 드러내는 것이 아니라, 정보의 신뢰도를 높이는 정직한 행위다.

둘째, 검증하는 것이다. AI는 도구일 뿐, 책임의 주체가 될 수 없다. 챗GPT가 쓴 보고서에 오류가 있다면, 그것은 챗GPT의 잘못이 아니라 그것을 검증하지 않고 제출한 사용자의 잘못이다. AI가 그랬다는 변명은 통하지 않는다. AI가 내놓은 결과물의 사실 여부와 윤리적 타당성을 최종적으로 확인하고 승인하는 결재권은 오직 인간에게 있다. 검증하지 않은 결과물에 자신의 이름을 걸지 않는 것이 전문가의 태도다.

셋째, 타인을 해치지 않는 것이다. 기술의 힘을 타인의 권리를 침해하는 데 쓰지 않는다. 재미로 만든 딥페이크가 누군가에게는 지옥이 될 수 있음을 인지하고, 프롬프트를 입력하기 전에 차별이나 혐오를 생성하지 않는지 자문해야 한다. 나의 창작이 타인의 존엄을 밟고 서지 않도록 경계하는 것은 기술 사용의 기본 전제다.

시민 책임 의식은 기술을 두려워하거나 배척하는 것이 아니다. 강력한 힘을 가진 도구를 품격 있게 다루는 능력이다. 운전면허가 없는 사람에게 페라리를 주지 않듯, 윤리적 책임감이 없는 사람에게 AI는 위험한 흉기일 뿐이다. 기술의 노예가 아닌 주인이 되기 위한 조건은 알고리즘의 성능이 아니라 스스로 세운 가이드라인을 지키는 의지에 달려 있다.

4) 민주화된 기술은 개인의 책임 위에서 실행된다

기술의 민주화는 인류에게 불을 쥐여준 것과 같다. 불은 문명을 밝히는 빛이 될 수도 있고, 모든 것을 태우는 재앙이 될 수도 있다. 중요한 점은 불 그 자체는 선하지도, 악하지도 않다는 사실이다. 생성형 AI, 딥페이크, 알고리즘 같은 기술들은 가치 중립적인 도구일 뿐, 그 기술이 향하는 방향을 결정하는 것은 오직 마우스를 쥔 인간의 의지다. 기술이 발전할수록 발생할 수 있는 모든 문제의 최종 책임은 알고리즘을 만든 개발자가 아니라, 그 알고리즘을 실행시킨 최종 사용자에게 귀결된다.

우리는 그동안 기술을 통제받지 않을 자유인 접근권을 얻기 위해 투쟁해왔고 마침내 그 자유를 얻었다. 하지만 자유에는 반드시 그에 상응하는 무게가 따른다. 법이나 규제가 일일이 감시하지 않는 사적인 영역에서, 스스로 멈추고 스스로 검열할 수 있는 내면의 규율이 없다면, 기술 민주화는 곧 만인의 만인에 대한 디지털 폭력으로 변질될 것이다. 내가 만든 콘텐츠가 사회에 해악을 끼치지 않도록 스스로 필터링하는 것이 기술 권력을 가진 시민이 치러야 할 유일한 비용이다.

기술의 민주화가 해피엔딩으로 끝나기 위한 마지막 퍼즐 조각은 성숙한 개인이다. 아무리 정교한 법을 만들고 안전한 AI를 설계해도, 그것을 쓰는 사람이 윤리적으로 타락해 있다면 기술은 흉기가 된다. 반대로 기술이 조금 부족해도, 쓰는 사람이 현명하고 책임감 있다면 그 기술은 세상을 치유하는 도구가 된다. 이제는 이 강력한 힘을 다룰 자격이 있는지 물어야 한다. 기술의 진보는 엔지니어의 손에서 시작되지만, 기술의 완성은 사용자의 품격에서 결정된다.

＊ 성숙한 개인이 되기 위한 3가지 훈련

그렇다면 기술이라는 거대한 힘 앞에서 흔들리지 않는 성숙한 개인은 어떻게 만들어지는가? 저절로 얻어지는 것이 아니라, 매일의 디지털 일상 속에서 의식적으로 훈련해야 할 태도의 문제다. 이를 위해 우리는 다음 세 가지 마음의 근육을 단련해야 한다.

첫째, 불편함을 견디는 근육을 키워야 한다. 알고리즘은 우리에게 편안하고 입맛에 맞는 정보만 떠먹여준다. 성숙한 개인은 이 달콤한 편안함을 거부할 줄 알아야 한다. 나와 다른 정치적 견해를 가진 기사를 일부러 찾아 읽고, 내 생각에 반박하는 댓글을 차단하지 않고 정독하는 인내심을 길러야 한다. 기술이 만들어준 안락한 필터 버블을 제 발로 걸어 나와, 거칠고 불편한 진실과 마주하는 훈련만이 우리의 사고가 알고리즘에 종속되는 것을 막을 수 있다.

둘째, 로그아웃의 시간을 확보해야 한다. 역설적이게도 기술을 잘 다루기 위해서는 기술과 떨어져 있는 시간이 필요하다. 24시간 연결된 상태에서는 깊은 사유나 성찰이 불가능하다. 하루 중 일정 시간은 스마트폰을 끄고, AI가 아닌 자신의 머리로 생각하고 결정하는 디지털 단식을 실천해야 한다. 도구 없이 오직 나 자신의 의지로 판단하는 시간을 가질 때, 우리는 비로소 도구의 주인이 될 수 있는 정신적 체력을 회복할 수 있다.

셋째, 화면 너머의 타자를 상상하는 훈련이다. 디지털 세상에서 타인은 종종 ID나 텍스트 덩어리로만 존재한다. 그래서 쉽게 혐오하고, 쉽게 조롱한다. 엔터 키를 누르기 전, 모니터 너머에 나와 똑같이 고통을 느끼고 피가 흐르는 실재하는 인간이 있음을 상상해야 한다. "이 말을 내 가족 앞에서, 혹은 광장 한복판에서 육성으로 외칠 수 있는가?"라는 질문에 "예"라고 답할 수 있을 때만 전송 버튼을 누르는 것이다. 이런 공감의 상상력이야말로 기술의 차가움을 이기는 가장 강력한 인간의 무기다.

지난 수 세기 동안, 인류는 혁신을 선택받은 영웅들의 서사시처럼 신성시해왔다. 세상을 바꾸는 힘은 에디슨 같은 천재 발명가, 스티브 잡스 같은 비범한 선지자, 혹은 거대한 자본을 등에 업은 대기업만이 소유할 수 있는 특권이라 믿었다. 평범한 개인에게 혁신이란, 관객석에 앉아 무대 위를 동경하거나 기껏해야 그들이 만든 물건을 소비하는 행위에 불과했다. 상상을 현실로 만드는 도구는 너무 비쌌고, 기술의 성벽은 너무 높았기 때문이다.

하지만 기술의 민주화는 이 견고했던 신화를 가장 우아하고 파괴적인 방식으로 해체했다. 클라우드는 개인에게 무한한 컴퓨팅 파워를, AI는 전문가의 지능을, 노코드는 개발자의 손길을 선물했다. 기술이 '어떻게'라는 구현의 장벽을 소멸시키자, 인간은 비로소 '무엇을'과 '왜'라는 본질에 온전히 집중할 수 있게 되었다.

지금 인류 역사상 유례없는 개인의 르네상스를 목격하고 있다. 과거의 인간이 거대 시스템의 부속품으로 기능했다면, 미래의 인간은 기술이라는 거인의 어깨 위에 올라타 자신만의 가치를 증명하는 빌더로 거듭난다. 엉뚱한 아이디어가 자본이 되고, 지극히 개인적인 취향이 비즈니스 모델이 되며, 한 사람의 철학이 글로벌 브랜드가 되는 세상이다.

PART 5에서는 기술이 선사한 전능한 힘을 손에 쥔 개인이 어떻게 일하고, 창조하며, 스스로 기업이 되어가는지 탐구한다. 이제 관객석은 비었다. 우리 모두가 무대 위로 올라가, 저마다의 혁명을 시작할 시간이다. 이제 영웅의 시대가 저물고, 80억 개의 혁명이 시작되고 있다.

PART 5

모두가 혁신가가 되는 시대

01

아이디어가 자본이
되는 세상

자본주의라는 단어 자체가 암시하듯, 지난 200년간 시장의 주인은 자본이었다. 토지, 공장, 기계 설비 같은 물리적 생산 수단을 소유한 자만이 부를 창출할 수 있었고, 아이디어는 자본을 만나지 못하면 한낱 공상에 불과했다. "돈이 돈을 번다"라는 말은 비유가 아니라, 생산 설비를 구축하는 데 드는 막대한 비용을 설명하는 냉혹한 물리 법칙이었다.

하지만 기술의 민주화는 이 법칙을 근본부터 뒤흔들고 있다. AI와 클라우드, 노코드 도구들은 아이디어를 현실로 구현하는 데 드는 비용을 0에 수렴하게 만들었다. 이제는 수십억 원짜리 공장이 없어도, 수천 명의 개발자 군단이 없어도 된다. 오직 탁월한 아이디어와 그것을 AI에 지시할 수 있는 기획력만 있다면, 방구석의 개인도 하룻밤 사이에 글로벌 서비스를 론칭할 수 있다.

이것은 단순한 기술의 발전이 아니라, 부의 원천이 이동하는 역사적 사건이다. 과거에는 가진 자가 이겼지만, 이제는 상상하는 자가 이긴다. 아이디어가 곧바로 시제품이 되고 비즈니스가 되며 자본이 되는 세상, 자본주의에서 상상주의(Imaginism)로 넘어가는 거대한 분기점에 서 있다.

1) 기술의 민주화가 만드는 새로운 권력 구조

과거의 비즈니스 생태계는 철저한 허가제였다. 아이디어가 세상의 빛을 보기 위해서는 반드시 기득권의 도장이 필요했다. 제품을 팔려면 백화점 MD의 선택을, 방송을 하려면 방송국 PD의 편성을, 사업을 하려면 벤처캐피털의 투자를 받아야만 했다. 생산 설비와 유통망이라는 파이프라인을 소수 자본가가 독점하고 있었기에, 개인은 그들의 허락 없이는 아무것도 할 수 없는 무력한 존재였다. 혁신의 속도는 이 문지기들의 결재 속도에 종속되어 있었다.

하지만 기술의 민주화는 이 견고했던 파이프라인을 누구나 쓸 수 있는 공공재로 해체하고 있다. 클라우드는 수백억 원짜리 서버실을 월 구독료를 받고 빌려주고, 생성형 AI는 전문가 수십 명분의 지능을 제공하며, 소셜 미디어는 전 세계와 직통하는 유통망을 열어주었다. 이제 개인은 누구의 승인도, 거창한 자본금도 필요 없이 자신의 아이디어를 시장에 던지고 대중에게 직접 심판받는다.

이로 인해 권력의 이동이 일어난다. 과거의 권력이 생산 수단을 소유한 자에게 있었다면, 새로운 권력은 이 민주화된 도구들을 조합해 가장 빠르게 결과물을 만들어내는 실행하는 자에게 있다. 아이디어와 제품 사이의 시차가 제로에 수렴하는 세상에서, 더 이상 자본은 진입 장벽이 아니다. 오직 실행하지 않는 게으름만이 유일한 장벽일 뿐이다. 바야흐로 '허락받지 않는' 혁신의 시대가 개막했다.

* 11명이 거대 기업을 위협하다(미드저니)

이미지 생성 AI 기업 미드저니의 성공 스토리는 자본의 무력화를 가장 극적으로 보여주는 사례다. 보통 전 세계를 상대로 하는 AI 서비스를 만들려면 수천억 원의 투자금과 수백 명의 박사급 엔지니어가 필요하다는 것이 실리콘밸리의 상식이었다. 하지만 미드저니는 이 상식을 비웃었다. 창업자 데이비드 홀츠는 외부 벤처캐피털의 투자를 단 한 푼도 받지 않았고, 직원은 고작 11명에 불과했다.

그럼에도 그들이 만든 결과물은 수천 명의 개발자와 수십조 원의 자본을 가진 어도비나 구글의 아성을 위협하며 전 세계 디자인 시장을 강타했다. 비결은 철저한 레버리지 전략이었다. 그들은 거대한 서버실을 짓는 대신 클라우드를 임대했고, 별도의 앱을 개발해 마케팅하는 대신 이미 수억 명이 쓰는 메신저인 디스코드를 서비스 채널로 활용했다.[57]

기술 인프라가 평준화되자, 승패를 가르는 건 자본의 규모가 아니라 어떤 그림을 그려낼 것인가 하는 미적 감각과 튜닝 능력이었다. 미드저니는 11명으로도 공룡 기업을 이길 수 있다는 사실을 증명하며, 소프트웨어 산업의 권력이 자본가에게서 감각 있는 소수로 이동했음을 선언했다.

* 방송국을 이긴 1인(조 로건)

미국의 팟캐스트 진행자 조 로건(Joe Rogan)의 사례는 미디어 산업의 권력 지도가 어떻게 뒤집혔는지를 보여주는 가장 상징적인 사건이다. 과거에 전 국민에게 목소리를 내려면 방송국이라는 거대한 요새가 필요했다. 거대한 전파 송출탑, 수백억 원의 스튜디오 장비, 그리고 프로그램을 기획하고 편집할 수백 명의 PD와 작가 군단이 있어야만 했다. 이것이 곧 진입 장벽이자 권력이었다.

조 로건은 이 모든 물리적 자본을 네트워크로 대체했다. 그는 마이크 하나와 노트북 한 대를 들고, 자신의 차고나 작은 스튜디오에서 게스트와 3시간씩 떠들었다. 편집도, 심의도, 편성표도 없었다. 하지만 결과는 충격적이었다. 그의 팟캐스트 조 로건 익스피리언스(JRE)의 회당 청취자 수는 약 1,100만 명에 달한다. 미국 유력 뉴스 채널인 CNN이나 MSNBC의 프라임타임 시청자 수를 합친 것보다 많은 숫자다.

이 개인의 영향력은 곧바로 자본으로 환산되었다. 2020년, 음원 플랫폼 스포티파이(Spotify)는 조 로건을 독점 영입하기 위해 무려 2억 달러(약 2,600억 원)가 넘는 계약금을 지불했다. 웬만한 중견 기업의 인수 합병 금액과 맞먹는다. 스포티파이가 산 것은 조 로건이라는 사람이 아니라, 그가 구축한 거대한 팬덤 생

태계였다.[58]

이 사건이 던지는 메시지는 명확하다. 기술의 민주화로 인해 미디어의 핵심 경쟁력이 송출 능력(하드웨어)에서 콘텐츠의 매력(소프트웨어)으로 완전히 넘어갔다는 것이다. 이제 송출은 유튜브나 스포티파이가 공짜로 해준다. 중요한 것은 누가 더 비싼 카메라를 쓰느냐가 아니라, 누가 더 대중의 마음을 사로잡는 이야기를 하느냐다. 조 로건은 거대 자본 없이도 개인이 미디어 제국을 건설하고, 기존 언론 권력을 압도할 수 있음을 증명한 1인 미디어 시대의 살아 있는 신화다.

*** 공장 없는 제조업자(킥스타터와 3D 프린팅)**

제조업은 자본가들의 성역이었다. 아이디어가 아무리 좋아도 제품을 만들기 위해서는 금형을 파야 했고, 최소 수만 개의 재고를 찍어낼 공장을 짓거나 계약해야 했다. 또한 만든 물건을 쌓아둘 창고와 전국으로 배송할 물류망이 필요했다. 이 모든 과정에 들어가는 초기 비용은 수십억 원에 달했고, 개인이 감히 넘볼 수 없는 거대한 진입 장벽이었다. 제조업에서 규모의 경제는 불변의 진리처럼 여겨졌다.

하지만 크라우드 펀딩 플랫폼 킥스타터는 이 자본의 순서를 완벽하게 역전시켰다. 과거에는 [대출/투자→공장 생산→판매]의 순서였다면, 이제는 [아이디어 공개→선 매출→후 생산]으로 바뀐 것이다. 창업가는 제품이 없어도 된다. 매력적인 3D 렌더링 이미지와 시제품 영상 하나만 있으면, 전 세계 소비자들로부터 직접 제작비를 투자받을 수 있다. 100억 원이 있어야 시작할 수 있었던 사업이, 단돈 0원으로도 시작 가능해진 것이다. 소비자가 곧 투자자가 되는 이 방식은 재고 리스크라는 제조업의 고질적인 공포를 제거해버렸다.

여기에 3D 프린팅 기술은 제조의 물리적 장벽마저 허물었다. 과거에는 시제품 하나를 만들기 위해 수천만 원짜리 금형을 깎아야 했지만, 이제는 책상 위 3D 프린터가 그 역할을 대신한다. 설계도 파일(데이터)만 있으면 오늘 밤 집에서 디자인한 물건을 내일 아침 실물로 만져볼 수 있다.

이로 인해 다품종 소량 생산이 가능해졌고, 개인은 거대 공장 없이도 자신만의 독창적인 제품을 만들어 파는 메이커가 될 수 있었다. 킥스타터와 3D 프린팅의 결합은 제조업의 권력을 공장주에서 아이디어를 가진 설계자에게로 영원히 이동시켰다.

2) 창의력이 자본을 대체하는 '빌더 이코노미'

전통적인 경제학에서 사업을 시작하려면 자본금이 필수였다. 사무실 임대료, 개발자 월급, 서버 비용이 진입 장벽이었기 때문이다. 하지만 AI와 노코드 도구는 이 비용을 0에 가깝게 떨어뜨렸다. 이제 사업의 핵심 자산은 통장에 찍힌 돈이 아니라, 머릿속에 있는 창의력과 그것을 실행하는 기획력이다. 돈이 없어서 사업을 못 한다는 말은 핑계가 되었다. 웹사이트 빌더(예: Webflow)로 매장을 짓고, 자동화 툴(예: Zapier)로 운영 시스템을 돌리며, AI(예: 챗GPT)로 마케팅을 한다. 자본이 하던 일을 기술이 대신하자, 그 빈자리를 개인의 창의력이 채우며 자본을 대체하는 현상, 이것이 바로 빌더 이코노미(Builder Economy)다.

우리는 흔히 유튜버나 인플루언서를 크리에이터라고 부른다. 이들은 콘텐츠를 만들어 플랫폼에서 조회수 수익을 얻는다. 하지만 빌더는 여기서 한발 더 나아간다. 그들은 남의 플랫폼에 기생하는 것이 아니라, 자기 소유의 제품을 만든다. 빌더는 단순히 영상을 올리는 것이 아니라, 자신의 노하우를 담은 유료 뉴스레터를 발행하고, 커뮤니티를 운영하며, 직접 만든 소프트웨어를 구독 모델로 판매한다. 크리에이터가 인기를 먹고산다면, 빌더는 자신이 구축한 시스템과 자산을 통해 수익을 창출한다. 기술의 민주화가 개인을 유명인에서 실질적인 사업가로 진화시킨 것이다.

이러한 변화는 마이크로 SaaS라는 새로운 시장을 열었다. 거창한 기능을 가진 무거운 소프트웨어가 아니라, 이메일 제목을 잘 지어주거나 PDF를 엑셀로 바꿔주는 기능처럼 아주 작고 뾰족한 문제를 해결해주는 유료 서비스들이다. 과거에는 개발팀이 있어야 만들 수 있었지만, 이제는 개인 혼자서 기획, 개발, 마케팅, CS까지 AI의 도움을 받아 처리한다. 실리콘밸리에서는 직원 한 명 없이 연매출 수십억 원을 올리는 1인 유니콘의 등장이 더 이상 꿈같은 이야기가 아니다.[59]

빌더 이코노미의 가장 현실적인 사례는 뉴스레터 플랫폼 서브스택(Substack)에서 찾을 수 있다. 과거의 칼럼니스트는 신문사에 고용되어 원고료를 받았다(노동자). 하지만 서브스택의 작가들은 다르다. 그들은 자신의 글을 직접 독자에게 이메일로 쏘아 보내고, 월 구독료를 받는다. 기자는 언론사라는 자본 없이도 자신의 글(창의력)만으로 독자와 직거래하며 수익을 낸다. 상위 10명의 작가는 연간 200억 원 이상의 수익을 올린다. 이들은 고용된 노동자가 아니다. 자신의 지적 자산을 기반으로 구독 비즈니스 시스템을 구축한 1인 미디어 기업이다. 자본이 없어도 창의력만 있다면 누구나 미디어 재벌이 될 수 있는 길을 기술이 열어준 것이다.

3) 창업의 문턱이 사라지고 있다

불과 10년 전만 해도 창업이라는 단어에는 비장함이 서려 있었다. 회사를 그만두고 퇴직금을 털어 사무실을 얻고, 직원을 고용하고, 시제품을 만드는 데만 수개월을 쏟아부어야 했다. 실패하면 패가망신이라는 공포가 항상 뒤따랐다. 창업의 문턱은 자본, 기술, 리스크라는 3중고로 높게 쌓여 있었다. 하지만 AI와 디지털 도구의 발전은 이 문턱을 발목 높이까지 낮췄다. 이제 창업은 인생을 건 도박이 아니라, 퇴근 후 노트북을 열고 시작하는 가벼운 사이드 프로젝트가 되었다.

가장 큰 변화는 인력의 장벽이 사라진 것이다. 과거의 창업가가 아이디어를 실현하기 위해 가장 먼저 해야 했던 일은 개발자, 디자이너, 마케터를 구하는 것이었다. 하지만 지금의 예비 창업가는 AI를 고용한다. 챗GPT는 사업계획서를 다듬어주는 전략기획실장이고, 미드저니는 로고와 배너를 만들어주는 디자인 팀장이며, 노코드 툴은 앱을 만들어주는 개발 팀장이다. 이 AI 임원진은 월급을 요구하지 않고, 지분을 달라고 하지 않으며, 24시간 불평 없이 일한다. 혼자서도 완벽한 팀을 꾸릴 수 있게 되자, 창업은 조직을 만드는 일에서 아이디어를 검증하는 일로 본질이 단순해졌다. 이러한 변화는 비즈니스의 속도를 혁명적으로 단축시켰다. 과거에는 완벽한 제품을 만들기 위해 1년을 골방에 틀어박혀야 했지만, 이제는 하루 만에 핵심 기능만 담은 MVP를 만들어 시장에 내놓는다. 웹사이트 빌더로 랜딩 페이지를 만들고, AI로 만든 광고를 SNS에 뿌려 반응을 본다. 고객이 모이면 그때 본격적으로 제품을 만든다. 실패해도 잃을 것은 도메인 비용 몇만 원과 주말 이틀의 시간뿐이다. 실패 비용의 제로화는 더 많은 사람이 더 대담한 아이디어를 시도할 수 있게 만드는 가장 강력한 안전망이 되었다.

창업의 문턱이 사라졌다는 것은, 비즈니스의 권력이 자본가에서 실행가에게로 넘어왔음을 의미한다. 돈이 없어서, 기술을 몰라서, 팀원이 없어서라는 평계는 더 이상 유효하지 않다. 지금 이 순간에도 누군가는 침대에 누워 스마트폰 하나로 글로벌 비즈니스를 시작하고 있다.

4) 기술이 만든 경제적 평평화: 협업의 재정의

과거의 경제는 지리적 불평등 위에 서 있었다. 실리콘밸리에 사는 개발자와 지방 소도시에 사는 개발자는 실력이 같아도 기회와 연봉에서 하늘과 땅 차이였다. 하지만 원격 근무 툴(예: Zoom, Slack)과 협업 플랫폼의 보편화는 이 지리적 장벽을 무너뜨렸다. 이제 서울의 스타트업이 인도의 천재 개발자와 협업하고, 뉴욕의 디자이너가 한국의 프로젝트에 참여하는 것이 일상이 되었다. 기술은 전 세계를 하나의 거대한 인재 풀로 통합시켰으며, 거주지에 상관없이 오직 실력만으로 평가받고 보상받는 진정한 의미의 경제적 평평화를 앞당기고 있다.

이러한 변화는 협업의 형태를 근본적으로 바꾼다. 과거에는 직원을 채용하여 평생 고용하는 가족 같은 회사가 미덕이었지만, 미래의 조직은 영화를 찍을 때처럼 프로젝트별로 모였다가 흩어지는 할리우드 모델을 닮아간다. 기업은 필요한 순간에 전 세계에서 가장 적합한 전문가를 찾아 접속하고, 개인은 한 회사의 소유물이 되는 대신 여러 프로젝트에 동시에 참여하며 자신의 포트폴리오를 쌓는다. 이제 협업은 상사와 부하의 수직적 명령 관계가 아니라, 미션을 위해 잠시 손을 잡는 수평적 동맹 관계로 재정의된다.[60]

협업의 재정의가 가장 극단적으로 진화한 형태가 바로 DAO(De-centralized Autonomous Organization)다.[61] 전통적인 주식회사는 사람(경영진)을 믿고 투자하거나 일하는 구조다. 하지만 사람은 횡령할 수도, 잘못된 판단을 내릴 수도 있다. DAO는 이 불완전한 인간의 개입을 원천 차단한다. DAO에는 사장도, 이사회도, 인사팀도 없다. 오직 블록체인 위에 기록된 코드와 규칙만이 존재한다. A라는 성과를 내면 B만큼의 보상을 준다는 규칙이 코드에 입력되면, 그 누구도(심지어 설립자라도) 이 약속을 마음대로 바꿀 수 없다. 신뢰의 대상이 부패할 수 있는 인간에서 거짓말하지 않는 수학(코드)으로 이동한 것이다.

DAO를 움직이는 심장은 스마트 컨트랙트다. 이것은 조건이 충족되면 자동으로 실행되는 디지털 자판기와 같다. 기존 회사에서는 일을 하고 돈을 받으려면 보고서를 쓰고, 팀장 승인을 받고, 재무팀의 결재를 기다려야 했다. 하지만 DAO에서는 스마트 컨트랙트가 이 모든 과정을 대체한다. 개발자가 코드를 제출하고, 동료들의 투표로 통과되면, 스마트 컨트랙트는 회사 통장에서 암호화폐를 꺼내 개발자의 지갑으로 쏘아 보낸다. 재무팀의 결재도, 은행의 송금 지연도 없다. 오직 기여와 보상 사이의 인과관계만 있을 뿐이다.

가령 "지구 온난화를 막는 기술을 개발하자"라는 목표를 가진 DAO가 있을 때, 다음과 같은 일련의 과정을 거치면 된다.

[모집] 한국의 개발자, 미국의 마케터, 인도의 디자이너가 익명으로 접속한다. 국적도, 학력도, 나이도 묻지 않는다.

[제안] 누군가 탄소 포집 기술 아이디어를 제안한다.

[투표] DAO 멤버들은 자신이 가진 토큰(주권)으로 투표한다. 과반수가 찬성하면 이 프로젝트는 승인된다.

[실행 및 보상] 프로젝트가 완료되면 스마트 컨트랙트는 기여한 사람들에게 약속된 토큰을 자동으로 분배한다. 이 토큰은 DAO의 주식이자 현금이다.

이 과정에서 서류 심사나 연봉 협상은 없다. 오직 실력으로 기여하고, 기여한 만큼 투명하게 가져간다. DAO는 기술이 인간의 간섭 없이도 완벽하게 공정한 협업을 만들어낼 수 있다는 급진적인 실험이자, 위계질서 없는 미래 조직의 청사진이다.[62]

5) 자본보다 아이디어가 강한 시대의 윤리

과거 자본주의 시스템에서 자본은 일종의 안전장치이자 거름망 역할을 했다. 아무리 위험하거나 비윤리적인 아이디어라도, 투자자나 은행의 심사를 통과하지 못하면 실행될 수 없었기 때문이다. 자본은 이윤을 추구하지만, 동시에 리스크를 관리하기 위해 최소한의 사회적 검증을 수행했다. 하지만 아이디어가 곧 자본이 되는 빌더 이코노미에서는 이 거름망이 사라졌다. 이제 누구나 AI와 노코드 툴을 이용해 단독으로 서비스를 론칭할 수 있다. 혁신의 속도를 높였지만, 동시에 검증되지 않은 위험한 아이디어가 제동 장치 없이 사회에 직격탄을 날릴 수 있음을 의미한다. 혐오를 조장하는 커뮤니티, 타인의 저작권을 침해하는 생성형 AI 서비스, 검증되지 않은 가짜 뉴스가 혁신이라는 이름으로 포장되어 시장에 쏟아질 위험이 그 어느 때보다 커졌다.

아이디어가 자본을 대체하는 시대에 가장 중요한 윤리적 덕목은 지적 정직성이다. AI 기술은 남의 것을 베끼는 행위와 새로운 것을 창조하는 행위의 경계를 흐릿하게 만들었다. 오픈소스 코드를 가져와 살짝 바꾸거나, 생성형 AI가 긁어 온 타인의 화풍을 자신의 창작물인 양 발표하는 것이 너무나 쉬워졌기 때문이다. 과거에는 기술력이 부족해서 못 했던 표절이, 이제는 버튼 하나로 가능해졌다. 진정한 혁신가는 결과물의 화려함이 아니라, 그 과정의 투명성으로 증명된다. 내가 사용한 소스가 어디서 왔는지, AI의 도움을 얼마나 받았는지, 그리고 이 아이디어가 기존의 창작자들에게 어떤 빚을 지고 있는지를 솔직하게 밝히는 태도. 이 출처의 윤리가 무너진다면, 아이디어 중심의 경제는 서로 훔치는 도둑들의 시장으로 전락할 것이다.[63]

자본보다 아이디어가 강한 시대의 윤리는 자율적인 멈춤에 있다. 과거에는 투자자가 멈춰 세웠지만, 이제는 창업가 스스로가 사회에 해로우니 하지 않겠다고 멈춰야 한다. 1인 기업가라도 그 영향력은 글로벌 기업만큼 클 수 있기에, 윤리적 무게감 또한 대기업 CEO의 그것과 같아야 한다. 기술이 모든 것을 가능하게 할수록, 혁신가는 무엇을 하지 말아야 할지를 더 치열하게 고민해야 한다. 윤리가 결여된 아이디어는 자본이 아니라 부채가 되어, 사회와 창업자 자신을 파산시키기 때문이다.

02

기술 이후의 인간

미디어학자 마셜 맥루한은 "우리는 도구를 만들고, 그 도구는 다시 우리를 만든다"라고 말했다. 이 통찰은 AI시대에 섬뜩할 정도로 정확한 예언이 되었다. 과거의 기술(망치, 자동차)은 인간의 신체적 한계를 확장하는 수단에 불과했다. 하지만 생각하고 판단하며 창작하는 AI는 인간의 고유 영역인 정신을 확장하고, 때로는 대체한다. 기술이 인간의 바깥이 아니라 안쪽으로 들어왔음을 의미한다.

우리는 지금 역사상 가장 강력한 기술적 충격 속에 서 있다. AI는 점점 더 인간처럼 말하고, 느끼고(감정 컴퓨팅), 창작한다. 반대로 인간은 점점 더 기계처럼 생각한다. 효율성을 최고의 가치로 여기고, 데이터를 기반으로 결정하며, 알고리즘이 추천하는 대로 취향을 소비한다. 기술과 인간의 경계가 흐릿해지는 호모 테크니쿠스(Homo Technicus)의 시대. 이 장에서는 기술과 인간이 서로를 모방하며 진화하는 기묘한 공생 관계와 그 속에서 우리가 지켜야 할 인간다움의 본질을 탐구한다.

1) 기술이 인간을 닮아가듯, 인간도 기술을 닮아간다

지난 수십 년간 공학자들의 목표는 인간을 닮은 기계를 만드는 것이었다. 그리고 생성형 AI는 그 목표에 가장 근접했다. 과거의 컴퓨터가 0과 1로 된 딱딱한 명령어만 이해했다면, 지금의 AI는 인간의 언어에 담긴 미묘한 뉘앙스, 풍자, 감정의 맥락까지 파악한다. 심지어 우울하다는 사용자에게 위로를 건네고, 창의적인 농담을 던지기도 한다. 기술은 차가운 연산 장치를 넘어, 인간의 사고 과정을 모방하는 뉴럴 네트워크(신경망)를 통해 가장 인간적인 파트너로 진화하고 있다.

역설적이게도 기술이 인간을 닮아가는 동안, 인간은 기술을 닮아가고 있다. 우리는 일상에서 알고리즘적 사고를 내면화했다. 내비게이션이 알려주는 최단 경로가 아니면 불안해하고, 맛집을 고를 때도 내 직관보다 별점 데이터를 더 신뢰한다. 유튜브 쇼츠나 틱톡을 보며 15초 만에 도파민 보상을 얻는 데 익숙해진 뇌는, 기승전결이 있는 긴 호흡의 서사를 견디지 못한다. 무엇보다 최적화에 대한 강박이 인간을 잠식했다. 실패와 방황을 통해 성장하는 인간 고유의 서사는 비효율적인 것으로 치부되고, 입력대비 산출을 극대화하는 기계적인 삶의 방식이 성공의 기준이 되었다.

지금 기술과 인간이 서로의 정체성을 맞교환하는 기묘한 상호 모방의 시대를 살고 있다. AI는 차가운 연산 장치를 넘어, 인간의 고유 영역이라 여겼던 감정과 창작의 영역으로 진격하고 있다. 챗GPT는 사용자의 우울함을 위로하고, 미드저니는 인간보다 더 환상적인 초현실주의 그림을 그린다. 기계는 점점 더 인간적인 맥락을 학습하며 따뜻해지고 있다.

한편, 인간은 스스로를 기계처럼 개조하고 있다. 우리는 일상의 모든 결정을 데이터에 의존한다. 점심 메뉴를 고를 때도 내 미각보다 별점 데이터를 신뢰하고, 여행을 갈 때도 우연한 발견의 즐거움 대신 블로그가 추천하는 실패 없는 최적 경로만을 따라간다. 심지어 연애조차 데이팅 앱의 알고리즘이 매칭해준 스펙 데이터를 기반으로 효율적으로 시작하려 한다. 기술이 인간을 닮아 진화하는 동안, 인간은 불확실성을 제거하고 입력 대비 산출(ROI)을 극대화하려는 알고리즘적 사고에 갇혀 차가워지고 있다.

이 지점에서 AI가 인간의 창의성을 흉내 낼 때, 인간은 기계처럼 패턴화된 삶을 살고 있지는 않은지 질문을 던져야 한다. 효율성은 기계의 미덕이지, 인간의 미덕이 아니다. 기계로선 방황이 오류지만, 인간에게 방황은 새로운 발견의 원천이다. 하지만 현대인은 실패와 낭비를 죄악시하며 자신의 삶을 빈틈없이 최적화하려 든다. 멍하니 창밖을 보는 시간, 목적 없이 걷는 산책, 쓸모없어 보이지만 가슴 뛰는 취미 생활을 비효율이라는 이름으로 삭제해버린다. 인간이 기계처럼 효율성만을 추구할 때, 필연적으로 기계보다 열등한 존재가 될 수밖에 없다. 연산 속도와 최적화 능력에서 인간은 결코 AI를 이길 수 없기 때문이다.

기술 이후의 인간에게 주어진 가장 시급한 과제는 역설적이게도 비효율성의 회복이다. 기술이 모든 정답을 최단 거리로 안내할 때, 의도적으로 돌아갈 줄 아는 용기가 필요하다. 내비게이션을 끄고 낯선 길을 헤매다 우연히 만난 풍경, 알고리즘 추천을 무시하고 고른 낯선 영화가 주는 충격, 데이터로는 설명되지 않는 직관적인 끌림. 이 예측 불가능한 직관과 비효율적인 낭만이야말로 AI가 결코 복제할 수 없는 인간다움의 최후 보루다. 기술이 인간을 닮아가는 것은 기술의 진화지만, 인간이 기술을 닮아가는 것은 명백한 퇴보다. 기계처럼 살기 위해 기술을 만든 것이 아니라, 더 인간답게 살기 위해(비효율적인 낭만을 즐기기 위해) 기계에 효율성을 외주 준 것임을 기억해야 한다.

2) 기술의 민주화가 만든 새로운 인간상

과거의 인재상은 정답을 잘 맞히는 사람이었다. 누가 더 많은 지식을 암기하고, 누가 더 빨리 계산하느냐가 지능의 척도였다. 하지만 AI가 모든 정답을 1초 만에 내놓는 세상에서, 대답 능력은 더 이상 인간의 경쟁력이 될 수 없다. 이제 인간의 가치는 질문하는 능력에서 나온다. AI는 명령이 없으면 작동하지 않는 수동적인 존재다. 그 거대한 지능을 깨우기 위해서는 "무엇을, 어떻게, 왜 해야 하는가"라는 명확한 지시가 필요하다. 새로운 인간상은 AI에 맥락을 부여하고 방향을 제시하는 호모 프롬프트(Homo Prompt)다.[64] 이들은 코딩 문법을 외우는 대신 어떤 앱을 만들 것인지 고민하고, 그림 그리는 붓놀림을 연마하는 대신 어떤 화풍으로 무엇을 표현할 것인가를 상상한다. 기술이 답을 하는 동안, 인간은 끊임없이 질문을 던져 미지의 영역을 개척하는 존재로 거듭나는 것이다.

말콤 글래드웰은 한 분야의 전문가가 되려면 1만 시간의 수련이 필요하다고 했다. 하지만 기술의 민주화는 이 법칙을 붕괴시켰다. AI와 노코드 도구는 초보자가 전문가 수준의 결과물을 내는 데 걸리는 시간을 1만 시간에서 100시간, 아니, 단 1시간으로 단축시켰다. 이러한 변화는 한 우물만 파는 좁은 전문가(Specialist)의 시대를 끝내고, 여러 분야를 넘나드는 다빈치형 인간(Polymath)[1]의 시대를 다시 열었다. 르네상스 시대의 레오나르도 다빈치가 화가이자 과학자이며 기술자였듯, AI시대의 개인은 기획자이자 개발자이고 디자이너가 될 수 있다. 깊이는 AI에 맡기고, 인간은 넓게 연결하고 통합하는 능력을 통해 르네상스적 창조성을 회복한다.

기술의 민주화가 만든 새로운 인간상은 도구의 부속품으로 일하는 기능인이 아니라, 도구들을 조율하여 교향곡을 만들어내는 지휘자다. 오케스트라 지휘자가 모든 악기를 연주할 필요는 없지만 각 악기가 어떤 소리를 내야 아름다운지 알아야 하듯, 미래의 인간은 AI, 클라우드, 데이터라는 악기들을 조율해 최상의 하모니를 만들어내는 조율 능력이 핵심 역량이 된다. 손기술의 시대가 가고, 안목과 철학의 시대가 온 것이다.

---

1   박식가. 레오나르도 다빈치처럼 서로 연관 없어 보이는 다양한 분야에서 뛰어난 재능을 발휘하는 사람. AI시대에는 융합형 인재를 뜻한다.

3) 사람 중심 기술의 윤리: 감정, 공감, 책임

기술이 발전하면서 AI는 인간의 감정까지 흉내 내기 시작했다. 감성 컴퓨팅 (Affective Computing) 기술은 사용자의 표정과 목소리를 분석해 "오늘 슬퍼 보이시네요"라며 위로를 건넨다. 하지만 이것은 데이터에 기반한 시뮬레이션된 공감일 뿐이다. 기계는 슬픔이라는 단어의 확률적 의미는 알지만, 가슴이 미어지는 고통의 실체는 모른다. 그러나 인간의 공감은 타인의 고통을 내 것처럼 느끼는 실존적 체험에서 나온다. 기술이 고도화될수록, 역설적으로 인간만이 줄 수 있는 진짜 공감의 가치는 폭등한다. AI 의사가 진단은 더 정확하게 내릴 수 있어도, 암 선고를 받은 환자의 손을 잡고 함께 눈물 흘려줄 수는 없다. 미래의 윤리는 이 차이를 명확히 하는 것에서 시작된다. 기술을 통해 효율을 높이되, 그 빈자리를 차가운 알고리즘이 아닌 사람의 따뜻한 온기로 채우는 것이 사람 중심 기술의 핵심이다.

나심 탈레브는 《스킨 인 더 게임》에서 "자신의 선택에 대한 위험을 짊어지지 않는 자는 결정권을 가져서는 안 된다"라고 말했다. 이 원칙은 AI시대에 가장 중요한 윤리적 기준이 된다. AI는 어떤 결정을 내리든 그 결과에 대해 고통받거나 책임을 지지 않는다. 자율주행차가 사고를 내도 알고리즘은 감옥에 가지 않고, AI 챗봇이 혐오 발언을 해도 죄책감을 느끼지 않는다. AI에는 책임이 없다. 판단은 AI에 맡길 수 있어도, 책임은 결코 위임할 수 없다. 최종적인 의사결정의 결재는 리스크를 감당할 수 있는 인간이 내려야 한다. AI가 시켜서 했다는 변명은 인간으로서의 존엄과 주체성을 스스로 포기하는 선언과 같다. 권한은 나누되 책임은 독점하는 것, 이것이 AI라는 강력한 하인을 거느린 인간 주인이 지켜야 할 마지막 자존심이다.

사람 중심의 기술 윤리란 역할 분담의 문제다. 데이터 처리, 패턴 분석, 반복 노동 같은 차가운 영역은 기술에 전적으로 맡긴다. 그리고 거기서 확보된 시간과 에너지를 창의성, 윤리적 판단, 타인과의 깊은 유대 같은 뜨거운 영역에 쏟아

붓는 것이다. 기술이 인간을 대체하는 것이 아니라, 인간이 더 인간다워질 수 있도록 돕는 도구로 남게 하는 것이 우리가 지향해야 할 기술과 인간의 공진화 방향이다.

* "알고리즘에는 마음이 없다"

미국의 섭식장애협회(NEDA)는 2023년, 상담 전화를 받던 인간 직원들을 해고하고 그 자리에 AI 챗봇 테사(Tessa)를 도입했다. 협회는 테사가 인간보다 더 많은 데이터를 가지고 있으며, 24시간 언제든 상담할 수 있는 공감 능력까지 갖췄다고 대대적으로 홍보했다.

하지만 도입 직후, 거식증과 폭식증으로 고통받는 환자들이 테사에 도움을 요청하자 충격적인 일이 벌어졌다. 테사는 힘들다는 환자들에게 위로를 건네는 대신, "살을 빼려면 하루 칼로리 섭취량을 500kcal로 제한하고, 매일 체중을 재라"라는 기계적인 다이어트 팁을 쏟아냈다. 일반적인 다이어트 정보로는 맞을지 몰라도, 섭식장애 환자에게는 병을 악화시키고 자해를 유도할 수 있는 치명적인 조언이었다.

협회는 도입 2주 만에 테사를 폐기했다. 이 사건은 AI가 체중 감량이라는 키워드와 연관된 확률 높은 문장을 생성할 수는 있어도, 환자가 겪는 고통의 맥락을 전혀 이해하지 못한다는 사실을 증명했다. 시뮬레이션된 공감(AI)은 결코 실존적 공감(인간)을 대체할 수 없다.

* "기계는 감옥에 가지 않는다"

2018년 미국 애리조나주, 우버의 자율주행차가 무단횡단을 하던 보행자를 치어 사망하게 한 비극적인 사건이 발생했다. 당시 차량은 자율주행 모드로 운행 중이었지만, 운전석에는 만약의 사태를 대비해 안전 요원(인간)이 탑승해 있었다. 그러나 시스템을 과신한 요원은 전방 주시를 게을리했고, 사고를 막지 못했다.

이 사고는 전 세계 법조계와 기술계에 질문을 던졌다. 과연 누구의 책임인가? 보행자를 인식하지 못한 알고리즘을 짠 개발자인가? 센서를 만든 제조사인가? 아니면 운전석에 앉아 있던 인간인가? 긴 법적 공방 끝에 검찰은 인간 안전요원을 과실치사 혐의로 기소했다. 이유는 명확했다. AI 시스템은 처벌받을 신체도, 반성할 양심도, 감옥에 갈 인격도 없기 때문이다.

이 사건은 나심 탈레브가 말한 "자신의 선택에 대한 위험을 짊어지지 않는 자는 결정권을 가져서는 안 된다"라는 원칙을 상기시킨다. 기술이 아무리 고도화되어도 법적·도덕적 책임을 질 수 있는 유일한 주체는 오직 인간뿐이다. 생명이 걸린 결정적인 순간의 통제권(브레이크)은 반드시 책임질 수 있는 인간이 쥐고 있어야 한다는 것이 기술 시대의 윤리적 마지노선이다.

4) 기술과 인간의 공진화

지난 2016년, 이세돌과 알파고의 바둑 대결 이후 인류는 거대한 공포에 휩싸였다. 인간이 기계에 지능으로 패배했으며, 곧 모든 일자리가 대체될 것이라는 디스토피아적 전망이 지배했다. 하지만 10년이 지난 지금, 새로운 사실을 깨닫고 있다. AI는 인간을 밀어내는 대체재가 아니라, 인간의 한계를 넓혀주는 보완재이자 증강 도구라는 점이다.

체스 챔피언 가리 카스파로프는 AI에 패배한 후 "AI보다 강한 것은 AI와 협력하는 인간"이라는 유명한 말을 남겼다. 실제로 이후 체스 대회에서 슈퍼컴퓨터를 이긴 것은 또 다른 슈퍼컴퓨터가 아니라, AI의 계산 능력을 전략적으로 활용한 아마추어 체스 팀이었다. 기술과 인간은 제로섬 게임을 하는 적이 아니라, 서로의 약점을 보완하며 함께 성장하는 공진화의 단계로 진입했다. 악어와 악어새처럼, 우리는 생존을 위해 기술을 필요로 하고, 기술은 목적을 위해 인간을 필요로 한다.

AI라는 거인의 어깨 위에서 인간이 맡아야 할, 기계가 범접할 수 없는 고유 영역은 무엇인가? 바로 데이터와 확률로는 계산할 수 없는 것들이다.

첫째, 감정이다. AI는 '이별'이라는 키워드 뒤에 올 확률이 높은 단어를 배치해 슬픈 시를 쓸 수는 있지만, 가슴이 미어지는 고통의 실체는 모른다. 그것은 정교한 시뮬레이션일 뿐이다. 사람의 마음을 움직이는 것은 완벽한 기교가 아니라, 창작자의 실존적 고뇌가 묻어나는 '진심'이다. 둘째, 상상이다. AI는 과거 데이터의 평균값을 내놓지만, 인간은 데이터가 없는 곳에서 엉뚱한 꿈을 꾼다. 쇠붙이가 하늘을 날 수 있다고 믿었던 라이트 형제처럼, 비합리적인 직관으로 데이터의 벽을 넘는 것은 오직 인간만의 특권이다. 셋째, 맥락이다. 인간의 소통에서 언어는 7%에 불과하다. AI는 텍스트를 읽지만, 인간은 침묵과 표정 속에 숨겨진 '행간'을 읽는다.

공진화의 핵심은 철저한 분업이다. 기계가 더 잘하는 일(계산, 분석, 생성)은 기계에 전적으로 위임해야 한다. 그로 인해 확보된 시간과 에너지는 기계가 절대 넘볼 수 없는 가장 인간적인 일에 쏟아부어야 한다. 의사는 진단보다 환자의 불안을 잠재우는 치유에, 마케터는 데이터 분석보다 고객의 마음을 흔드는 스토리텔링에 집중하는 식이다.

기술이 똑똑해질수록, 인간은 더 인간다워질 기회를 얻는다. 공진화는 기술에 종속되는 것이 아니라, 기술이라는 도구를 통해 더 넓은 세상을 바라보는 시야의 확장이자 인간성의 회복이다.

5) '의미'가 경쟁력이 되는 시대

기술의 민주화는 기능의 차이를 소멸시켰다. 이제 누구나 AI를 쓰면 평균 이상의 코드를 짜고, 평균 이상의 디자인을 하며, 평균 이상의 글을 쓸 수 있다. 기술적 완성도가 평준화된 세상에서 얼마나 잘 만드는가는 더 이상 차별화 포인트가 되지 못한다. 이제 승부는 왜 만들었는가에서 갈린다. AI는 시키는 대로 만들 수는 있지만, 스스로 가치를 부여하거나 철학을 담을 수는 없다. 기술이 고도화될수록, 제품과 서비스에 고유한 서사와 철학을 입히는 의미 부여 능력이 인간의 가장 강력한 무기가 된다.

생성형 AI가 1초에 수백 장의 그림과 수천 줄의 글을 쏟아내는 세상에서, 양과 속도의 가치는 0에 가깝다. 이와 달리, 희소해지는 것은 인간의 숨결이 묻어 있는 진정성이다. 우리가 기계가 찍어낸 정교한 공산품보다, 조금 투박하더라도 장인의 손길이 닿은 수제품에 열광하는 이유가 여기에 있다. 비즈니스도 마찬가지다. 소비자는 이제 기능이 뛰어난 제품을 사는 것이 아니라, 그 브랜드가 지향하는 가치와 신념을 산다. 환경을 위해 옷을 사지 말라는 파타고니아의 철학에 지갑을 열고, 로컬 크리에이터의 소박한 이야기에 귀를 기울인다. AI는 기능을 복제할 수 있어도, 그 브랜드가 가진 영혼과 스토리는 결코 복제할 수 없다.

기술 이후의 인간에게 남은 최후의 성역은 의미를 만드는 일이다. AI는 "어떻게 하면 더 빨리 갈 수 있는가?"라는 질문에 답을 주지만, "우리는 어디로 가야 하며, 그곳에 가는 의미는 무엇인가?"라는 질문에는 침묵한다. 이 침묵을 채우는 것이 바로 인간의 몫이다. 효율성은 기계에 맡기고, 인간은 그 효율성 위에 가치를 덧입혀야 한다. 기술이 인간을 닮아가고 인간이 기술을 닮아가는 혼란 속에서도, 왜 사는지 묻고 답할 수 있는 존재는 여전히 인간뿐이다. 이것이 바로 AI시대에 우리가 멸종하지 않고, 오히려 더 빛나는 존재가 될 수 있는 유일한 이유다.

03

협업의 재정의

인류가 만들어낸 가장 강력한 협업 도구는 피라미드였다. 맨 꼭대기에 명령하는 리더가 있고, 그 아래 중간 관리자가 있으며, 맨 아래 실무자가 있는 수직적 위계 구조다. 이 시스템은 일사불란한 효율성을 보장했지만, 동시에 개인을 거대 기계의 톱니바퀴로 만들었다. 우리는 협업하기 위해 상사의 결재가 필요했고, 조직도라는 칸막이 안에 갇혀야 했다.

하지만 블록체인과 오픈소스, 디지털 플랫폼은 이 견고한 피라미드를 평평한 운동장으로 만들어버렸다. 이제 협업에는 관리자가 필요 없다. 그 빈자리를 코드와 규약이 대신하기 때문이다. 전 세계의 낯선 사람들이 얼굴 한 번 보지 않고도, 리눅스라는 운영체제를 함께 만들고(오픈소스), 사장 없는 회사를 운영하며(DAO), 지구 반대편의 프로젝트를 완수한다(크라우드워크).

이제 우리는 소속됨으로써 일하지 않고, 연결됨으로써 일한다. 권위가 아닌 기여가 존경받고, 통제가 아닌 자율이 질서를 만드는 세상. 피라미드가 무너진 그 자리에, 인류 역사상 가장 자유롭고 강력한 탈중앙화된 협업의 실험이 시작되었다.

1) DAO, 오픈소스 커뮤니티, 글로벌 크라우드워크

기술의 민주화가 가져온 협업의 가장 큰 변화는 회사의 해체다. 과거에는 일을 하기 위해 회사라는 물리적 공간과 법적 울타리가 필수적이었다. 하지만 네트워크 기술은 이 울타리를 걷어냈다. 이제 우리는 같은 건물에 있지 않아도, 같은 근로 계약서에 서명하지 않아도, 하나의 목표를 위해 완벽하게 협업할 수 있다.

여기 소개할 3가지 모델인 DAO, 오픈소스, 크라우드워크는 그 방식은 다르지만 하나의 공통된 DNA를 공유한다. 바로 소속보다 기여가 중요하다는 점이다. 꽉 짜인 조직도 대신 느슨하지만 강력한 네트워크로 연결된 이들은, 전통적인 기업이 흉내 낼 수 없는 속도와 유연함으로 협업의 정의를 다시 쓰고 있다.

＊ DAO: 경제적 구조를 넘어, 일하는 방식의 혁명으로

앞서 설명한 경제적 구조로서의 DAO를 넘어, 일하는 방식으로서의 DAO를 들여다보자. 기존의 모든 협업에는 막대한 신뢰 비용이 발생했다. 낯선 사람과 동업하기 위해서는 계약서를 쓰고, 공증을 받고, 변호사를 선임해야 했다. 회사가 직원에게 일을 시키려면 근로 계약을 맺고, 성과를 감시할 중간 관리자를 두어야 했다. 인간은 서로를 믿지 못하기 때문에 감시와 증명에 엄청난 에너지를 낭비해왔다.

DAO는 이 비효율을 기술로 삭제했다. DAO의 협업에는 인간적 신뢰가 필요 없다. 대신 블록체인 위에 기록된 코드를 믿는다. 코드는 거짓말을 하지 않고, 편애하지 않으며, 뇌물을 받지도 않는다. "우리는 서로를 믿지 않는다. 오직 코드를 믿는다." 이것이 DAO 협업의 제1원칙이다.

이 시스템을 가능하게 하는 엔진은 스마트 컨트랙트다. 이것은 조건이 충족되면 자동으로 실행되는 디지털 자판기와 같다. 기존 회사에서는 프로젝트를 완수해도 보상을 받으려면 팀장 결재, 재무팀 승인, 은행 송금이라는 복잡한 절차를 거쳐야 했다. 하지만 DAO에서는 스마트 컨트랙트가 모든 중간 관리자를 대체한다. "A 프로젝트 코드를 깃허브에 올리고(조건 1), 동료 5명 이상의 승인을 받으면(조건 2), 지갑으로 코인 100개를 전송한다(실행)"는 규칙이 코드에 박혀 있다. 조건이 충족되는 0.1초 만에 보상이 지급된다.

이로 인해 DAO에서는 국적, 나이, 성별, 학력을 밝힐 필요가 없는 익명 협업이 가능하다. 서로 얼굴을 몰라도, 지구 반대편에 살아도, 코드가 약속을 보증하기 때문에 안심하고 일할 수 있다. 오직 기여한 만큼만 투명하게 보상받는 시스템이다. DAO는 인간의 개입과 정치질, 불투명한 평가가 배제된, 기술이 구현한 가장 완벽하고 공정한 협업체다.

* 오픈소스 커뮤니티: 소유보다 공유가 강하다

소프트웨어 업계의 오픈소스 문화는 기술을 독점해야 돈을 번다는 200년 넘게 이어진 자본주의 상식을 뒤집은 혁명이다. 전통적인 기업들은 기술을 영업 비밀로 분류하고 금고 깊숙이 가두는 폐쇄형 전략을 썼다. 하지만 리눅스, 파이선, 파이토치(PyTorch) 같은 현대 문명을 떠받치는 거대 기술들은 정반대의 길을 택했다. 소스 코드를 만천하에 공개하고 누구나 가져다 쓰고 고칠 수 있게 한 것이다. 결과는 놀라웠다. 마이크로소프트 같은 거대 기업의 닫힌 연구소에 있는 천재 100명보다, 깃허브 같은 열린 광장에 모인 평범한 개발자 1만 명이 훨씬 더 빠르고 강력하게 버그를 잡고 기능을 발전시켰기 때문이다. 집단지성이 소수의 엘리트를 압도한 것이다.

이 거대한 협업을 움직이는 동력은 월급이 아니다. 오픈소스 기여자들은 돈을 받지 않고 밤을 새워 코드를 짠다. 그들을 움직이는 것은 내가 만든 코드가 세상을 돌린다는 자부심, 커뮤니티 내에서의 명예, 그리고 어려운 문제를 해결했을 때 느끼는 지적인 희열이다. 기술의 민주화는 인간이 생계 수단으로서의 노동을 넘어, 자아실현과 기여를 위한 놀이로서의 노동을 할 때 가장 높은 생산성을 발휘한다는 사실을 증명했다.

오픈소스는 지식 재산권의 개념을 방어(Copyright)에서 확산(Copyleft)으로 재정의했다. 내가 만든 것을 남들이 자유롭게 쓰게 하고, 그들이 덧붙인 혁신을 다시 내가 가져오는 선순환 구조다. "지식은 가두면 고여서 썩지만, 흐르게 하면 강물이 되어 바다로 간다." 오픈소스 커뮤니티는 이 철학을 통해 경쟁보다 협력이, 소유보다 공유가 더 큰 파이를 만든다는 사실을 비즈니스 현장에서 입증해 냈다.

* 글로벌 크라우드워크: 지구 전체가 나의 사무실

물리적 제약이 사라진 자리에는 글로벌 크라우드워크가 들어섰다. 업워크(Upwork)나 파이버(Fiverr) 같은 플랫폼은 단순한 구인 구직 사이트가 아니다. 전 세계 80억 인구를 하나의 거대한 서버에 접속된 인재 클라우드로 통합시킨 시스템이다. 이제 서울의 스타트업이 브라질의 디자이너에게 로고를 맡기고, 런던의 기업이 베트남의 개발자에게 코딩을 의뢰하는 것은 특별한 일이 아닌 일상이다. 줌과 슬랙은 시차와 거리를 0으로 만들었고, 자동 번역 기술은 언어의 장벽마저 허물고 있다.

기업의 인재 운용 방식을 근본적으로 바꾼다. 과거에는 필요한 인재를 고용하여 사무실 책상에 앉혀두어야 했다(소유). 하지만 이제 기업은 전 세계 최고의 재능을 필요한 순간에만 접속하여 사용한다. 넷플릭스를 구독하듯, 프로젝트에 딱 맞는 전문가를 구독하는 것이다. 기업은 고정비 부담 없이 유연하게 조직을 운영할 수 있고, 개인은 한 회사에 종속되지 않고 자신의 실력만으로 전 세계 클라이언트와 거래하며 N잡을 실현한다.

가장 큰 의의는 지리적 평평화에 있다. 과거에는 실리콘밸리에 태어난 개발자와 지방 소도시에 태어난 개발자의 기회는 하늘과 땅 차이였다. 하지만 크라우드워크 세상에서는 어디에 사는가는 중요하지 않다. 오직 무엇을 할 수 있는

가만이 중요하다. 지방의 은둔 고수도, 개발도상국의 천재도 인터넷만 연결되면 글로벌 대기업의 프로젝트를 따내고 달러를 벌 수 있다. 기술은 거주지라는 운명을 지우고, 실력이라는 능력만이 통용되는 가장 냉정하고도 공정한 글로벌 노동 시장을 열었다.

2) 개인이 팀이 되고, 팀이 생태계가 되는 구조

과거에 개인은 조직의 부속품이거나, 혼자서는 큰일을 할 수 없는 미약한 존재였다. 하지만 AI와 자동화 도구(SaaS)는 개인에게 수십 명분의 생산성을 부여했다. 이제 기획자가 코딩을 하고, 개발자가 디자인을 하며, 마케터가 데이터 분석을 한다. AI라는 지렛대를 통해 각자의 전문 분야를 넘어 인접 영역까지 커버하는 슈퍼 개인이 등장한 것이다. 이들은 더 이상 동료에게 부탁할 필요 없이 스스로 AI를 지휘하여 실행한다. 결과적으로 '1인=1팀'의 공식이 성립된다. 개인이 물리적인 팀원을 고용하지 않고도 기획, 제작, 유통, 마케팅이라는 기업의 전 과정을 완결성 있게 수행하는 구조가 만들어진 것이다.

슈퍼 개인들이 모인 팀은 과거의 부서와는 질적으로 다르다. 과거의 조직이 고정된 벽 안에 갇힌 고체였다면, 미래의 팀은 필요에 따라 외부 전문가, AI, 커뮤니티와 자유롭게 결합하고 흩어지는 액체와 같다. 이들은 모든 것을 내부에서 해결하려 하지 않는다. 핵심 역량만 남기고 나머지는 외부의 API, 오픈소스, 크라우드워커, 그리고 열성적인 유저 커뮤니티와 연결한다. 팀 자체가 하나의 거대한 생태계의 허브가 되는 것이다. 10명의 직원이 있는 회사가 1만 명의 커뮤니티 멤버와 협업하여 제품을 개선하고 홍보한다. 고용이라는 무거운 계약 대신 참여와 기여라는 가벼운 연결을 통해, 작은 팀이 대기업보다 더 큰 영향력을 발휘하는 구조다.

이 구조적 변화를 가장 극적으로 보여준 역사적 사례가 인스타그램이다. 2012년 페이스북이 인스타그램을 약 1조 원에 인수했을 때, 인스타그램의 직원은 고작 13명뿐이었다. 하지만 그들은 이미 수천만 명의 사용자를 거느린 거대 생태계를 구축하고 있었다. 그들은 서버를 직접 구축하는 대신 클라우드를 썼고 (기술 생태계 활용), 마케팅 부서를 두는 대신 사용자들이 자발적으로 사진을 올리고 공유하게 만들었다(유저 생태계 활용). 13명의 개인이 기술을 통해 팀이 되었고, 그 팀은 다시 수천만 명의 사용자와 연결되어 거대한 미디어 생태계가 되었다. 기술의 민주화는 규모의 경제를 연결의 경제로 대체했다. 이제 덩치는 중요하지 않다. 얼마나 단단하고 광범위하게 연결되어 있는가가 조직의 파워를 결정한다.

3) '탈조직'과 '자율 협업'의 새로운 질서

기술은 회사라는 울타리를 걷어내고 그 자리에 전문가 네트워크를 심었다. 과거에는 '삼성전자 김 부장'이라는 소속이 나를 증명했지만, 이제는 '파이선을 다루는 데이터 분석가'라는 기능이 나를 증명한다. 이것이 바로 탈조직의 본질이다. 거대한 조직이 해체되고, 개개인이 하나의 기능 단위가 되어 프로젝트에 따라 레고 블록처럼 조립되었다가 흩어진다. 이들은 회사의 비전이 아니라, 자신의 포트폴리오와 성장을 위해 일한다. 조직에 충성하는 직장인이 사라지고, 프로젝트에 몰입하는 프로페셔널만이 남는 시대다.

그렇다면 상사도 없이 어떻게 일이 돌아갈까? 과거의 관리가 감시와 통제였다면, 자율 협업의 핵심은 투명한 동기화다. 슬랙, 노션, 피그마 같은 협업 툴이 상사를 대신한다. 이곳에서는 누가, 언제 출근했는지 감시할 필요가 없다. 모든 작업 과정과 결과물이 클라우드 위에 실시간으로 기록되고 공유되기 때문이다. 보이는 일을 하기 때문에 숨을 수도, 놀 수도 없다. 상사의 지시가 없어도, 동료들의 진행 상황을 실시간으로 확인하며 스스로 자신의 할 일을 찾아내는 자율적 동기화가 일어난다. 기술은 관리자를 없앤 것이 아니라, 관리라는 행위 자체를 시스템 속에 녹여버렸다.

＊ 플래시 팀(Flash Team)

이 새로운 질서를 가장 잘 보여주는 모델은 스탠퍼드대학 연구진이 제시한 플래시 팀이다. DAO처럼 코드로 굴러가는 게 아니라, 고도로 훈련된 전문가들이 디지털 도구를 이용해 순식간에 손발을 맞추는 방식이다.

[상황] 3일 안에 코로나19 마스크 재고 알림 앱을 만들어야 한다.

[기존 방식] 채용 공고를 내고, 면접을 보고, 팀을 꾸리는 데만 한 달이 걸린다.

[플래시 팀] 기획자, 개발자, 디자이너가 슬랙에 모인다. 서로 얼굴도 모르지만, 피그마로 디자인을 실시간 공유하고, 깃허브로 코드를 합친다. 인사는 생략하고 목표만 공유한다.

[결과] 각 분야의 고수들이 모였기에 불필요한 회의나 의전 없이 48시간 만에 서비스를 론칭하고 쿨하게 헤어진다. 이것은 조직력이 아니라 접속력의 승리다. 기술 도구에 능숙한 개인들이 모이면, 1년 걸릴 일을 단 며칠 만에 끝내는 초압축 협업이 가능해진다.

4) 협업의 민주화는 혁신의 민주화다

지난날의 혁신은 고독한 천재들의 전유물이었다. 에디슨이 실험실에서 밤을 새우고, 아인슈타인이 서재에서 고뇌하며 세상을 바꿨다. 하지만 문제가 복잡해진 현대 사회에서 한 명의 천재가 모든 답을 내놓는 것은 불가능하다. 이제 혁신은 천재의 머리가 아니라, 서로 다른 배경을 가진 평범한 사람들의 연결에서 나온다. 기술이 협업의 문턱을 낮추자, 연구소의 담장 안에 갇혀 있던 문제들이 전 세계의 인지적 잉여와 만날 수 있었다. 난치병 치료법을 게임 유저들이 찾아내고, 기후 위기 해법을 오픈소스 개발자들이 제안하는 세상이 된 것이다. 협업의 민주화는 곧 혁신의 주체가 소수 엘리트에서 전 인류로 확장됨을 의미한다.

협업의 장벽이 사라졌을 때 얻을 수 있는 가장 큰 수확은 인지적 다양성이다. 같은 회사, 같은 대학 출신의 사람들끼리 모이면 생각의 사각지대가 생긴다. 하지만 국경과 소속을 허문 탈중앙화된 팀에서는 생물학자가 코딩을 하고, 예술가가 데이터를 분석하는 엉뚱한 연결이 일어난다. 혁신은 바로 이 이질적인 것들이 충돌하는 지점에서 폭발한다. 기술은 우리에게 '나와 똑같은 동료'가 아니라 '나와 전혀 다른 이방인'과 협업할 수 있는 기회를 주었고, 그 낯선 만남이 기존의 상식을 파괴하는 아이디어를 낳는다.

협업의 민주화는 문제를 해결하는 권력의 민주화다. 과거에는 세상을 바꿀 힘이 자본과 권력을 쥔 소수에게만 있었다면, 이제는 뜻을 가진 누구나 동료를 모아 거대한 문제에 도전할 수 있다. 지구 반대편의 누군가가 나의 프로젝트에 힘을 보태고, 나의 아이디어가 누군가의 혁신에 씨앗이 되는 세상이 되었다. 기술이 만든 이 거대한 연결망 위에서, 혁신은 더 이상 기적이 아니라 우리가 함께 만드는 일상이 된다.

04

미래의 기업가 정신

우리가 알던 기업가의 이미지는 명확했다. 스티브 잡스나 일론 머스크처럼 세상을 뒤흔들 비전을 가지고, 막대한 투자를 유치해 거대한 조직을 이끄는 리더. 그래서 기업가 정신은 특별한 DNA를 가진 소수만의 것이라 여겼다. 평범한 사람들은 그저 그들이 만든 회사에 들어가 성실히 일하는 직장인의 삶을 꿈꿨다.

기술의 민주화는 이 이분법을 지워버렸다. AI와 디지털 도구는 조직 없이도 개인이 거대 기업의 생산성을 낼 수 있게 만들었다. 이제 기업가 정신은 회사를 차리는 것이 아니라, 내 삶의 주도권을 갖는 것으로 재정의된다. 남이 시키는 일을 하는 것이 아니라, 내가 문제를 정의하고 해결책을 만들어 가치를 파는 것. 회사에 소속되어 있든 아니든, 우리는 모두 자기 이름이라는 브랜드의 CEO가 되어야 한다. 이제 직장인의 시대가 저물고, 기업가형 개인의 시대가 열리는 현장을 목격한다.

1) 1인 기업, 디지털 크리에이터, 빌더 이코노미의 확산

오픈AI의 CEO 샘 알트만은 "머지않아 기업 가치가 10억 달러(약 1조

3,000억 원)에 달하는 '1인 유니콘 기업'이 등장할 것"이라고 예언했다. 과거의 상식으로는 불가능한 일이다. 유니콘 기업이 되려면 수천 명의 직원과 거대한 조직이 필요했기 때문이다. 하지만 AI가 코딩, 디자인, 데이터 분석, 전략 수립까지 인간 전문가 수준으로 수행하게 되면서 이 예언은 현실이 되고 있다.

지난 10년간 노동 시장의 화두는 긱(Gig) 이코노미였다. 우버 기사나 배달 라이더처럼 플랫폼에 접속해 단기 노동을 제공하는 형태다. 하지만 이것은 진정한 독립이 아니었다. 플랫폼의 알고리즘에 종속된 또 다른 형태의 노동일 뿐이었다. 이제 시대는 빌더 이코노미로 진화하고 있다. 빌더는 남의 플랫폼에서 노동을 파는 것이 아니라, AI와 노코드 툴을 이용해 자신만의 프로덕트와 시스템을 짓는 사람들이다. 이들은 뉴스레터를 발행해 구독료를 받고, 자신이 만든 소프트웨어를 팔며, 온라인 강의로 지식을 판매한다. 노동 시간이 아니라, 내가 만든 자산이 돈을 벌어다 주는 구조를 소유한 사람들인 1인 기업의 폭발적인 확산이다.[65]

이들을 실리콘밸리에서는 솔로프러너(Solopreneur, 1인 기업가)[2]라고 부른다. 과거의 자영업자와 다른 점은 확장성이다. 동네 치킨집은 사장이 아프면 문을 닫아야 하지만, 솔로프러너의 비즈니스는 AI봇과 자동화 툴이 24시간 대신 운영한다. 직원은 없지만, 전 세계의 API와 AI 에이전트가 그들의 직원이다. 기획, 개발, 디자인, 마케팅, CS까지 혼자서 해치우지만, 그 퀄리티는 대기업 팀 프로젝트에 뒤지지 않는다. 이들은 채용이라는 가장 무겁고 비싼 과정을 생략하고도, 기술 레버리지를 통해 무한히 확장할 수 있는 가벼운 기업의 시대를 열었다.

네덜란드의 개발자 피터 레벨스(Pieter Levels)는 빌더 이코노미의 상징적인 인물이다. 그는 직원 한 명 없이 혼자서 노마드 리스트(Nomad List) 같은 수십

---

2 Solo(혼자)와 Entrepreneur(기업가)의 합성어. 직원을 고용하지 않고, 디지털 도구와 아웃소싱을 활용해 혼자서 비즈니스 모델을 구축하고 운영하는 1인 기업가를 뜻한다.

개의 웹 서비스를 운영하며 연간 수십억 원의 수익을 올린다. 그는 완벽한 코드를 짜지 않는다. AI와 노코드 툴을 이용해 아이디어를 며칠 만에 구현하고 시장에 던진다. 고객 상담은 챗봇이, 서버 관리는 클라우드가 한다. 그는 사무실에 출근하지 않고 전 세계를 여행하며 일한다. 그에게 기업가 정신이란 거창한 사옥을 짓는 것이 아니라, 노트북 하나로 자유를 획득하는 기술이다.

2) 창업의 정의가 '법인 설립'이 아닌 '가치 창출'로 바뀐다

우리는 오랫동안 창업을 무겁고 엄숙한 것으로 여겨왔다. 법무사를 통해 법인을 등기하고, 그럴듯한 사무실을 임대하고, 명함을 파는 형식을 갖추는 것이 창업의 시작이라 믿었다. 하지만 기술의 민주화는 이 거추장스러운 껍데기를 벗겨냈다. 이제 창업의 본질은 타인의 문제를 해결해주고 그 대가를 받는 것, 즉 가치 창출 그 자체로 회귀한다. 노션으로 만든 페이지 하나라도 누군가에게 유용한 정보를 제공하고 구독료를 받는다면 그것이 곧 스타트업이다. 거창한 사업자 등록증보다 중요한 것은 "내가 만든 것이 누군가에게 쓸모가 있는가?"라는 질문이다. 기술은 회사를 만드는 과정을 삭제하고, 곧바로 고객을 만나는 과정으로 직행하게 해주었다.

지난 10년 스타트업 업계를 지배한 문법은 유니콘(기업 가치 1조 원)이 되는 것이었다. 이를 위해 적자를 감수하고 투자를 받아 몸집을 불리는 데 집착했다. 하지만 AI시대의 새로운 기업가들은 이 문법을 거부한다. 그들은 남의 돈(투자)으로 덩치를 키우는 것보다, 내 기술로 적더라도 확실한 수익을 내는 것을 목표로 한다. 직원 0명, 비용 0원에 가까운 구조로 연 1억 원을 버는 것이, 직원 100명을 두고 연 10억 원 적자를 내는 것보다 훨씬 건강하고 지속 가능한 혁신임을 깨달았기 때문이다. 보여주기식 창업이 아니라, 생존하고 실속 있는 창업으로의 전환이다.

이러한 변화를 주도하는 이들은 실리콘밸리의 인디 해커들이다. 이들은 거창한 미션 스테이트먼트를 쓰지 않는다. 대신 주말마다 작은 사이드 프로젝트를 론칭한다. "개발자들을 위한 이력서 정리 툴이 없네? 내가 만들어볼까?"라는 가벼운 마음으로 시작한다. AI와 노코드로 뚝딱 만들어 커뮤니티에 올린다. 반응이 없으면 쿨하게 폐기하고, 반응이 오면 그때 결제 기능을 붙여 비즈니스로 전환한다. 과거에는 창업이 인생을 건 도박이었다면, 이제는 가설을 검증하는 가벼운 실험이 되고 있는 것이다. 창업의 정의가 법인을 세우는 것에서 프로젝트를 론칭하는 것으로 바뀐 것이다.

3) '내 일'이 '내 기업'이 되는 시대

지금까지 직장인의 삶은 시간을 팔아 돈을 버는 구조였다. 하루 8시간을 회사에 제공하고 그 대가로 월급을 받는다. 이 구조에서 나의 일은 회사의 자산을 키워주는 행위일 뿐, 온전히 내 것이 될 수 없었다. 하지만 기술의 민주화는 개인이 자신의 지식과 노하우를 자산으로 전환할 수 있는 길을 열어주었다. 디자이너는 클라이언트의 의뢰를 받아 그림을 그려주는 대신, AI를 활용해 디자인 템플릿을 만들어 온라인에서 무제한으로 판매한다. 마케터는 회사에서 보고서를 쓰는 대신, 자신의 마케팅 노하우를 전자책이나 강의로 만들어 구독자에게 판다. 노동은 한 번 하고 끝나는 '용역'이 아니라, 반복해서 수익을 창출하는 제품이 된다. 이제 개인은 월급을 받는 노동자가 아니라, 자신의 지적 자산(IP)을 소유한 자산가로 거듭난다.

이러한 변화는 링크드인(LinkedIn)이나 트위터 같은 비즈니스 SNS를 조금만 검색해봐도 쉽게 확인할 수 있다. 과거에는 프로필에 'OO회사 마케팅 팀장'이라는 소속을 적는 것이 일반적이었다. 하지만 지금은 '뉴스레터 발행인', '노션 템플릿 크리에이터', 'AI 마케팅 컨설턴트' 등 자신의 기능과 생산물을 앞세운 프로필들이 넘쳐난다. 이들은 회사를 그만두고도, 혹은 회사를 다니면서도, 자신이 만든 콘텐츠와 도구를 판매하며 수익을 창출한다. 소속보다 실력이, 명함보다 포트폴리오가 더 큰 힘을 발휘하는 현장이 바로 우리 눈앞에 펼쳐져 있는 것이다.

변화의 핵심은 지식의 제품화다. 과거에는 지식이 머릿속에만 있거나 회의실에서만 소비되었지만, AI와 노코드 툴은 이 무형의 지식을 유형의 소프트웨어나 콘텐츠로 포장해준다. 내가 잠을 자는 동안에도 AI 챗봇은 내 지식을 바탕으로 고객을 상담하고, 자동화 툴은 내 콘텐츠를 전 세계에 배포하여 결제를 받는다. 기술은 개인의 노동 시간과 소득 사이의 연결 고리를 끊어버렸다. 내 일이 곧 나를 위해 24시간 일하는 내 기업이 되는 순간, 개인은 비로소 시간의 노예에서 해방되어 진정한 경제적 자유를 얻는다.

실리콘밸리의 사상가이자 앤젤리스트(AngelList)의 창업자 나발 라비칸트(Naval Ravikant)는 이 시대의 새로운 직업관을 단 한 문장으로 정리했다. "자신을 제품화하라." 그는 부자가 되려면 잠자고 있을 때도 돈을 벌어다 주는 시스템을 가져야 한다고 말했다. 과거에는 공장이나 부동산이 그 시스템이었지만, 지금은 코드와 미디어가 그 역할을 한다. 코딩을 할 줄 알거나 유튜브 영상을 만들 줄 안다면, 당신은 24시간 일하는 군대를 공짜로 거느린 것과 같다. 그의 철학은 명확하다. "누구의 허락도 필요 없는 레버리지를 써라." 대출(자본)이나 직원(노동)은 남의 허락이 필요하지만, 코딩과 콘텐츠 제작(기술)은 오직 나의 의지만 있으면 된다. 이것이 바로 기술의 민주화가 개인에게 선물한, 기업가로 진화할 수 있는 티켓이다.

4) 기술의 민주화는 기업가 정신의 민주화다

오랫동안 기업가 정신은 선택받은 소수의 전유물이었다. 남다른 리스크를 감당할 배짱, 거대한 자본을 움직이는 능력, 그리고 비범한 리더십을 가진 영웅들만이 기업가가 될 수 있다고 믿었다. 나머지 평범한 대다수는 그들이 만든 시스템에 고용되어 안전하지만 수동적인 삶을 사는 것이 최선이라 여겼다. 하지만 기술의 민주화는 이 이분법을 영원히 파기했다. AI와 노코드 도구는 기업가가 되기 위해 필요했던 자본과 기술의 장벽을 0으로 만들었다.

이제 기업가 정신은 직업이 아니라 태도로 정의해야 한다. 거창한 법인을 설립하지 않아도, 퇴사하지 않아도 된다. 회사 안에서 내 프로젝트를 주도적으로 이끌고, 퇴근 후 나만의 콘텐츠를 만들고, 내 지식을 상품화하여 타인의 문제를 해결해주는 모든 과정이 곧 창업이다. 기술은 80억 인류 모두에게 "당신도 무언가를 시작할 수 있다"는 가능성의 티켓을 쥐여주었다.

과거에는 무언가를 하기 위해 끊임없이 허락을 구해야 했다. 취업하려면 면접관의 허락을, 승진하려면 상사의 허락을, 사업하려면 투자자의 허락을 받아야 했다. 하지만 기술이 평등해진 세상에서 우리는 더 이상 누군가의 승인을 기다릴 필요가 없다. 아이디어가 있다면 오늘 밤 당장 웹사이트를 만들고, 내일 아침 전 세계에 내 물건을 팔 수 있다. 기술은 우리에게 '허락받지 않을 권리'를 선물했다. 이것은 경제적 자유를 넘어선, 내 삶의 통제권을 타인이 아닌 나에게로 가져오는 실존적 자유의 획득이다.

우리는 지금 인류 역사상 가장 거대한 전환점에 서 있다. 자본가와 노동자, 생산자와 소비자, 전문가와 비전문가의 경계가 무너지고 있다. 기술은 그 경계선 위에서 우리에게 묻는다. "도구는 준비되었다. 이제 당신은 무엇을 만들 것인가?" 미래는 기다리는 자의 것이 아니라, 만드는 자의 것이다. 거대한 조직의 부품으로 남을 것인가, 아니면 스스로 시스템이 되어 세상에 고유한 가치를 증명할 것인가? 기술의 민주화는 모든 개인이 자신의 이름을 건 기업으로 다시 태어나는, 기업가 정신의 민주화로 완성된다. 이제 관객석은 비었다. 당신의 무대를 시작할 차례다.

기술의 민주화는 더 인간적인 사회로 나아가는 약속이다

생성형 AI, 클라우드, 노코드, 블록체인이라는 기술들이 쉴 새 없이 밀려오며 우리가 알던 세상의 규칙을 무너뜨렸다. 누군가는 이 파도를 보며 기계가 인간을 대체할 것이라는 공포를 느꼈고, 누군가는 모든 것이 변할 것이라는 현기증을 느꼈다. 하지만 긴 여정을 마친 지금, 이 변화의 본질이 기술의 지배가 아니라 인간의 해방에 있음을 안다.

기술의 민주화는 수단의 평등이다. 과거에 자신의 꿈을 펼치기 위해서는 막대한 자본과 복잡한 기술, 기득권의 허락이 필요했다. 그 높은 장벽 앞에서 수많은 재능과 아이디어는 꽃피우지 못하고 사장되었다. 하지만 기술은 그 장벽을 허물었다. AI는 우리에게 비서가 되어주었고, 플랫폼은 무대가 되어주었다. 이제 80억 인류는 누구나 공평하게 주어진 기술이라는 도구를 손에 쥐고, 출발선에 나란히 설 수 있다.

하지만 기술의 민주화가 목적의 평등까지 보장하지는 않는다. 도구가 평등해졌다고 해서 결과까지 평등해지는 것은 아니다. 오히려 그 도구를 쥔 사람의 철학과 윤리, 실행력에 따라 격차는 더 벌어질 것이다. 혐오를 퍼뜨리는 데 기술을 쓰는 사람과, 이웃을 돕는 데 기술을 쓰는 사람의 차이는 기술의 문제가 아니라 인간의 문제다. 그렇기에 기술이 발전할수록 더 치열하게 윤리를 고민해야 하고, 더 깊이 있게 인문학을 사유해야 한다. 기계가 똑똑해질수록 인간은 더 현명해져야만 도구의 주인이 될 수 있기 때문이다.

기술은 인간을 돕기 위해 존재한다. 기술을 배우고 활용하는 이유는 기계처럼 되기 위해서가 아니다. 오히려 가장 인간다운 삶을 살기 위해서다. 반복되고 지루한 노동은 AI에 맡기고, 우리는 서로의 눈을 맞추며 공감하고, 엉뚱한 상상을 하며 창조하고, 공동체의 가치를 위해 연대하는 일에 시간을 써야 한다. 기술이 차가운 효율성을 책임져줄 때, 인간은 비로소 뜨거운 의미를 추구할 자유를 얻는다.

이제 책을 덮는 독자에게 묻는다. 기술이라는 전능한 도구가 우리 손에 들려 있다. 허락은 필요 없다. 자본도 핑계가 되지 않는다. 이 도구로 무엇을 만들 것인가? 어떤 가치를 세상에 남길 것인가?

이 질문에 대한 답이 바로 우리가 맞이할 내일의 모습이 될 것이다. 기술이 인간을 자유롭게 하고 그 자유가 세상을 조금 더 따뜻하게 만드는 미래. 그 거대한 변화는 기술이 아니라, 오늘 우리가 내딛는 작은 용기에서 시작된다.

미주

1) Quantum Jump Club, "GenSpark vs Perplexity" 2025.04.09.
    https://quantumjumpclub.com/aiblog/genspark-vs-perplexity

2) 컴퓨터월드, [IT산업 20년 전] 응답하라! 014XY, 2015.09.30.
    https://www.comworld.co.kr/news/articleView.html?idxno=48861

3) 네이버블로그, 우리가 몰랐던 스토리 (네이버의 과거), 2016.10.12.
    https://blog.naver.com/eric0127eric/220834771006

4) AppMaster Blog, 소프트웨어 개발의 민주화 2023.09.01.
    https://appmaster.io/ko/blog/sopeuteuweeo-gaebalyi-minjuhwa

5) The AI News, "스스로 목표 설정하고 행동하는 차세대 에이전틱 AI" 2025.05.20.
    https://www.newstheai.com/news/articleView.html?idxno=7904

6) 미스트랄, 유럽 최초 AI 추론 모델 출시…"수학 능력 딥시크 앞서", 2025.06.12.
    https://www.aitimes.com/news/articleView.html?idxno=171215

7) AI 타임스, "미스트랄 AI, 오픈 소스 '미스트랄 7B v0.2' 출시…"라마 2 13B 능가"", 2025.04.01.
    https://www.aitimes.com/news/articleView.html?idxno=158435

8) YOUTUBE, Ai Flux, DeepSeek-Coder-V2, 2025.03.25.
    https://www.youtube.com/watch?v=_UCglJWxuIk&list=PL65dNk2ar6Fjqhdi9-
    fzky0fvGe3wLAUO

9) 허깅페이스(Hugging Face), DeepSeek-R1 모델 페이지, 2025.07.11.
    https://huggingface.co/deepseek-ai/DeepSeek-R1

10) Oracle, "Why Move to Cloud Computing?" 2023.03.20.
    https://www.oracle.com/kr/cloud/why-move-to-cloud/

11) 매일경제, 업스테이지, 자체 개발 LLM '솔라' 공개…글로벌 대전 본격 참전, 2023.12.14.
    https://www.mk.co.kr/news/it/10898727

12) BBCNEWS 코리아, 인종차별적 딥페이크 조작 영상, 미국의 한 지역을 완전히 분열시키다.
    2025.05.25. https://www.bbc.com/korean/articles/ckgmddmv9xro

13) AWS, Netflix Case Study, 2016
    https://aws.amazon.com/ko/solutions/case-studies/netflix-case-study/

14) mentirbleu 블로그, AWS,Azure,GoogleCloud 각각 장단점 정리, 2025.0627
    https://todaytopic.kr/entry/AWS-Azure-Google-Cloud-각각-장단점-정리

15) 아이온커뮤니케이션즈 홈페이지, 클라우드 기반 서비스의 종류 ㅣ XaaS, SaaS, PaaS, IaaS,
    2025.04.01
    https://www.i-on.net/pr/newsletter/community/1246186_2479.html

16) 골든플래닛 블로그, Google Cloud vs AWS vs Azure : 클라우드 서비스 비교, 2025.07.08.
     https://www.goldenplanet.co.kr/our_contents/blog?number=1025

17) 디지털데일리, 서비스형 시스템 'XaaS'…IaaS-SaaS-PaaS 차이는? 2024.02.11
     https://www.ddaily.co.kr/page/view/2024020814345684339

18) 세일즈포스, 중소기업·스타트업을 위한 SaaS 뜻, 도입 시 장점, 솔루션 예시, 2025.05.01.
     https://www.salesforce.com/kr/hub/business/benefits-of-saas-smb/

19) 삼성SDS, AI 시대를 연결하는 API 경제: 지속 가능한 성장을 위한 전략, 2024.12.04. https://
     www.samsungsds.com/kr/insights/what-is-the-api-economy.html

20) Codex - 다빈치 블로그, AI 시대 필수 능력, AI 리터러시 개념과 중요한 이유, 2025.05.23
     https://bit.ly/4osVpVo

21) Christensen, Clayton M., The Innovator's Dilemma (1997)

22) Microsoft, WorkLab The latest research and insights on AI at work, 2025.05.13. https://
     www.microsoft.com/en-us/worklab/

23) 퀀텀점프, 젠스파크 vs 퍼플렉시티: 어떤 AI 검색 에이전트가 나에게 맞을까?, 2025.04.09.
     https://quantumjumpclub.com/aiblog/genspark-vs-perplexity

24) 티스토리, 옴니페이지K 오디오북 최신 AI 모델(GPT-4o, GPT-4.5, o1, Claude 3.7, Gemini
     2)을 알아서 뤼튼AI 3.0, 2025.05.13. https://bit.ly/4ro1kOh

25) jasper, How AIDA Marketing Works (and How to Make It Work For You), 2024.06.03
     https://www.jasper.ai/blog/aida-marketing

26) GitHub문서, GitHub Copilot이란?, 2025.05.27 https://docs.github.com/ko/copilot/get-
     started/what-is-github-copilot

27) Tabnine, Tabnine vs. GitHub Copilot, 2025.06.08. https://www.tabnine.com/tabnine-vs-
     github-copilot/

28) WisdomAgora, 'big blur 현상, 산업 간의 경계를 허물다, 2022.12.02 https://bit.ly/43Yo0uf

29) sentrol, ChatGPT를 활용한 효과적인 기사 작성 전략: 단계별 가이드, 2025.11.30.
     https://sentrol.net/chatgptleul-hwal-yonghan-hyogwajeog-in-gisa-jagseong-jeonlyag-
     dangyebyeol-gaideu/

30) Growthmaker Blog, 퍼플렉시티, 듀오링고…해외 기업 5곳의 그로스 전략, 2025.09.03
     https://blog.growthmaker.kr/growth-strategies-of-overseas-companies

31) Todd Rose, "The End of Average", 2017

32) 교육부 네이버블로그, AI 디지털교과서, 미래의 수업은 어떤 모습일까?, 2024.09.19. https://
     blog.naver.com/moeblog/223588380913

33) the sciencetimes, 미래교육 전망(3)_우리가 계속해야 할 것은 무엇인가, 2023.03.22 https://

www.sciencetimes.co.kr/nscvrg/view/menu/249?searchCategory=221&nscvrgSn=250880

34) 위키백과, 2025.05.08. https://ko.wikipedia.org/wiki/MOOC

35) Thomas R. Guskey, Benjamin S. Bloom, "The 2 Sigma Problem, 2012

36) khanmigo, 2025.10.30 https://www.khanmigo.ai/

37) 티스토리 TopTop, Learning Organization 지속성장을 가능하게 하는 학습조직, 2025.06.25 https://toptoptop.tistory.com/30

38) 다담출판사 블로그, 인공지능(AI)이 금융 서비스에 미치는 영향과 사례, 2025.03.21 https://dadampub.tistory.com/206

39) 목휴 브런치북, 교육 시스템 트렌드의 변화, 2020.08.06Zhttps://brunch.co.kr/@moq/4

40) 유니콘팩토리, 포털·유튜브 알고리즘 유용하지만…2명 중 1명 "가치편향 유발", 2023.06.15 https://www.unicornfactory.co.kr/article/2023061514564232909

41) 손화철, 인공지능 시대의 과학기술 거버넌스, 2018

42) AI코리아커뮤니티, 생성형 AI 리터러시: 비판적 사고의 중요성, 2025.08.29 https://news.aikoreacommunity.com/ai-literacy-critical-thinking-dont-trust-immediately/

43) IBM, 신뢰할 수 있는 AI란 무엇인가요?, 2025.05.13 https://www.ibm.com/kr-ko/think/topics/trustworthy-ai

44) 카카오클라우드 블로그, 설명 가능한 AI(eXplainable AI, XAI): 비밀의 블랙박스를 열다, 2024.07.29 https://blog.kakaocloud.com/99

45) nemko, AI의 윤리적 중요성과 EU AI 법안: 미래를 위한 핵심 가이드라인, 2024.02.23 https://www.nemko.com/ko/blog/ensuring-a-fair-future-the-crucial-role-of-ethics-in-ai-development

46) Mason Hayes & Curran, EU AI Act: Risk Categories, 2025.05.01 https://www.mhc.ie/hubs/the-eu-artificial-intelligence-act/eu-ai-act-risk-categories

47) OECD, AI principles, 2025.05.02 https://www.oecd.org/en/topics/ai-principles.html

48) 디지털포용뉴스, 인공지능과 사회계약, 기술혁명 시대의 정책 나침반, 2025.08.25 https://www.dginclusion.com/news/articleView.html?idxno=1039

49) AIGN, OECD AI Principles – Operationalized through the AIGN Framework, 2025.05.03 https://aign.global/aign-os-the-operating-system-for-responsible-ai-governance/ai-governance-frameworks/oecd-ai-principles-operationalized-through-the-aign-framework/

50) 사례뉴스, 트럼프, AI 규제 완화로 미국 혁신 주도권 확보 나서, 2025.01.03 https://www.casenews.co.kr/news/articleView.html?idxno=17102

51) 네이버블로그 송장군, EU AI Act 전격 분석, 2025.01.10 https://blog.naver.com/

biztechpf/223715624863

52) 네이버블로그 코이언맨, 중국의 빅브라더 사회적 신용 점수로 통제와 감시, 혜택과 불이익까지, 2025.05.14 https://blog.naver.com/bigtree8582/223848484712

53) MIT 테크날리지 리뷰, 기술 주권의 대전환, '소버린 AI'가 만드는 새로운 세계 질서, 2025.07.03. https://bit.ly/3M8kPdt

54) 알체라, 인공지능 윤리의 중요성과 기본 원칙 이해하기, 2025.06.02 https://www.alchera.ai/resource/blog/artificial-intelligence-ethics

55) BBCNEWS, Google apologises for Photos apps racist blunder, 2017.07.01   https://www.bbc.com/news/technology-33347866

56) 박기범, 한국사회과교육연구학회, AI편향과 시민의 자질, 2022

57) HulkApps Midjourney Business Model: A Detailed Analysis of Strategy and Value, 2025.05.17 https://www.hulkapps.com/ko/blogs/ecommerce-hub/midjourney-business-model-a-detailed-analysis-of-strategy-and-value

58) Guardian News Spotify signs new deal with Joe Rogan reportedly worth up to $250m, 2024.02.02 https://www.theguardian.com/technology/2024/feb/02/spotify-joe-rogan-podcast-contract-details

59) Turing Post Korea, AI가 열어가는 인디 개발자의 황금 시대, 2024.08.24 https://turingpost.co.kr/p/ai-indie-developer-golden-age

60) 이코노미스트, AI 시대 성공하는 조직의 조건...AI를 운영체제로 전환해라, 2025.09.21 https://economist.co.kr/article/view/ecn202509150031

61) Britannica Money, What is a decentralized autonomous organization (DAO)? 2025.05.23 https://www.britannica.com/money/what-is-a-decentralized-autonomous-organization

62) Tipalti, Shaping the Future of Work: How the Builder Economy Empowers Individuals, 2025.05.22. https://tipalti.com/blog/builder-economy-empowers-workers/

63) Techfocus, 'AI는 그리고 인간은 생각한다. 디자인 혁명의 시작, AI', 2024.10 https://www.techfocus.kr/fs_interview/12

64) 김난도 외, 트렌트코리아 2024,

65) 브런치 Jenna Jang, 직장인의 시대가 끝나고, 1인 기업이 미래를 주도한다 2025.01.31 https://brunch.co.kr/@jennyjang93/84